PETER PILZ

OST BLOCK

PETER PILZ

OSTBLOCK

PUTIN, KICKL UND IHRE ÖVP

Für Gudrun, wie immer

für Peter Turrini, damit er eine Freude hat

und in Erinnerung an Werner Vogt

Inhalt

IMMER WIEDER NIEMALS

Kickl – Nehammer – Kurz – Putin. Vier Politiker, ein Gruppenbild – eine Unterstellung? Offiziell ist alles ganz anders. Karl Nehammer ist zu Putin gefahren, um ihm die Leviten zu lesen. Herbert Kickl hatte nie etwas mit Putin zu tun. Sebastian Kurz ist unschuldig, egal, worum es geht.

Und Ostblock? Österreich ist Teil des Westens, ein Bollwerk gegen Korruption und Parteibuchwirtschaft, für Rechtsstaat, Demokratie und Pressefreiheit. Von Österreich können sich alle eine Scheibe abschneiden.

Das ist das Selbstbild von ÖVP und FPÖ. Es ist so ehrlich wie das Bild, das beide in ungewohnten Rollen zeigt: als zwei erbitterte Gegner, die einander um die Zukunft Österreichs bekämpfen.

Drei Pole

Die Entwicklung Österreichs wird auch in Wien bestimmt. Aber das, was man in Wien „Regieren" nennt, wirkt immer mehr wie ein Versuch, um jeden Preis an der Macht zu bleiben, weil es nur dort etwas zu holen und zu verteilen gibt. Die Zeiten, in denen man auf Probleme mit Reformen antwortete, liegen lange zurück.

Stärker als früher bestimmen drei Pole die Richtungen, zwischen denen österreichische Regierungen schwanken: Brüssel, Washington und Moskau. Mit Peking versucht ein vierter Pol, über Belgrad und Budapest sein Kraftfeld auf Mitteleuropa auszudehnen.

Seit langem übt der russische Pol auf Österreich eine besondere Anziehungskraft aus.

Mit zunehmender Entfernung verändert sich die Wahrnehmung. Aus der Nähe sieht man das kleine, neutrale Land, das sich mitten in der EU behauptet. Aus der Distanz, die den größeren Horizont eröffnet, wird daraus ein Hinterhof, durch den Putin in die EU gelangt. Nicht nur in der EU gilt Österreich längst als russische Hintertür in die Union. Kaum ein Land ist wirtschaftlich

9

von Russland so abhängig wie Österreich; kaum ein Staat lässt mehr zu, wenn Russland es will – mit einer Ausnahme: Viktor Orbáns Ungarn, das Vorbild von FPÖ und immer größeren Teilen der ÖVP.

Die Zeiten, in denen russische Führungen Arrangements mit dem Westen suchten, sind längst vorbei. Wladimir Putin baut am neuen russischen Reich. Serbien und Ungarn sind in seinem Lager, die Ukraine will er seinem Russland mit Gewalt einverleiben. Der neue Ostblock ist mehr als ein Sicherheitsgürtel um Russland. Er ist der Zusammenschluss der autoritären Regimes, die zwischen Brüssel und Moskau ihre politische Heimat suchen.

Von Wien nach Budapest braucht man mit dem Zug zweieinhalb Stunden. Wer wissen will, was Österreich mit einem Rechtsblock droht, kann sich dort von der Abschaffung der unabhängigen Justiz und Pressefreiheit, von der Gängelung der Wirtschaft und der Hetze gegen die Opposition bis zur Bereicherung einer Minderheit und der Verarmung der Mehrheit alles aus der Nähe ansehen.

Der Weg, den die FPÖ vorschlägt, führt Österreich von Brüssel nach Budapest, in den Dreibund mit Ungarn und Serbien. Sein Schutzherr heißt Putin. Vor sieben Jahren hat die ÖVP begonnen, der FPÖ auf ihrem Weg zu folgen. In diesen sieben Jahren ist sie eine andere Partei geworden.

Niemand steht heute mehr in der Volkspartei auf und versucht, einen besseren Weg zu finden. Vielleicht ist es für die ÖVP bereits zu spät.

Putins Freude

Am 18. Dezember 2017 hatte Wladimir Putin Grund zur Freude: Herbert Kickl war gerade in der Wiener Hofburg als Innenminister angelobt worden. 2024 verfolgt man auch in Moskau, ob Kickls nächster Schritt gelingt.

Herbert Kickl hat Großes vor, wie seine Vorgänger Jörg Haider und Heinz-Christian Strache. Haider wollte, dass seine Partei mitregiert. Er selbst begnügte sich damit, von Klagenfurt aus die Fäden zu ziehen. Strache wollte persönlich in die Regierung und zeigte der ÖVP zwei Jahre lang, was man alles mit ihm machen konnte. Herbert Kickl will mehr, aus einem einfachen Grund: weil für die FPÖ mehr geht.

Auf 2000 und 2017 folgt in Österreich mit 2024 das dritte Jahr einer großen politischen Entscheidung. Nach Oberösterreich, Niederösterreich und Salzburg wollen ÖVP und FPÖ auch im Bund als Rechtsblock regieren. Dazu müssen sie vor allem eines: Wählerinnen und Wähler täuschen.

Früher betrachtete man Staaten weit weg von Europa als „Dominosteine", die von Vietnam bis Syrien „fallen" könnten. Heute beobachtet man in Moskau, Peking und Washington, welcher Staat in Europa wackelt und welcher fällt. Ungarn scheint gefallen, aus russischer Sicht auf die richtige Seite in die russisch-chinesische Einflusssphäre, den neuen Ostblock. Am Rande einer EU, deren Zukunft ungewiss scheint, wackelt Österreich.

Original und Kopie

Wer glaubt, dass mit der ÖVP eine christ-demokratische und mit der FPÖ eine national-demokratische Partei um die Macht kämpfen, hat die größte Wandlung im österreichischen Parteiensystem übersehen. Dort, wo nach 2017 „ÖVP" draufstand, kandidierte eine schwarze Partei unter türkiser Farbe mit einem blauen Programm. Dort, wo „FPÖ" draufstand, mobilisierte das Original.

Beide drifteten ab. Heinz-Christian Strache hatte als FPÖ-Chef noch eine rote Linie zu den Identitären gezogen. Sein Nachfolger Herbert Kickl adelte das verfassungsfeindliche Netzwerk zur „NGO". Karl Nehammer schien 2024 dort angelangt, wo Strache 2019 ausgestiegen war.

Seit sieben Jahren gilt eine neue Rechtsregel: Immer, wenn die ÖVP der FPÖ einen Schritt nach rechts folgt, setzt die FPÖ den nächsten Schritt.

Jeder Schritt der FPÖ hatte ein Ziel: maximale Empörung. Als die Partei am Beginn des EU-Wahlkampfs auf ihren Plakaten den ukrainischen Präsidenten Selenskyj in Kussnähe zu Kommissionspräsidentin Ursula von der Leyen abbildete und daneben

Impfnadeln, Flüchtlingsboote, Kampfhubschrauber und Wind-
räder drapierte, war das Zielpublikum berechenbar empört. In
der FPÖ-Zentrale wusste man, dass auch dieser Empörung die
Abstumpfung folgen würde.

Wo Andreas Khol vor Jahrzehnten noch ein Ende seines „Ver-
fassungsbogens" sah, bog sich nur noch die Volkspartei. Warum
ging die ÖVP mit Karl Nehammer als Bundeskanzler diesen Weg?
Das hatte wenig mit den Interessen Österreichs und viel mit dem
Erbe von Sebastian Kurz in der ÖVP zu tun. Kurz war der Kanzler,
der mithilfe gekaufter Zeitungen den österreichischen Kurs neu
bestimmt hatte – weg aus der alten Spur, rauf auf die Gleise, auf
denen bisher nur der FPÖ-Zug fuhr.

Kurz hatte kein eigenes Programm. Als erster ÖVP-Obmann
war er bereit, für Macht und Amt alles zu tun. Kurz spürte, wie
immer mehr Menschen ins Lager der Protestwähler wechselten.
Er war überzeugt, dass man der FPÖ ihr Leibthema nehmen und
es zum eigenen machen müsste. So wurde Schritt für Schritt
aus der christdemokratischen Partei eine Staatspartei, die von
Ausländerhass bis Europafeindlichkeit immer mehr von Haider,
Strache und Orbán übernahm.

Die Frage, ob das nach dem Kurz-Sturz anders würde, hatten
Johanna Mikl-Leitner und Wilfried Haslauer mit ihren freiheitlichen Landesregierungen beantwortet. Das Ziel stand seit 2022
fest: ein regierender Rechtsblock mit der FPÖ.

Die Rechnung

2024 gab es eine einfache Rechnung: Wenn ÖVP und FPÖ als
Verlobte in den Wahlkampf gehen, steht ihre Niederlage fest.
Wenn Nehammer mit Kickl im Rucksack durch das Land zieht,
werden sich viele von ihm abwenden. Wenn Kickl Nehammer
mitschleppt, präsentiert er sich selbst als Teil des Systems, das
er bekämpft.

Mit einem türkis-blauen Verlobungswahlkampf hätten beide
nur die Menschen gewonnen, die bei ihrer politischen Hochzeit
dabei sein wollten. Alle anderen, die eine ÖVP ohne den Stra-
ßenkrach der FPÖ oder eine FPÖ ohne die Schmiergeräusche der

ÖVP wollten, hätten sich dann andere Parteien gesucht – oder wären zu Hause geblieben.

Wer jenseits des Kickl-Jubels Umfragen, ihren Daten und ihren Schwankungen auf den Grund ging, wusste 2024 nur eines: dass es knapp werden würde. Kickl und Nehammer haben nur dann gemeinsam die Chance auf das Kanzleramt, wenn es ihnen gelingt, eine ausreichend große Zahl an Wahlberechtigten zu täuschen.

Wer will, dass Menschen die falsche Wahl treffen, muss sie verwirren. Kurz-Propagandachef Gerald Fleischmann hatte mit „SNU" – dem „strategisch notwendigen Unsinn" – das Werkzeug dazu geliefert. Als Propagandachef der ÖVP wusste er, dass man 2024 nur in einem dichten Nebel aus notwendigem Unsinn gewinnen kann.

Wenn das Böse mit „FPÖ" nur einen Namen hätte, wäre die ÖVP die Kanzlerpartei der Guten. Das sollte 2024 die SNU-Trumpfkarte der Volkspartei sein. Wenn der Widerstand gegen „das System" nur einen Namen hätte, würden viele, die sich selbst „ausgegrenzt" fühlten, die Partei, die ihre eigene „Ausgrenzung" schon längst im Parteiwappen führte, wählen. Das war das Ziel der FPÖ.

Am Ende wollten beide dasselbe: ein „Kickl-Nehammer-Duell" in den letzten Wochen vor der Wahl. Wenn SPÖ-Obmann Andreas Babler als natürlicher Gegner von Kickl und Nehammer aus dem Rennen gedrängt werden könnte, würden ÖVP und FPÖ gemeinsam im Finale stehen.

„Niemals"

„Niemals kann Nehammer mit Kickl!" Und: „Niemals kann Kickl mit Nehammer!" Selten waren Kommentatoren österreichischer Medien so einer Meinung wie in der Feststellung des unheilbaren Bruchs zwischen den Führern von ÖVP und FPÖ. Als sie 1999 allen prophezeiten, dass es Schüssel niemals mit Haider machen würde, waren sie sich ihrer Sache ebenso sicher wie 2019 und 2024 mit Kurz' Nachfolger.

„Niemals mit dieser FPÖ!" Das war das Versprechen, mit dem die ÖVP in Niederösterreich und Salzburg für die Schlussrunden mobilisierte. Am Tag nach der Wahl war es nichts mehr wert.

Verlobung – Todfeindschaft – Hochzeit: Unter Privatleuten ist das unüblich. Doch hier ging es nicht um Privatleute, sondern um zwei Parteien, die um ihre Macht kämpften, dass sich die Balken bogen.

So standen Karl Nehammer und Herbert Kickl im Jahr 2024 vor der Tür zum gemeinsamen Regierungsschlafzimmer und ließen die Fetzen fliegen. Das war das Kernstück des Drehbuchs, das über die nächsten Nationalratswahlen zum Ziel führen sollte: zum Sieg des Rechtsblocks und zur Orbánisierung Österreichs.

In den kommenden Jahren droht Österreich damit eine Machtübernahme, die anders ist als die in den Jahren 2000 und 2017. Erstmals kann Österreich dorthin abrutschen, wo Ungarn mit Viktor Orbán schon gelandet ist. Erstmals kann neben österreichischen Spitzenkandidaten auch ein russischer Präsident zu den Wahlsiegern gehören. Erstmals geht es um die Frage des Beitritts zum neuen Ostblock.

Davon handelt dieses Buch.

TEIL 1:
PUTIN ALPIN

„Österreich wird als Russlands trojanisches Pferd
in Europa gesehen."[1]
Christo Grozev, März 2024

Christo Grozev ist einer der profunden Kenner der tiefen und verborgenen Verflechtungen zwischen Wien und Moskau. Als Investigativjournalist hat er die Spuren des FSB-Nervengifts „Nowitschok", mit dem unter anderem der Putin-Gegner Alexei Nawalny vergiftet wurde, erfolgreich verfolgt und Putin damit empfindlich gestört. Im Dezember 2022 ließ ihn das russische Innenministerium zur Fahndung ausschreiben.

Nach zwei Jahrzehnten verließ Grozev 2024 aus Sicherheitsgründen seine Wahlheimatstadt Wien. Der ehemalige BVT-Beamte Egisto Ott hatte Grozevs Meldeadresse ausgekundschaftet.[2] Kurz darauf wurde in Grozevs Wohnung eingebrochen. Der Journalist wusste, dass für Menschen wie ihn Wien jetzt eine der gefährlichsten Städte der EU war.

Grozev war kein Einzelfall. Seit vielen Jahren gilt Wien in Moskau als die Adresse, an der man sich besonders viel leisten kann. Von hochgerüsteten Spionagezentren, die nirgends sonst in der EU geduldet würden, bis zu Agenten, die ungehindert ihre menschlichen Ziele verfolgen, zeigen russische Netze in Wien, wozu sie fähig sind, wenn man sie lässt.

Der systematische Ausbau des Putin-Brückenkopfs „Österreich" begann früh.

Orbán, Russland und Strache

Alles ist auf Band festgehalten. Kriminalbeamte haben die Tonspur abgeschrieben. Strache hatte schon im Juli 2017 den Plan, den Herbert Kickl als „Volkskanzler" mit Putin und Orbán 2024 umsetzen will.

Die Finca auf Ibiza war der Ort, an dem die Spitzen der FPÖ erstmals komplett die Hosen herunterließen. Eine „schöne Oligarchin" und ausreichend Alkohol machten aus einem Tag auf Ibiza eine Offenbarung politischer Ehrlichkeit. Wer wissen will, was die FPÖ den Menschen vormachen will, greift zu ihren Programmen. Wer sich für ihre wahren Absichten interessiert, liest Zeile für Zeile die kriminalpolizeiliche Abschrift von vier Stunden und 40 Minuten des Ibiza-Videos.

Von Staatsanwältinnen bis Journalisten interessierten sich kurz nach dem Auftauchen des Videos alle für die „belastenden" Passagen: Wo wurden Gesetzesbrüche besprochen, wo ging es um Geld und politische Geschäfte?

Doch die politisch wertvollsten Passagen finden sich an den Stellen, wo Heinz-Christian Strache offen über seine Ziele spricht. Dort geht es um Orbán, Russland, ihn selbst und seine Partei.

„Ich kippe das System"

Die Oligarchendarstellerin lauschte ebenso gebannt wie ihr Regisseur Julian Hessenthaler. Nach einer Stunde und drei Minuten kam Strache in der Finca zur Sache: „Ich will, dass wir auf Alles oder Nichts gehen, das ist meine Strategie. Ich habe nicht zwölf Jahre gekämpft, um es am Ende billig zu machen."[3]

Hessenthaler fragte: „Du würdest eine Koalition ablehnen?" Strache bejahte: „Im Extremfall, wenn man auf meine Forderungen nicht einsteigt, ja. Weil dann kippe ich das System in fünf Jahren – und zwar über die Länder." Dann formulierte der FPÖ-Führer sein großes Ziel: „Ich will so eine Rolle wie Orbán." Johann Gudenus ergänzte: „Der Orbán, der rockt das Land."

Sieben Jahre später ist Strache längst Geschichte. Seine Pläne haben ihn überlebt. Herbert Kickl geht einfach den Weg, den Strache begonnen hat, weiter: nach Osten, wo längst Gleichgesinnte regieren.

Visegrád statt EU

„Wir wollen in die Visegrád-Gruppe rein, wir haben ja mit Serbien enge Kontakte, mit Ungarn enge Kontakte – wir wollen in die Visegrád-Gruppe rein."[4] In der Finca auf Ibiza formulierte Strache das Ziel, dem Kickl immer näherkommt.

Die FPÖ war die erste Partei, die Viktor Orbán den Hof machte. Heinz-Christian Strache rühmte sich seiner engen Beziehungen zum ungarischen Volkskanzler: „Der Orbán sagt immer, wenn ich was brauch, soll ich anrufen. Das hält er auch."[5] Dann erzählte Strache von den Kontakten zum ungarischen „Geheimdienstchef", der „ein guter Freund" sei.

Wozu Orbán seinen Geheimdienst politisch braucht, wusste Strache auch: „Weil der Soros natürlich die ganzen NGOs finanziert, die Konterrevolution. Und sagt er zu Recht, ich möchte wissen, welcher Verein woher was kassiert. Weil so wurden die Revolutionen über die amerikanischen Geheimdienste finanziert."

Vernetzte Rechtsextreme

Straches Weg führte Herbert Kickl auch nach Budapest. Cathrin Kahlweit beobachtete für die *Süddeutsche Zeitung* Kickls Auftritt auf der „Conservative Political Action Conference CPAC", wo sich rechte und rechtsextreme Parteien weltweit versammelten. In den USA mobilisierte CPAC für Trump. Von Budapest aus wurde in Europa vernetzt und mobilisiert.

Kahlweit beschrieb, wer hier Bittsteller war: „FPÖ-Chef Herbert Kickl sendet Unterwerfungsgesten an Ungarns Regierungschef. Sollte er 2024 Bundeskanzler werden, hätte Viktor Orbán wieder einen Freund in Europa."[6]

In dem Boot, in das Kickl hineinwollte, saß schon Karl Nehammer mit Viktor Orbán und dem serbischen Präsidenten Aleksandar Vučić. „Gemeinsam hat Österreich mit Ungarn und Serbien die Asyl-Bremse deutlich angezogen", verkündete der österreichische Kanzler im Juli 2023 beim Wiener „Migrationsgipfel" mit Orbán und Vučić.[7]

Sebastian Kurz hatte Österreich politisch an Serbien und Ungarn herangeführt. Der Umstand, dass Ungarn seine Flüchtlinge nach Österreich abdrängte und mit ihnen ihre Probleme über die burgenländische Grenze nach Westen verschob, hatte Kurz nicht gestört. Orbán hatte gezeigt, wie man die Macht auf Dauer übernimmt und aus unabhängigen Staatsanwälten, Richtern und Journalistinnen Diener des Systems macht.

Orbáns Ungarn ist heute Putins Vorposten in der EU. Wenn politisch aus „Ungarn" ein „Österreich-Ungarn" wird, ist Putin einen großen Schritt weiter.

Pipeline nach Wien

Am 11. April 2022 landete Karl Nehammer in Moskau. Putin gewährte dem österreichischen Bundeskanzler 75 Minuten in seiner Residenz in Nowo-Ogarjowo. Fotografen, die Nehammer am Ende des langen Tisches gezeigt hätten, waren nicht zugelassen. Jeder sollte dem Treffen im Nachhinein seinen Spin geben können.

Aus russischer Sicht erschienen Österreich und sein Kanzler nicht besonders bedrohlich. Nehammer stolperte immer noch in den Spuren von Sebastian Kurz und versuchte sich an den Spitzen von Regierung und ÖVP zurechtzufinden. Das Österreich, das er vertrat, war 2022 wie kein anderes Land der EU von Russland abhängig. Putin und Nehammer wussten, dass das der jahrzehntelangen österreichisch-russischen Wirtschaftsfreundschaft zu verdanken war. Ihr Motor waren immer die ÖVP und Unternehmen und Banken, die hinter der Partei standen, gewesen.

War Nehammers Flug zu Putin nur ein PR-Gag, den sich Berater ausgedacht hatten? Ex-*Bild*-Chef Kai Diekmann war an Bord. Gemeinsam mit Nehammers PR-tüchtiger Ehefrau Katharina hatte er die Idee, vom geplanten Besuch in Kiew einen Abstecher nach Moskau zu machen. Bundespräsident Alexander Van der Bellen war in die Vorbereitung ebenso wenig eingebunden wie die Grünen als Koalitionspartner. Die Regierungen der EU-Partner wurden erst kurz vorher über den Nehammer-Ausflug informiert.

Besonders kritisch äußerte sich der Innsbrucker Russland-Experte Gerhard Mangott zu dem Treffen. In einem Interview mit dem *Spiegel* sagte er, dass Nehammer „nichts erreicht" habe. „Ich sehe weder einen erkennbaren noch einen vermutbaren Effekt auf die Handlungsweisen des Wladimir Putin. Dieser Besuch hat der Ukraine und dem Westen nichts gebracht außer politische Verwerfungen innerhalb der Europäischen Union."[8]

Mangott hatte politisch recht. Von Berlin bis Brüssel schüttelten alle die Köpfe über einen Kanzler, der sich nach Moskau zu Putin verlaufen hatte. Doch Nehammer ging es weder um europäische Politik noch um Solidarität mit der Ukraine. Es ging um Gas.

Im April 2022 war klar, dass Putin bereit war, die russischen Gaspipelines gezielt zur Vergeltung gegen Sanktionen einzusetzen. Besonders bedroht waren die, die sich an die Spitze der antirussischen Allianz gesetzt hatten – und die, die am meisten von Putins Gas abhängig waren: Ungarn und Österreich.

Matthew Karnitschnig analysierte für *Politico* den Nehammer-Trip: „Obwohl aus dem, was Nehammer als ,hartes und offenes Gespräch' bezeichnete, nur wenige Details hervorgingen, stellten Skeptiker fest, dass russisches Gas weiterhin nach Österreich floss, ganz im Gegensatz zu Deutschland, das abgeschnitten war."[9]

Kaum in Wien zurück, berichtete Nehammer stolz, „dass die Gasversorgung gesichert ist".[10] Putin habe, so Nehammer, die Gas-Frage „von sich aus angesprochen". Nur eines erwähnte Nehammer nicht: dass Putins Zusage jederzeit widerrufen werden könnte.

Direktinvestitionen

Alles andere lief weiter. Jahr für Jahr vergleicht die Oesterreichische Nationalbank (OeNB) die ausländischen Direktinvestitionen in Österreich.[11] Als „passive Direktinvestition" gilt jede Beteiligung über zehn Prozent am Unternehmenskapital. Dabei fällt auf: Deutschland lag in Österreich 2022 mit 30,8 Prozent der Direktinvestitionen wie immer klar auf Platz eins. Platz zwei überrascht: Russland. Mit 22,2 Milliarden Euro im Jahr 2022 standen die Putin-Investitionen neben Deutschland als einzige für einen zweistelligen Milliardenbetrag in Österreich.

2014 lagen die russischen Direktinvestitionen in Österreich um 30 Prozent über denen aus den USA. Acht Jahre später hatten russische Investoren ihren Vorsprung gegenüber der US-Konkurrenz auf 72 Prozent ausgebaut.

In Deutschland sieht es wie in allen anderen Mitgliedstaaten der EU völlig anders aus. Die deutsche Bundesbank wies für 2021 russische Direktinvestitionen von 3,2 Milliarden Euro aus – winzig neben den 83,5 Milliarden, die aus den USA stammten.[12]

Russland investiert das knapp Zweifache der USA – das ist der Kapitalstandort „Österreich". Die USA investieren das 26-Fache von Russland – das ist Deutschland. Solange Putins Russland Teil einer friedlichen wirtschaftlichen Entwicklung war, sahen nur wenige das Problem. Mit Putins Überfall auf die Ukraine war alles nicht mehr so einfach.

Geld und Gas

Kurz nachdem sie verhängt worden waren, konnte man feststellen, dass die Sanktionen gegen Putin wirkten. Mit Russland und Österreich trafen sie vor allem zwei Länder. Das hatte einen einfachen Grund: Von Banken und Baukonzernen bis zu den Parteien der Rechten hatten sich nur in Österreich Wirtschaft und Politik in bedrohliche Abhängigkeit von Putins Russland begeben. Kaum waren die Sanktionen verhängt, hatten Raiffeisen, OMV, STRABAG, FPÖ und ÖVP ein Problem.

Nirgends sonst hatten sich Banken, Energiekonzerne und Politiker so eng mit Putin und seinen Oligarchen eingelassen wie in Österreich. Nirgends sonst drohten mit dem Beginn des Kriegs gegen die Ukraine vergleichbare wirtschaftliche und politische Schäden.

Die zuverlässigste Bank

„Die Raiffeisenbank ist laut unabhängigen Rating-Agenturen eine der zuverlässigsten Banken in Russland."[13] Im April 2024 warb die „Raiffeisen Bank International RBI" immer noch mit ihrer Stellung als stärkste Westbank in Putins Russland. Doch der RBI-Slogan „Make it happen!" klang nun anders als in den guten Jahren des Russland-Abenteuers.

Die US-Nachrichtenagentur Reuters meldete am 18. März 2022, dass die RBI 22,9 Milliarden Euro an Krediten in Russland und 2,2 Milliarden in der Ukraine offen hatte.[14] Der Rubel war bereits um 40 Prozent abgestürzt. 80 Prozent der RBI-Kredite liefen auf Rubel.

Die RBI stand am Abgrund. Niemand wusste, ob die Kredite in Russland und der Ukraine Totalausfälle würden. Nach Schätzung von Experten hätte sich die Bank eine Wertberichtigung in der Größe von 10 Milliarden Euro leisten können. Alles über dieser Grenze hätte möglicherweise bereits die Existenz einer der wichtigsten österreichischen Banken bedroht.

Frankreich hielt – gemessen am Eigenkapital seiner Banken – knapp vier Prozent Russland-Risiko. Italien folgte mit mehr als neun Prozent auf Platz zwei. Österreich hängte mit 15 Prozent alle ab. Niemand steckte so tief in der Russland-Falle wie Österreich.

Doch die größte Gefahr für die Banken kam nicht aus Moskau, sondern aus Washington. Am 7. März 2024 überbrachte Anna Morris als hochrangige Beamtin des US-Finanzministeriums den RBI-Spitzen in Wien eine letzte Warnung. Wenn Raiffeisen weiter zur Finanzierung des russischen Militärs beitrage, laufe die Bank Gefahr, „vom US-Finanzsystem abgeschnitten zu werden".[15]

In Washington war registriert worden, dass die ukrainische „Nationale Agentur für Korruptionsprävention (NACP)" RBI auf ihre schwarze Liste der internationalen „Sponsoren des Krieges" gesetzt hatte.[16] Das war der Vorwurf aus Kiew. Doch es ging auch um ein Projekt, mit dem die RBI einen Teil ihrer Russland-Milliarden retten wollte.

Im Gegensatz zu anderen Großbanken war die RBI nach Kriegsausbruch in Russland geblieben. Die Bank machte dort 2023 50 Prozent ihres Gewinns. Das *Handelsblatt* schildert den RBI-Plan: „Die RBI will Strabag-Aktien kaufen, die bis vor Kurzem noch dem sanktionierten Deripaska gehörten. Dadurch erhofft sich die Raiffeisen Bank, einen Teil ihrer bei einer russischen Tochter eingefrorenen Gewinne nach Österreich holen zu können."[17] Dazu brauchte man ein Unternehmen, das noch nicht auf der Sanktionsliste des US-Finanzministeriums stand. RBI und ihre russischen Partner fanden die „Iliadis JCS". Niemand bei Raiffeisen wusste, dass man sich damit die Schlinge nur noch enger um den Hals ziehen würde.

„Anna Morris traf am Donnerstag und Freitag in Wien auch mit der österreichischen Regierung zusammen", meldete der *EU-Observer*. Dort war vom Finanzminister bis zum Bundeskanzler längst allen klar, was drohte: der Ausschluss von Raiffeisen aus dem Dollarmarkt, wie *Reuters* zusammenfasste: „Ein Verstoß gegen die US-Sanktionen kann zu Geldstrafen, dem Einfrieren von Konten oder der Beendigung von Geschäftsbeziehungen mit US-Korrespondenzbanken führen".[18] Eines war nicht bekannt: Anna Morris war auch in Wien, um den Trick mit „Iliadis" zu durchkreuzen.

Anfang Mai 2024 ordnete der deutsche Wirtschaftsminister Robert Habeck eine „Investitionsprüfung" an.[19] Erstmals war damit eine „systemrelevante" Bank eines EU-Staats gleichzeitig aus Washington, Berlin und Moskau bedroht. Wenn man es dem einen recht machte, vergrößerte man das Problem auf der anderen Seite. Daher entschloss sich die Regierung unter Nehammer für eine Strategie, in der man sich zu Hause fühlte: durchwursteln.

Die Strategie hatte nur eine Schwachstelle: Putin konnte neben dem Gashahn jederzeit auch den Raiffeisen-Hahn zudrehen. Dabei stellte die drohende RBI-Verstaatlichung in Russland das kleinere Problem dar. Putin konnte jederzeit belastende Dokumente Richtung US-Aufsicht leaken und damit den ÖVP-nahen Bankkonzern direkt in Österreich treffen.

Spätestens seit dem US-Besuch im März 2024 wusste man in Banken und Finanzministerium, dass Raiffeisen eine Putin-Schlinge um den Hals trug. Daher wunderten sich viele, als RBI in Russland ein Dreivierteljahr später nicht den Rückzug antrat, sondern in großem Stil Mitarbeiter suchte. Wie die *Financial Times* im April 2024 berichtete, ließ RBI dort seit Dezember rund 2.400 Stellen ausschreiben.[20] Rückzuge sehen anders aus.

Dann ging alles schief. Am 8. Mai 2024 verkündete STRABAG selbst die Hiobsbotschaft, dass das RBI-Projekt, Milliarden aus Russland durch den Kauf von STRABAG-Anteilen herauszubekommen, gescheitert war.[21] Jetzt versuchte die RBI die Flucht nach hinten. Aber es war zu spät.

„Die USA decken versuchte Umgehung von Sanktionen im Zusammenhang mit russischem Oligarchen auf",[22] übertitelte das US-Finanzministerium seine Presseaussendung am 14. Mai 2024.

Plötzlich stand „Iliadis JSC" auf der OFAC[a]-Sanktionsliste des Finanzministeriums in Washington.

Damit war die RBI-Aktion geplatzt. Gemeinsam mit Deutschland hatten die USA die österreichische Großbank in ihre Grenzen verwiesen. Raiffeisen saß als Geiselbank in Putins Russland fest. Finanzminister und Bundeskanzler der ÖVP wussten, dass sie möglicherweise bald gebraucht würden.

Putins Wolf

Im Juli 2015 wurden unter der Führung von Rainer Seele die OMV-Weichen in Richtung Russland gestellt. Ein knappes Jahrzehnt später stand die OMV am Ende der russischen Sackgasse. Milliardenabschreibungen drohten ebenso wie Lieferengpässe und Versorgungschaos.

Anfang 2024 pendelte der russische Anteil an der österreichischen Versorgung mit Erdgas zwischen 87 und 97 Prozent. Kaum ein Land ist bis heute von russischem Gas so abhängig wie Österreich. Die Verantwortung dafür tragen Kanzler, Minister und Financiers der ÖVP.

2015 stand die OMV vor einer strategischen Entscheidung, die die Namen zweier Himmelsrichtungen trugen: „Norden" und „Osten". Sie sollte von einem neuen Vorstandsvorsitzenden getroffen werden: von Rainer Seele, der gerade vom größten deutschen Rohöl- und Erdgasunternehmen Wintershall zur OMV gekommen war.

Seele hatte Wintershall so erfolgreich geführt, dass 2015 der gesamte Erdgashandel des Unternehmens in russischen Besitz übergegangen war. Jetzt nahm er sich die OMV vor.

Im Jahresbericht 2015 präsentierte sich die OMV noch westlich: „Im Upstream-Bereich konzentriert sich die OMV auf drei Kernregionen, (1) CEE (Rumänien und Österreich), (2) die Nordsee und (3) Naher Osten und Afrika, sowie ausgewählte Entwicklungsgebiete."[23]

---

a Organisation of Foreign Assets Control (Organisation für die Kontrolle ausländischer Vermögenswerte)

Hatten seine Vorgänger noch erfolgreich auf Norwegen gesetzt, drehte Seele den Konzern um 90 Grad nach Russland. Plötzlich ging es um nicht mehr um norwegische, sondern um russische Gasfelder. Der *Kurier* berichtete früh über den Plan, wie das über einen „Asset-Swap (Abtausch von Beteiligungen) mit Gazprom laufen könnte: Die OMV gibt ihre Beteiligungen an zwei Gasfeldern in Norwegen und einem Projekt in Tunesien ab und steigt dafür bei der Entwicklung des russischen Öl- und Gasfeldes ‚Urengoi' ein."[24]

Kurz darauf unterschrieb Rainer Seele diesen Plan im Geschäftsbericht 2015: „In Russland strebt die OMV eine 24,98 %-ige Beteiligung an der Achimov IV/V-Formation im Urengoi-Feld an".[25] Wenige Jahre später war die OMV eng an Gazprom und Russland gebunden.

2018 vollendeten Seele und seine OMV-Führung ihr Werk. Am 1. Juli 2018 meldeten die konzerneigenen *OMV News* stolz: „Im Beisein von Vladimir Putin und Sebastian Kurz unterzeichneten heute Alexey Miller, Chairman des Gazprom Management Committee und Rainer Seele, Vorstandsvorsitzender der OMV, die Verlängerung des Vertrages für Erdgaslieferungen nach Österreich bis zum Jahr 2040".[26]

Der alte Vertrag zwischen Gazprom und OMV wäre bis 2028 gelaufen. Frühzeitig und ohne Not hatte die OMV damit einen folgenreichen Vertrag mit der Gazprom geschlossen. Er sieht bis heute „Gaslieferungen bis zum Jahr 2040 im Ausmaß von jährlich sechs Milliarden m³ vor; Gas, das bei Nichtinanspruchnahme dennoch zu bezahlen wäre – take or pay", meldete das *Energy News Magazine* am 19. März 2024.[27] Das OMV-Management hatte damit die OMV für die nächsten zweieinhalb Jahrzehnte an Russland gekettet.

Wolf und Schelling

Zwei Namen standen für die russische Wende der OMV: ÖVP-Finanzminister Hans Jörg Schelling und Siegfried „Sigi" Wolf. 2015 stand Sigi Wolf an der Spitze des ÖIAG[a]-Aufsichtsrats.

Auch für Europa setzte Wolf auf Putin: „Da würde ich mir ein bissl mehr russische Demokratur wünschen. Dass Leute entscheiden und zu den Entscheidungen stehen. Wenn ich mir die EU anschaue, braucht es hier eine klare Führung, die hat Putin."[28]

Putin-Freund Wolf hatte seine Interessen von Graz und Wien immer mehr nach Russland verlagert: „Wolf ist Aufsichtsratsvorsitzender der Sberbank Europe in Wien, fährt gerne leidenschaftliche Kampagnen gegen die EU-Sanktionen (,Diktat der USA') und bezeichnet sich offen als Putin-Freund. Er war Boss von Deripaskas Autozulieferer ,Russian Machines' und hält zehn Prozent Anteile an der GAZ, Russlands größtem Autokonzern", fasste *ZackZack* im April 2021 zusammen.[29] Mit dem Radschützenpanzer BTR-80 griffen russische Truppen die Ukraine an.[30] Der Produzent des Panzers hieß GAZ, dessen Großaktionäre Oleg Deripaska und Sigi Wolf.

„Einer der größten Seele-Befürworter war damals Siegfried Wolf", wusste *Die Presse* schon im Juni 2022.[31] *Presse*-Redakteurin Anna Thalhammer berichtete, „Putin selbst würde Seele als OMV-Spitze fördern, denn das sei den Interessen Russlands nur dienlich." Thalhammer berief sich auf eine geheimdienstliche Quelle: „Ein befreundeter westlicher Dienst warnte Österreich vor ihm bereits 2015." Thalhammer nannte den Namen des Dienstes nicht, doch weder Seele noch OMV dementierten.

Im Dezember 2018 wollte Sebastian Kurz seinen Unterstützer Sigi Wolf noch einmal an die Spitze der ÖIAG, die demnächst ÖBAG heißen und von Thomas Schmid geführt werden sollte, hieven. Schmids Chats vom 28. Dezember 2018 verraten, wie umstritten Wolf inzwischen war.

---

a Österreichische Industrie AG, Vorläuferin der ÖBAG bei der Verwaltung der Unternehmensbeteiligungen der Republik Österreich

Schmid verriet einer Mitarbeiterin, wie er zum Kanzlerwunsch „SW – Sigi Wolf" stünde: „Ich kann echt mit SW auch leben. Solange ich überall den AR[a] Chef machen kann. Er meinte ob mir OMV nicht zu zach ist. Aber unterstützt es."[32] Schmid wusste aber auch, dass Kurz bei einer Entscheidung für Wolf mit Kritik rechnete: „Kurz scheisst sich voll an."

Am 14. Februar 2019 fragte Vizekanzler Strache nach: „Gibt es eine andere Lösung von BK Kurz für dich? ÖBAG?" Wolfs Antwort kam wenige Tage später: „Lieber HC, Ja, wir haben einen Weg gefunden".[33]

Blutgeld

Im Ukraine-Krieg wunderten sich viele, dass Österreich es nicht anderen EU-Staaten gleichtat und aus russischem Gas ausstieg. Martin Selmayr drückte als EU-Vertreter in Österreich seine Verwunderung öffentlich aus: „Blutgeld wird jeden Tag mit der Gasrechnung nach Russland geschickt".[34]

Der ehemalige OMV-Chef Gerhard Roiss gab Selmayr inhaltlich recht: „Wenn man wollte, könnte es sehr wohl viel schneller gehen, binnen zirka 12 Monaten".[35] Aber man wollte nicht. Die zuständige Energieministerin Leonore Gewessler durfte die Lieferverträge zwischen Gazprom und OMV nicht einmal einsehen.

Hans Jörg Schelling blieb Russland auch nach seiner Zeit als Finanzminister erhalten: als „Berater" für Nord Stream 2. Inzwischen waren Schelling und Wolf zu Beschuldigten in Ermittlungsverfahren der WKStA geworden. Für sie gilt die Unschuldsvermutung.

„Trotz aller Unterschiede gibt es viele Bereiche, bei denen wir zusammenarbeiten können, sollen und auch müssen"[36]. So wandte sich Sebastian Kurz im Juni 2021 an Wladimir Putin. Der österreichische Kanzler war der einzige hochrangige Politiker des Westens, der Putins Einladung zum „Petersburger Wirtschaftsforum" gefolgt war. Auch unter Nehammer hatte sich daran nichts geän-

---

a Aufsichtsrat

dert. Nur der Preis, den österreichische Banken, Unternehmen und die Republik selbst für ihre Russland-Sonderwege zahlen müssen, wurde gefährlich hoch.

Spionagehauptstadt

Im Jahr 2000 verhandelten ÖVP und FPÖ ihre erste gemeinsame Regierung. Jörg Haider verlangte von Wolfgang Schüssel das Innenministerium. Der FPÖ-Chef bekam das „Bundesamt für Verfassungsschutz und Terrorismusbekämpfung – BVT" und besetzte es mit Gert-René Polli einschlägig.

Im Jahr 2004 begannen die USA Druck zu machen. US-Botschafter Lyons Brown verlangte, die illegale Ausfuhr panzerbrechender Waffen an den Iran zu stoppen. Die CIA beobachtete genau, dass Polli als BVT-Chef in engem Kontakt zum iranischen „Ministry of Information and Security MOIS" stand. Doch ÖVP-Innenminister Ernst Strasser hielt, ebenso wie seine Nachfolgerin Liese Prokop, seine schützende Hand über den FPÖ-Vertrauensmann.

Erst 2008 erkannte mit Günther Platter der nächste ÖVP-Innenminister, dass Polli nicht mehr zu halten war. Der Tiroler Minister erinnerte sich an seine alten Kollegen bei der Tiroler Kriminalpolizei und bestellte Peter Gridling zum neuen Direktor des BVT.

FSB-Verbindungsbüro

Während die Waffenlieferungen an den Iran aus dem Innenministerium toleriert wurden, geschah in Wien etwas weit Wichtigeres. Am 6. Oktober 2005 erhielt Wien den ersten FSB[a]-Residenten. Putins KGB-Nachfolger hatte entschieden, auf Wien als neuen Stützpunkt zu setzen.

Bis 2004 war Wien vom FSB-Residenten in Berlin und Köln betreut worden. 2004 begannen die Vorbereitungen zum Aufbau der FSB-Residentur in Wien. Im Frühjahr 2005 wurde zwischen

---

a russischer Inlandsgeheimdienst

dem österreichischen und dem russischen Innenministerium ein Vertrag über die Zusammenarbeit zwischen BVT und FSB geschlossen.

Nach seiner Akkreditierung begann der FSB-Resident, ein System von V-Leuten aufzubauen. Im BVT lag schon 2008 eine Liste der damals etwa 150 FSB-Mitarbeiter auf.

Der FSB-Resident war Said-Selim Peshkhoev. Vor seinem Dienst in Wien war Peshkhoev Major, später Oberst des FSB. Am 26. November 2001 wurde er Leiter der Polizei in Tschetschenien und kurz darauf Leiter der Tschetschenien-Abteilung des russischen Innenministeriums. In der Folge machte ihn der tschetschenische Diktator Ramsan Kadyrow zu seinem Innenminister.

Ab 2005 arbeitete Peshkhoev eng mit dem BVT zusammen. Zu diesem Zweck wurde er drei Monate in einem eigenen Büro durch Mitarbeiter des Verfassungsschutzes „geschult". Das Büro blieb dem FSB als „Verbindungsbüro" erhalten.

Jahre später flog das geheime Verbindungsbüro des FSB im Innenministerium auf, als sich ein BVT-Mitarbeiter beschwerte, dass er „keinen Teppich erhalten habe". Auf Nachfrage stellte sich heraus, dass der FSB Teppiche und andere Geschenke an BVT-Mitarbeiter verteilte. Der „teppichlose" Verfassungsschützer hatte das Pech, statt für Russland für den Iran zuständig gewesen zu sein.

Peshkhoevs Hauptaufgabe als FSB-Resident war die Auskundschaftung, Verfolgung und „Rückführung" tschetschenischer Flüchtlinge in Österreich.

Zeitgleich mit der Einrichtung der Residentur war im BVT eine „SOKO Tschetschenen" aufgebaut worden. Die SOKO wurde dem Terrorismus-Referat des BVT unterstellt. Die tschetschenischen Flüchtlinge in Österreich wurden damit wie in Russland unter dem Gesichtspunkt der Terrorismusbekämpfung behandelt. BVT-Mitarbeiter verdächtigten Beamte des Innenministeriums, das FSB-Büro mit Kopien von Akten tschetschenischer Asylwerber versorgt zu haben.

Die politische Verantwortung für das Versagen des BVT trug zu dieser Zeit Liese Prokop als Innenministerin der ÖVP.

Mord in Wien

Am 13. Jänner 2009 wurde der tschetschenische Flüchtling und Regimegegner Umar Israilow in Wien auf offener Straße erschossen. Zuvor war er aus dem Umfeld des tschetschenischen Präsidenten Ramsan Kadyrow bedroht worden und hatte um Personenschutz angesucht, doch dieser war ihm nicht gewährt worden. Die Hintermänner der Tat konnten vom Wiener Landesamt für Verfassungsschutz (LVT) schnell ausgeforscht werden. Trotz klarer Hinweise blieben sie unbehelligt.

Dabei machte Kadyrow aus seiner Absicht, Gegner aus dem Weg zu räumen, kein Geheimnis.

Beim „Tschetschenischen Weltkongress" am 12. Oktober 2010 erklärte er: „In Tschetschenien gibt es ein Programm, das von [meinem Vater] Ahmed begonnen wurde. Wenn sich jemand gegen uns stellt, dem schneiden wir den Kopf ab."

Recherchen der Grünen im Nationalrat ergaben: Der FSB führte schon 2008 eine Gruppe von etwa 30 Tschetschenen, die als Kadyrow-Vertrauensleute für heikle Aufgaben in Österreich vorgesehen waren. Ein Großteil tarnte sich als Asylwerber. Mitglieder der Gruppe reisten regelmäßig nach Russland und Tschetschenien, um dort zu berichten und weitere Befehle für ihre Tätigkeit in Österreich entgegenzunehmen. Das BVT kannte die Namen der wichtigsten Agenten und deren Reisedaten, auch weil einer von ihnen für das BVT arbeitete.

Trotzdem geschah nichts. Die weithin sichtbare Spur zu Putins Tschetschenien-Statthalter Kadyrow wurde nicht verfolgt. Die kriminelle Gruppe, die unter Anleitung des Residenten flüchtige Regimegegner jagte, blieb unbehelligt.

2009 hatte der FSB freie Hand in Wien. Die politische Verantwortung für das Versagen des BVT trug zu dieser Zeit Maria Fekter als Innenministerin der ÖVP.

Schutz für einen Massenmörder

Der nächste Fall betraf keinen Flüchtling, sondern einen KGB-Offizier, der mindestens 14 Menschen auf dem Gewissen hatte.

Am Donnerstag, den 14. Juli 2011, wurde der russische Staatsbürger Michael Golowatow von der Grenzpolizei am Flughafen Wien-Schwechat bei seiner Ankunft aus Moskau angehalten, weil gegen ihn ein europäischer Haftbefehl vorlag. Eine Abfrage im Schengener Informationssystem SIS ergab, dass der KGB-Offizier Golowatow wegen Mordverdachts gesucht wurde. Der 14-fache Mord wurde im Jänner 1991 in Vilnius bei der Erstürmung eines TV-Senders durch eine KGB-Einheit verübt.

Der Journalstaatsanwalt ordnete Golowatows Festnahme an. Das Außenministerium informierte die russische Botschaft. Putins Botschafter Sergej Nechaev[37] verlangte die sofortige Freilassung von Golowatow. Um 22:15 Uhr informierte der Staatsanwalt, dass „bezüglich der weiteren Vorgangsweise in höheren Ebenen eine Entscheidung herbeigeführt wird".

Am nächsten Tag kam die Weisung, Golowatow in die Justizanstalt Korneuburg zu überstellen. Der russische Botschafter machte Druck und versuchte, das in einem Telefonat mit dem Leiter der Oberstaatsanwaltschaft Wien zu verhindern. Golowatow konnte am Flughafen Schwechat bleiben.

Um 9.30 Uhr fanden die Spitzen aus Außenministerium und Justizministerium beim Generaldirektor für die öffentliche Sicherheit im Innenministerium eine Lösung. Sie vereinbarten, den litauischen Behörden zur Übermittlung ergänzender Informationen eine Frist bis 14 Uhr zu setzen. Wenn bis dahin nicht alles da war, sollte Golowatow sofort enthaftet und ins nächste Flugzeug nach Moskau gesetzt werden.

Um 10 Uhr ersuchte das Justizministerium die Staatsanwaltschaft in Vilnius um zusätzliche Informationen bis 14 Uhr. Alles sollte binnen vier Stunden nach Vilnius gesendet, dort übersetzt, an den dortigen Staatsanwalt weitergeleitet, von diesem bearbeitet und wieder ans Ministerium zurückgeschickt, von dort nach Wien gesendet, übersetzt und dem Staatsanwalt in Korneuburg zugeleitet werden. Die Behörden in Litauen waren entsetzt. Aber sie schafften es. 18 Minuten vor Ablauf der Frist langen die Unterlagen aus Vilnius im Justizministerium in Wien ein. Trotzdem wurde Golowatow enthaftet. Um 18 Uhr flog er mit einer Aeroflot-Maschine nach Moskau. Das Justizministerium hatte einen 14-fachen Mordverdächtigen laufen lassen.

Er war nicht der Einzige. „In den letzten zwölf Jahren wurde eine Reihe russischer Spione in Österreich entdeckt und verhaftet, aber in jedem Fall wurden die Personen schnell wieder freigelassen und die Beziehungen zwischen den beiden Ländern so schnell wie möglich wieder normalisiert", stellt Julia Girardi 2020 im *American Intelligence Journal* fest.[38]

Die politische Verantwortung für das Versagen der Justiz trug zu dieser Zeit Beatrix Karl als Justizministerin der ÖVP.

Putins Schüsseln

An der russischen Botschaft steht der SWR-Resident eine Stufe über dem Residenten des FSB. Der russische Auslandsgeheimdienst SWR ist das Gegenstück zur NSA[a] der USA. Beide Dienste sind auf „SIGINT" – Signal Intelligence – spezialisiert. Damit ergänzen sie die „HUMINT" – Human Intelligence – Dienste wie CIA und FSB, die sich mit Agentennetzen vor Ort auf klassische geheimdienstliche Tätigkeiten konzentrieren.

Als Innenminister Gerhard Karner am 16. Mai 2024 den Verfassungsschutzbericht 2023 vorstellte, wussten nur wenige, wie brisant eine Passage auf Seite 67 war: „Seit Anfang 2022 wurden zusätzliche Anlagen auf dem Dach der sogenannten ‚Russencity' in Wien installiert. Für Österreich entsteht dadurch ein erheblicher Schaden in Form des Verlustes internationaler Reputation und einer Minderung der Attraktivität als Standort internationaler Organisationen."[39] Damit zeigte die DSN auf das Grundstück in der Erzherzog Karl-Straße 182, das die Russische Föderation schon 1990 erworben und auf 37.602 m² ein Gebäude mit einem Hauptzweck errichtet hatte: dem Dach. Dort sind Satelliten auf die russischen Schlachtfelder in der Ukraine und

---

a National Security Agency, SIGINT (Signal Intelligence) Nachrichtendienst der USA, zuständig für globale Überwachungssysteme

den Großraum Kiew und Richtantennen auf die Kommunikation in Wien gerichtet.[40]

Von Deutschland bis zu den Niederlanden war nach dem russischen Überfall auf die Ukraine klar, was zu tun war. Ab dem Frühjahr 2023 wurde in fast allen EU-Staaten „technisches Personal" der russischen Botschaften ausgewiesen. Zwei EU-Mitgliedstaaten machten dabei nicht mit: Ungarn und Österreich. In Ungarn wurden kein einziger russischer „Techniker" ausgewiesen, in Österreich traf es insgesamt nur acht „Diplomaten".

Überall in Europa befanden sich Putins Spione auf dem Rückzug. Nur in Budapest und Wien bauten sie aus. Die DSN stellte im Verfassungsschutzbericht fest: „Im europäischen Vergleich unterhält Russland eine der größten ‚Legalresidenturen' Europas in Wien. Die diplomatischen Residenturen dienen häufig als Deckmantel für Spionageaktivitäten Russlands." Unter Innen- und Außenministern der ÖVP war Wien zur russischen Spionagehauptstadt in der EU geworden.

Im Mai 2024 versuchte die DSN, das zu ändern. Am 21. März 2024 wurden in einem Bericht über den SWR in Wien 14 russische Agenten aufgelistet. Teils als Diplomaten, teils als Servicepersonal deklariert, betrieben sie das Spionagezentrum „Russen-City". Sie richteten Schüsseln und Antennen auf ihre Ziele, speicherten die Daten und sorgten dafür, dass sie bei ihren Abnehmern in Putins Militär, Wirtschaft und Politik ankamen.

Der DSN-Vorschlag war einfach: die 14 Technik-Spione ausweisen, Antennen und Satellitenschüsseln abbauen. Neben dem Strafgesetzbuch lieferte die Wiener Bauordnung dafür die Instrumente.

Zwei Wochen nach der DSN wurde die Wiener Magistratsabteilung 37 am 5. April 2024 aktiv. Zwar waren die Satellitenschüsseln des SWR am Dach des Gebäudes nach Wiener Bauordnung nicht genehmigungspflichtig – aber die kleinen Hütten, in denen ihre technische Steuerung untergebracht war, mussten baupolizeilich bewilligt werden. Diese Bewilligungen fehlten. Die SWR-Hütten standen gesetzwidrig auf dem Russen-Dach.

Am 7. April lag die Aufforderung der MA 37, die illegalen SWR-Hütten auf den Dächern der Russen-City abzubauen, auf dem Tisch des russischen Botschafters.

Zwei Monate lang hatte Außenminister Schallenberg alles liegen lassen. Dann begann *ZackZack* mit den Berichten über die Affäre „Russen-City".[41]

Was für Großbritanniens Spionageabwehr der Geheimdienst MI5 ist, das ist die MA 37 für Österreich. Baupolizei als Spionageabwehr – das war 2024 kein schlechter Witz, sondern ein Hinweis auf das Ausmaß, das die Lähmung von Außenministerium und Innenministerium gegenüber Putins Russland erreicht hatte. Am Dach der Russen-City im 22. Wiener Bezirk zeigte sich, was die österreichischen Solidaritätsbeteuerungen für die Ukraine wert waren.

Von SWR bis FSB arbeiteten Putins Geheimdienste auch 2024 noch weitgehend ungestört in Österreich. Das war kein Versagen der DSN-Führung, sondern politischer Wille der Bundesregierung. Der Außenminister sorgte dafür, dass als Diplomaten getarnten Spione weiter Agenten vor Ort führen konnten. Innenminister und Bundeskanzler hielten still.

Die politische Verantwortung für den Schutz der russischen Agentennetze trugen Alexander Schallenberg als Außenminister und Gerhard Karner als Innenminister der ÖVP.

Die Innenminister und Innenministerinnen, die auf dem Putin-Auge blind waren, hießen Ernst Strasser, Günther Platter, Liese Prokop, Maria Fekter, Johanna Mikl-Leitner, Wolfgang Sobotka, Karl Nehammer, Gerhard Karner – und Herbert Kickl. Acht von ihnen kamen von der ÖVP, einer von der FPÖ. Die Innenminister der ÖVP waren jederzeit bereit, Resolutionen gegen Russland zu unterschreiben und Putin gleichzeitig alle Hintertüren offenzuhalten. Kickls Partei hatte kein Interesse, den Spagat der ÖVP mitzumachen. Sie stand mit beiden Beinen im russischen Lager.

Russenpartei

In einem Punkt hat die ÖVP zweifellos recht: Die FPÖ ist die „Russenpartei" Österreichs. Um das herauszufinden, muss man keine geheimdienstlichen Quellen bemühen. Es genügt, von den Reden der Abgeordneten bis zu den Reisen der Parteispitzen genauer hinzusehen.

Putins Ziel ist ein möglichst starkes Russland in einem neuen Ostblock mit der Volksrepublik China. Ihr gemeinsamer Hauptgegner sind die USA. Europa ist für ihn der Kontinent, auf dem eine Regel gilt: Je schwächer Europa ist, desto stärker ist Putins Russland. Für die Schwächung Europas braucht er Parteien, die ihm Hilfsdienste leisten. Eine der wenigen, die dafür verlässlich bereitstehen, ist die FPÖ.

„Ein freiheitlicher Bundeskanzler hätte diesen Wirtschaftskrieg nie unterstützt."[42] Schließlich, so der Parteichef, gäbe es auch keine Sanktionen gegen „amerikanische Oligarchen" wie Bill Gates. Aschermittwochsreden sind wie Abende auf Ibiza Offenbarungen der ungeschminkten Parteiwahrheit. Herbert Kickl wusste, was er am 22. Februar 2023 in Ried im Innkreis sagte.

Natürlich ist auch der Spitze der FPÖ bekannt, dass Bill Gates kein Land militärisch überfallen hat. Man weiß, dass er Menschen nicht foltern und Städte nicht bombardieren lässt. Aber man weiß auch, dass die eigene Partei Bill Gates nicht durch einen Freundschaftsvertrag verbunden ist.

Am 13. Jänner 2024 wurde Kickl beim FPÖ-Neujahrsempfang in der Steiermarkhalle bei Graz noch deutlicher: „Veto gegen die Flüchtlinge, Veto gegen die Russland-Sanktionen, Veto, Veto, Veto!"[43]

Ist die Putin-Partei FPÖ jetzt ein „Sicherheitsrisiko"? Nach Kickls Sturz als Innenminister war Österreich von heiklen kriminalpolizeilichen und geheimdienstlichen Informationen weitgehend ausgeschlossen. Die Stärke der FPÖ liegt nicht in „Informationsbeschaffung", sondern in „Aktion". Weit mehr als russische Medien und Diplomaten kann die FPÖ als „österreichische" Partei für Putin mobilisieren. Darin liegt auch die Bedeutung des seltsamen Vertrags, auf dessen Basis Kickls Partei mit Putins Partei „Einiges Russland" kollaboriert.

Fundament der Zusammenarbeit

Ende Dezember 2023 überraschte Dmitry Lyubinsky mit einer Warnung über die russische Staatsnachrichtenagentur TASS: Die österreichische Regierung habe sich „bewusst entschieden, das Fundament der Zusammenarbeit einzureißen".[44] Aber warum griff Putins Wiener Botschafter eine Regierung, mit der der Kreml in den Jahrzehnten davor besonders gute Erfahrungen gemacht hatte, plötzlich an? Und: Was war „das Fundament"?

Die Warnung des Botschafters galt der ÖVP. Lange Zeit hatte man sich neben der FPÖ auch auf die Volkspartei verlassen können. Für gute Geschäfte gab es gute Beziehungen als Draufgabe, so hatte das die ÖVP immer gehalten. Doch nach dem russischen Einmarsch in die Ukraine hatte sich die ÖVP auf die Seite des Westens gestellt.

Mit der FPÖ war eine einzige österreichische Partei auch nach Putins Überfall auf die Ukraine offen auf der russischen Seite geblieben. Die „Freundschaft" mit Russland ist seit mehr als einem Jahrzehnt eine politische Konstante der FPÖ. Seit 2016 sind die Freiheitlichen und Putins Partei „Einiges Russland" durch einen Freundschaftsvertrag verbunden.

Einiges in der Vereinbarung klang bedrohlich. Der „Austausch von Erfahrungen in der gesetzgeberischen Tätigkeit" ließ ebenso Einschlägiges befürchten wie die Zusammenarbeit zur „Stärkung der Freundschaft und der Erziehung der jungen Generation im Geiste von Patriotismus und Arbeitsfreude".

Herbert Kickl und sein Generalsekretär Christian Hafenecker wollten schon im Dezember 2023 nichts mehr von dem Vertrag wissen. Doch der *Kurier* berichtete, dass der Vertrag bis 2026 gültig bleibt.[45]

Im Bericht „Russian Influence" auf dem Laptop von Christian Pilnacek[a] findet sich eine Passage, die Heinz-Christian Strache

---

a siehe Kapitel Spuren türkis – Pilnaceks Computer

andere Motive unterstellt: „Die FPÖ-Führung scheint Russland seit langem sehr zugetan zu sein. Aufgrund ihres jeweiligen intellektuellen Hintergrunds war der langjährige FPÖ-Vorsitzende Heinz-Christian Strache vor allem an russischen Mädchen und Geld (in dieser Reihenfolge) interessiert, während sein damaliger Vertrauensmann ebenfalls die Sprache sprach und sich der politischen Agenda nahe fühlte."

Putin scheint für Strache und seine FPÖ mehr Orientierungspunkt und Vorbild als Partner gewesen zu sein. Dem FPÖ-Chef war schon in Ibiza klar, wie er es anstellen würde: „Wir wollen eigentlich sehr stark uns Richtung Osten öffnen. Richtung Russland. Und Gegengewicht zu dieser dekadenten westlichen Europäischen Union."

Die Spaltung Europas schien Strache unausweichlich: „Der Rest Europas wird islamisiert. Das ist demografisch-politisch in fünf Jahren durch. Die einzige Rettung wird es geben im Osten, und das wird eine Spaltung werden."

Für diese Spaltung trat die FPÖ von Wien bis Brüssel zu Wahlen an.

Voice of Europe

Am 13. März 2024 gab der FPÖ-Europa-Abgeordnete Roman Haider dem tschechischen Nachrichtenportal *Voice of Europe* ein Interview über die Bauernproteste. Bei der Vorstellung des „zweiten" Haider trug die Putin-Plattform dick auf: „Haider ist sowohl in Österreich als auch in ganz Europa für sein unerschütterliches Bekenntnis zur nationalen Souveränität und zu konservativen Werten bekannt und dafür, dass er die Interessen der österreichischen und europäischen Bevölkerung über die der transnationalen Konzerne und der von ihnen bezahlten liberalen, globalistischen EU-Politiker stellt."[46]

Dann kam die Frage: „Was halten Sie von der Behauptung des Establishments, die Landwirte seien Putin-Anhänger oder pro-russisch?" Haider antwortete: „Das ist dumm und absurd. Das ist nicht einmal ein stichhaltiges Argument, sondern reine Diffamierung. Die Landwirte haben keine Verbindung zu Putin oder Russland." Sowohl Haider als auch der Fragesteller mussten wissen, dass nicht die Bauern, sondern einige derer, sie sie aufgehetzt hatten, Putin nahestanden.

Ungefragt fügt Haider an anderer Stelle hinzu: „Die gegen Russland verhängten Sanktionen schaden nicht nur der europäischen Wirtschaft, sondern tragen auch zur Inflation bei."

Der *Spiegel* wusste mit Berufung auf die tschechische Regierung mehr: „Über das Portal *Voice of Europe* sei kremlfreundliche Propaganda und Desinformation verbreitet worden. Und das Netzwerk sei benutzt worden, um prorussischen Politikern Geld zukommen zu lassen. Von über 500.000 Euro ist die Rede."[47]

Bis heute ist nicht nachgewiesen, dass Politiker der FPÖ oder die Partei selbst Gelder aus dem Kreml erhalten haben. Ohne russische Quellen wird der Nachweis auch schwer zu führen sein, weil die Buchhaltungen der FPÖ rechtzeitig abtransportiert und vernichtet worden sind.[a] Aber Spuren deuten darauf hin, dass etwas zu finden sein könnte.

Wer die Russland-Nähe der FPÖ verstehen will, muss ins Wesen der Partei eintauchen. Seit langem sehen sich die Spitzen der Partei selbst als die „Ausgegrenzten", die vom „System" verfolgt würden. Für sie ist Wladimir Putin ein Schicksalsgenosse, der zeitgleich mit ihnen ins Visier der USA, ihrer Konzerne und ihrer Geheimdienste geraten ist. Sie meinen das ernst und entdecken hinter jedem Angriff auf Putin, Orbán oder Kickl dasselbe Muster: „Systemgegner" auszuschalten.

So sind sie natürliche Bundesgenossen, die sich nur gemeinsam zur Wehr setzen können.

---

a   siehe Kapitel Spuren blau – Kickls Putztrupp

In Putins Falle

„Putins nützliche Idioten"
The Economist über Österreich, Juli 2023

2024 war Wien der letzte unversehrte Brückenkopf, den Putins Geheimdienste in der EU hielten. Beim Nationalen Sicherheitsrat im abhörsicheren Geheimdienst-Lokal im Parlament nannte Innenminister Gerhard Karner am 9. April 2024 eine Zahl: 504 Putin-Agenten in Österreich.

14 Jahre nach dem Mord an Umar Israilow schien sich wenig geändert zu haben. Allein das Netz des FSB-Residenten war auf mehr als 400 Agenten angewachsen. Sie verfolgten unter den Augen des BVT-Nachfolgers DSN weiterhin ungehindert Flüchtlinge und Putin-Kritiker in ganz Österreich. Der FSB-Resident dirigierte sie ungestört von seinem Amtssitz an der russischen Botschaft in der Wiener Reisnerstraße.

Nach wie vor lebten Putins Gegner in Österreich in höchster Gefahr. Rund 140 der Agenten „kümmerten" sich um Flüchtlinge aus Tschetschenien. Einige von ihnen operierten mit zwei Namen und zwei Pässen. Einer davon war immer russisch.

In der Wiener Erzherzog-Karl-Straße waren die Antennen und Satellitenschüsseln des SWR nach wie vor auf die Ukraine gerichtet. Putins Station in Wien lieferte dem SWR die Daten von geostationären Satelliten, die Telefonate, Nachrichten und Mails in der Ukraine überwachen. Der SWR-Resident sorgte von der Botschaft aus dafür, dass sein Schwesterdienst GRU möglichst viele Informationen für den Krieg gegen die Ukraine über die Station „Wien" bekam.

Von CIA bis MI5 hatten westliche Dienste ihre österreichischen Kollegen gedrängt, die russischen Spionagezentren in Wien stillzulegen. Aber in Österreich schien nach wie vor die „Neunzig – Hundert"-Regel zu gelten: Wer zu neunzig Prozent von russischem Gas abhängig ist, hängt zu hundert Prozent von Putin ab.

Das war einer der Gründe, warum Deutschland seine Russland-Anteile an den Gasimporten nach dem Überfall auf die Ukraine zügig auf null reduziert hatte. Anfang 2024 pendelte die österreichische Abhängigkeit von der Gazprom zwischen 87 und 97 Prozent. Die Folgen waren klar: Österreich war erpressbar.

Dasselbe galt für Raiffeisens RBI. Putins Regime hatte seine Hände damit an zwei Hähnen: dem Gashahn und dem Raiffeisen-Hahn. Von Sebastian Kurz bis Karl Nehammer wussten alle ÖVP-Kanzler, dass Putin jederzeit zudrehen konnte. Dazu stand mit der FPÖ eine der wenigen Putin-Parteien in der EU vor dem Tor zur Macht in Wien.

Wenn Österreichs Nachrichtendienst DSN die Ausweisung russischer Spione anregte, musste ÖVP-Außenminister Alexander Schallenberg immer mögliche Antworten aus Moskau mitbedenken: Würde Putin als Vergeltung einen existenzbedrohenden Schlag gegen die Raiffeisenbank International RBI führen? Waren 14 Agenten der Preis, den man für den Schutz der ÖVP-Hausbank zahlen müsste? War der Außenminister der Republik Österreich nicht schon längst Putins Raiffeisen-Geisel?

Im Juli 2023 veröffentlichte der britische *Economist* eine Liste: „Vladimir Putin's useful idiots – Putins nützliche Idioten"[48]. Platz 1 für Viktor Orbán überraschte niemanden: „Der populistische starke Mann hat wiederholt die westliche Unterstützung für die Ukraine kritisiert und Ungarns Importe von russischem Gas fortgesetzt. Seine Regierung weigert sich auch, die Durchfuhr von Waffen zuzulassen, die Ungarns NATO- und EU-Mitglieder der Ukraine zur Verfügung stellen."

Noch vor Zypern, der Türkei und Serbien folgte Österreich auf Platz 2: „Das benachbarte Österreich hat sich ebenfalls weitgehend aus dem Kampf herausgehalten und sich dabei auf seine Nichtmitgliedschaft in der NATO und seine selbsternannte Rolle als Brücke zwischen Ost und West berufen, wobei es der Ukraine kaum Hilfe angeboten hat, obwohl sein Handel mit Russland stark zugenommen hat."

Österreich saß in der selbstgemachten Putin-Falle und schien mit FPÖ und ÖVP reif für eine politische Entwicklung, die an den Rand der EU zu Putins wichtigstem mitteleuropäischem Verbündeten Viktor Orbán führte.

Der ungarische Weg

Was ist der ungarische Weg, den Kickls FPÖ ganz und die ÖVP zumindest ein Stück gehen will? Bisher führte der österreichische Weg wirtschaftlich über starke, gut in die EU integrierte Unternehmen. Die einzige Anomalie ist Österreichs außergewöhnliche Abhängigkeit von russischer Energie und russischem Geld. Der ungarische Weg geht in eine andere Richtung.

Laut *Handelsblatt* ist Ungarn bereits das sechstärmste Land der EU.[49] Die ungarische Soziologin Szusza Ferge bilanzierte: „Die Tragödie ist, dass die Wirtschaft insgesamt leidet, weil immer mehr Bereiche in die Hände von Orbáns Oligarchen übergehen. Kleinere und mittlere Unternehmen werden geschwächt."[50]

Orbán hatte die ungarische Wirtschaft isoliert und europäische Investoren abgeschreckt. Sein neuer Weg führte weg von Europa über die Seidenstraße zur Volksrepublik China. „Kein anderer Regierungschef der EU ist Peking so freundlich gesonnen wie Viktor Orbán. Wiederholt blockierte oder verzögerte er EU-Erklärungen mit Kritik an China, etwa zur Menschenrechtslage in Hongkong", stellte das deutsche *Handelsblatt* zur Europa-Tour des chinesischen Präsidenten Xin Jinping fest[51].

Jinping besuchte Paris, Budapest und Belgrad und damit eine EU-Metropole und die beiden wichtigsten Satelliten, die sich für Peking statt Brüssel entschieden haben. Das *Handelsblatt* berichtete, worum es ging: „Ungarn ist Mitglied in der chinesischen Seidenstraßeninitiative. Orban und Vucic waren die einzigen europäischen Regierungschefs beim Gipfeltreffen im vergangenen Oktober in Peking, an dem auch Putin teilnahm. Orbán erhofft sich nicht zuletzt chinesische Investitionen: Der chinesische Batteriehersteller CATL plant eine Fabrik in Debrecen, der E-Auto-Bauer BYD ein Werk in Szeged."

Für Österreich ist der chinesische Weg wirtschaftlich nicht sinnvoll. Wer sich die großen staatlichen Investoren aus Peking ins Land holt, importiert mit ihren Fabriken auch ihre Regeln. Für die autoritären Regimes in Ungarn und Serbien scheint das ebenso wenig ein Problem zu sein wie für Kickls FPÖ.

Bauanleitung Regime

Demokratien haben eine Anzeige: das Pendel. Wenn es an einem Wahlabend auf die eine politische Seite schwingt, wissen alle, dass der Ausschlag in die andere Richtung nur eine Frage der Zeit ist. Von Putin bis Orbán hatten die Bauherren der neuen Regimes ein gemeinsames Interesse: dass das Pendel auf ihrer Seite stecken bleibt.

Wladimir Putins Interessen gehen über die der seiner Nachahmer von Budapest bis Ankara hinaus. Putins Bühne liegt nicht an den Rändern von EU und NATO. Die Bühne, die er für sich beansprucht, ist die Welt um eine neue Achse, die er zwischen Peking und Moskau spannen will. Sein Russland ist das alte Russland, das von den Zaren bis Stalin als Weltmacht galt.

Am Beginn seiner Herrschaft hat Putin ausgelotet, wie weit eine friedliche Zusammenarbeit mit EU und USA geht. Der Überfall auf die ukrainische Krim markierte 2015 den Wendepunkt. Seit damals verfolgt Putins Russland mehrere Ziele: die USA isolieren; die NATO schwächen; und die EU destabilisieren.

Dazu hat er seine Instrumente sorgfältig ausgewählt und entwickelt:
- isolationistische und nur für ihn berechenbare US-Präsidenten wie Donald Trump;
- nationalistische und europaskeptische Parteien von „Ressemblement National" und „Fratelli d'Italia" bis AfD und FPÖ;
- und Regimes, die wie Orbáns Ungarn bereit sind, mit ihm einen Block gegen „Brüssel" zu bilden.

Die Bauanleitung

Putin hat sein Handwerk beim KGB in der DDR gelernt. Er weiß, wie man einen demokratischen Rechtsstaat durch ein autoritäres Regime ersetzt und was ein Regime zum Überleben braucht.

Überall, wo neue Regimes entstehen, wird dieselbe Bauanleitung umgesetzt. Es beginnt bei der Ausschaltung der Kontrolle. Zuerst setzt die Partei ihre Vertrauensleute in alle wichtigen Positionen in Geheimdiensten und Polizei. Dann übernimmt sie Stück für Stück alle Schlüsselstellen in der Strafjustiz, bis sie in einem letzten Handstreich den Verfassungsgerichtshof unter ihre Kontrolle bringt. Anschließend kümmert sie sich um die Medien. Zu Beginn füllt sie ihnen mit Regierungsinseraten und Förderungen den Mund, dann stopft sie ihn. Erst dann ändert die Partei des Regimes die Regeln, für Gerichte und für Wahlen.

Nach außen hin bleibt das Regime demokratisch. Aber bei ihren Strafprozessen stehen die Ergebnisse ebenso im Vornhinein fest wie bei ihren Wahlen.

Elf Schritte

In elf Schritten hat Viktor Orbán seinen Nachahmern gezeigt, wie man die ganze Macht übernimmt:

1. die Macht in Wahlen übernehmen;
2. das Land auf nationalen Kurs gegen Ausländer und EU steuern;
3. Verfassungsschutz und Polizei übernehmen;
4. die Justiz gleichschalten;
5. die Pressefreiheit abschaffen;
6. die Opposition zum Schweigen bringen;
7. die Wirtschaft einer Schicht treuer Oligarchen überlassen;
8. die EU erfolgreich erpressen;
9. den Sozialstaat durch einen Arbeitsstaat ersetzen;
10. die wirtschaftlichen und politischen Tore für Russland und China öffnen;
11. mit einem Dreibund aus Serbien, Österreich und Ungarn einen Gegenpol zu Brüssel bilden.

Sebastian Kurz war bis zu seinem Absturz auf diesem Weg unterwegs. Sein Innenminister Herbert Kickl zeigte, wie weit er gehen würde, um Punkt 3 zu erledigen.

TEIL 2: SICHERHEITS-RISIKO „KICKL"

„Die ÖVP versteht die Sprache der Macht."
Herbert Kickl, Mai 2023

2017 fiel eine folgenreiche Entscheidung: Die ÖVP bildete ihre zweite Regierung mit der FPÖ. Zum ersten Mal bekam die FPÖ Innenministerium und Verteidigungsministerium und damit Zugriff auf alle drei Geheimdienste: auf Heeresnachrichtenamt, Abwehramt und BVT. Die Verhandler der ÖVP wussten, wie nahe die FPÖ Rechtsextremisten im Inland und dem Regime von Wladimir Putin stand. Trotzdem lieferten sie ihr den Verfassungsschutz aus. Wenige Monate später zeigte Herbert Kickl als Innenminister, wozu er fähig war.

Herbert Kickl hat fast sein ganzes Berufsleben an einem Ort verbracht: in der FPÖ. Nur von 2017 bis 2019 hatte er einen Arbeitsplatz außerhalb der Partei und ihres Parlamentsklubs: als Innenminister. In dieser Zeit ruinierte Herbert Kickl den österreichischen Verfassungsschutz und fügte so der Sicherheit Österreichs größeren Schaden zu als alle Innenminister vor ihm.

Im Kabinett „Sebastian Kurz I" war Kickl die Ausnahme. Im Gegensatz zu pflegeleichten Ministern wie Mario Kunasek in der Landesverteidigung, Beate Hartinger-Klein in der Gesundheit und Strache im Vizekanzleramt war Kickl nie auf Kurz-Linie.

Im Innenministerium machte Kickl deutlich, dass er als Einziger das Entscheidende von der ÖVP gelernt hatte: die Übernahme der ganzen Macht. Sein Ziel hatte nichts mit der Sicherheit Österreichs, aber viel mit der Sicherheit von ÖVP und FPÖ zu tun.

Bei der blauen Umfärbung seines Ressorts verfolgte Kickl einen klaren Plan. Als Erstes nahm er sich den Verfassungsschutz vor. Dabei sollte Egisto Otts „Führungsoffizier" Martin Weiss eine wichtige Rolle spielen.

Aktion „Schmuckkasterl"

Seit vielen Jahren war das BVT in einem bedenklichen Zustand. Mitarbeiter beschrieben im Parlament, wie in Partys im Kreis von Parteifreunden Dienstpflichten in immer höherem Maß vernachlässigt wurden. Einzelne Bereiche wie das Extremismusreferat hielten sich als Inseln professioneller nachrichtendienstlicher Arbeit. Ganze Bereiche wie der islamistische Extremismus und das Vordringen des Erdoğan-Geheimdiensts MIT waren „übersehen" worden. Mitarbeiter konnten unkontrolliert Datenträger und Akten aus dem Amt mitnehmen.

Der neue FPÖ-Innenminister erkannte schnell, dass das BVT in höchstem Maße angreifbar war. Im Jänner 2018 bereitete Innenministeriums-Generalsekretär Peter Goldgruber als Kickls ranghöchster Vertrauensmann den FPÖ-Sturm auf das BVT vor. Der Nachrichtendienst des Innenministeriums hatte von seiner Gründung an unter politischen Einflussnahmen gelitten. Bis zu Herbert Kickls Ministerschaft waren fast alle Schlüsselpositionen mit ÖVP-Vertrauensleuten besetzt worden. Jetzt wollte Kickl politisch aufräumen.

Der Angriff auf das BVT hatte zwei Ziele:
1. erkunden, was im Extremismus-Referat des BVT gegen die FPÖ-Spitze vorliegt, um so die Gefahr für Strache, Gudenus & Co. erkennen und abwenden zu können;
2. das BVT selbst personell und politisch zu säubern und im Geheimdienst die Macht zu übernehmen.

Kickl gab dem Angriff einen Namen: Er wolle den Verfassungsschutz so aufstellen, „dass er international ein Schmuckkasterl wird"[52].

Das Material für die Aktion „Schmuckkasterl" lieferte das „Konvolut", eine Zusammenstellung detailliert begründeter anonymer Anzeigen gegen ÖVP-Schlüsselfunktionäre im BVT. Vieles spricht dafür, dass mindestens vier Autoren am „Konvolut" mitgewirkt haben. Egisto Ott und Martin Weiss werden verdächtigt, zwei von ihnen gewesen zu sein.

Die Aktion startete mit der Initiative eines SPÖ-Anwalts. Jahrelang war der SPÖ-nahe Rechtsanwalt Gabriel Lansky im Fadenkreuz der ÖVP gestanden. Anfang Jänner 2018 versuchte er den Gegenschlag und lieferte BMI-Generalsekretär Peter Goldgruber eine Kopie des Konvoluts. Aussagen bestätigen, dass Innenminister Kickl seinem Generalsekretär daraufhin einen Auftrag erteilte: mit dem Konvolut zur Staatsanwaltschaft zu gehen und dort schwarze Spitzenbeamte in BMI und BVT anzuzeigen.

Kickl selbst hatte das Konvolut schon Monate vor seinem Wechsel in die Regierung erhalten. Damals, als Abgeordneter der Oppositionspartei FPÖ, ließ er es liegen. Nach Kickls Angelobung am 17. Dezember 2017 entdeckte sein Team schnell, welche Möglichkeiten das Konvolut bot. Kurz darauf wurde die „Aktion BVT" gestartet.

Am 19. Jänner 2018 übergab Goldgruber das Konvolut WKStA-Staatsanwältin Ursula Schmudermayer. Später hielt sie in einem Aktenvermerk fest, dass Goldgruber von Kickl den Befehl, im BMI „aufzuräumen" erhalten habe.

Jagd auf Ermittler

Am 30. Jänner 2018 hatte die SPÖ den Nationalen Sicherheitsrat „NSR" zum Thema „Burschenschaften" und der „Liederbuchaffäre"[a] des niederösterreichischen FPÖ-Chefs Udo Landbauer einberufen. Goldgruber nützte die Gelegenheit und lud am Tag davor BVT-Direktor Peter Gridling in sein Büro. Dort erteilte er ihm unter dem Vorwand, den NSR für den Minister vorbereiten zu müssen, vier Aufträge zur Klärung und Beantwortung. Alle drehten sich um ein Thema: „REX", wie „Rechtsextremismus" im BVT abgekürzt wird. Goldgruber wollte wissen:

- Welche Burschenschaften waren zwischen 2012 und 2017 Gegenstand von Ermittlungen?
- Gab es in dieser Zeit Ermittlungen gegen Personen, die Mitglieder einer Burschenschaft sind? Wenn ja – gibt es bezughabende Anzeigen (strafrechtliche Anzeigen/verwaltungsrechtliche Anzeigen)?
- Welche Maßnahmen im Zusammenhang mit Vereinsauflösungen – Untersagungen wurden in der letzten Regierungsperiode seitens REX-Referat gesetzt?
- Wo wurden im Bereich REX verdeckte Ermittler eingesetzt?

---

a 2018 wurde bekannt, dass Landbauers Burschenschaft Germania zu Wiener Neustadt 1997 ein Liederbuch mit antisemitischen und rassistischen Texten herausgegeben hatte.

Der BVT-Direktor und Kickls Generalsekretär wussten: Die Fragen hatten nichts mit dem bevorstehenden Sicherheitsrat zu tun. Goldgruber versuchte offensichtlich, für seinen Minister und dessen Partei alles, was aus Rechtsextremismus-Ermittlungen drohen könnte, auszukundschaften.

Bei der Beantwortung zeigte sich, dass die Gefahr ganz konkret war: Von Frage 2 war die Verbindung „Vandalia" betroffen. Ihre prominentesten Mitglieder hießen Johann Gudenus und Heinz-Christian Strache, der bei Vandalia-Treffen den Namen „Heinrich der Glückliche" führte.

Gridling beschrieb im BVT-Untersuchungsausschuss seine Notlage: Wenn er den Auftrag des Generalsekretärs erfüllt hätte, wären verdeckte Ermittler in der rechtsextremen Szene in höchste Gefahr geraten. Der BVT-Direktor beschloss, sie vor der Partei seines Ministers zu schützen.

Als Leiterin des Referats „REX" erstellte Sibylle Geißler einen Entwurf: „Seitens des BVT wurden bisher verdeckte Ermittler in den Bereichen der neonazistischen ideologisierten Szene, Skinhead Blood and Honour und Rechtsextremismus Hooliganismus eingesetzt." Gridling verriet dem Generalsekretär keinen einzigen Namen und gab so sparsam Auskunft, dass weder Beamte noch Ermittlungen gefährdet wurden.

Goldgruber hatte sein Ziel nicht erreicht. Kickls FPÖ wusste nach wie vor nicht, welche Beamten in der Braunzone ihrer Partei ermittelten und was in den Aktenordnern des Verfassungsschutzes gegen die Spitzen der Partei vorlag. Die Leiterin des Extremismusreferats konnte ihre Arbeit fortsetzen. Doch die Gefahr war noch nicht gebannt. Die FPÖ hatte ein Ziel und wollte es mit allen Mitteln erreichen. Dazu brauchte sie die Staatsanwältin der WKStA.

Der Sturm auf das BVT

Für einige in der FPÖ ermittelte Staatsanwältin Ursula Schmudermayer unter der Aufsicht von Oberstaatsanwalt Wolfgang Handler, der sich im Wiener Neustädter „Tierschützerprozess"[a] einen einschlägigen Ruf erworben hatte, zu zögerlich. Goldgruber fand einen Weg, das Verfahren scharf zu machen: Er lieferte „Zeugen" und versorgte dazu die Staatsanwältin mit vier aussagebereiten Personen. Eine davon war Martin Weiss, der BVT-„Führungsoffizier" von Egisto Ott. Das Ziel schien klar: Mit ihren Aussagen sollten sie den nächsten Schritt erzwingen – die Hausdurchsuchung im BVT.

Für den Sturm auf das BVT suchte Goldgruber einen verlässlichen Anführer. Die Kriminalpolizei galt als ÖVP-nahe und damit politisch unzuverlässig. Der Generalsekretär entschied sich für Polizeioberst Wolfgang Preiszler. Der FPÖ-Gemeinderat aus Guntramsdorf bei Wien sollte an der Spitze von Beamten der EGS, der „Einsatzgruppe zur Bekämpfung der Straßenkriminalität", in das BVT eindringen. Goldgruber musste wissen, dass die Drogenpolizisten der EGS mit ihren Methoden gegen Straßendealer für die Hausdurchsuchung im BVT sachlich nicht die erste Wahl waren. Aber am 28. Februar 2018 ging es nicht um sachliche, sondern um politische Verlässlichkeit.

Aktion „Küssel"

Am Morgen des 28. Februar 2018 stürmte die EGS das BVT. Die Beamten hatten den Auftrag, so viel wie möglich mitzunehmen. Der Auftrag wurde erfüllt.

Büros wurden durchkämmt, Datenträger wahllos in Plastiksäcke gepackt und abtransportiert. Nur in einem Büro wurde gezielt gesucht: im Extremismusreferat von Sibylle Geißler. *Der Standard* zitierte aus der Befragung von Geißler im „rot-blauen Machtmissbrauch-Untersuchungsausschuss" im April 2024: „So

---

a 2010 bis 2011 wurde ein Prozess gegen mehrere Tierschutzaktivisten geführt, die wegen „Bildung einer kriminellen Vereinigung" angeklagt worden waren. Ermittlungsbehörden und Prozessführung wurden stark kritisiert, das Verfahren endete mit Freisprüchen für alle Angeklagten.

habe sich auf Geißlers Schreibtisch der Ausdruck einer E-Mail gefunden, in der Küssel einige Personen zu einer Veranstaltung eingeladen habe. Auf diesem Verteiler habe sich auch Preiszler befunden." *Der Standard* berichtete weiter: „Als sie später ihr Büro aufgeräumt habe, sei das Dokument nicht mehr da gewesen."[53]

Mit Geißlers Aussage standen Preiszler und seine Mitstürmer im Verdacht, dass sie belastendes Material gegen den FPÖ-Einsatzleiter verschwinden hatten lassen.

„Neptune" – das große Leak

Büros wurden durchkämmt, Datenträger wahllos in Plastiksäcke gepackt und abtransportiert. Bis heute weiß niemand, ob alles oder fast alles bei der WKStA gelandet ist. In den Wochen nach der Hausdurchsuchung lief die Auswertung der sichergestellten Datenträger langsam an. Erste Datenträger wurden dem BVT zurückgestellt.

In den Plastiksäcken, in die Kickls Beamte bei ihrem Sturm auf das BVT wahllos Datenträger gestopft hatten, fanden sich neben einem „Rocky 2"-Video[54]:
· 7 hoch verschlüsselte „SINA"-Boxen
· 1 Data Write Neptune 3.1
· 1 Neptune 3 IP confidential
· 1 Neptune 3 IP Installation Disk 3.2

Die Ermittler der WKStA begannen mit der Aufarbeitung. Niemandem fiel auf, wie brisant der Inhalt der Plastiksäcke war.

Alarm im BVT

Erst am 23. März 2018 schlug der Beamte Franz K. im BVT Alarm. In einem Mail an BVT-Juristin Michaela K. und einen weiteren Mitarbeiter entschuldigte er sich für die Störung: „Es tut mir leid, dass ich euch vor dem Wochenende noch eine schlechte Nachricht übermitteln muss. Aber ich habe mir die CommCenter Backup-Platte, die ich von der WKStA zurückbekommen habe, jetzt genau angesehen."[55]

Auf der Festplatte fand sich laut Franz K. „die NEPTUNE-Kommunikation (Bilateral Nachrichten) der Jahre 2013, 2014, 2015, 2016 und 2017, die Neptune-Exchange-Datenbank mit Stand 18.4.2016, die CommCenter-Outlook-Archive der Jahre 20212, 2013, 2014, 2015."[56] Damit bestand akute Gefahr, dass Unbefugte Zugriff auf alle Nachrichten, die das BVT von 2013 bis 2017 von CIA, FBI, MI5, Bundesamt für Verfassungsschutz, Mossad und allen anderen Diensten der EU-Staaten erhalten oder an sie versandt hatte, bekamen.

„Neptune" war das streng geheime Kommunikationssystem des Berner Clubs[a] mit dem BVT in Wien. Von CIA in Brüssel und FBI in Washington bis BfV in Köln und MI5 in London verließen sich alle Partner darauf, dass ihre sensiblen Mitteilungen sicher waren und von niemandem mitgelesen werden konnten. Ein Teil der Neptune-Nachrichten war bilateral – Dienste wie CIA, MI5, DGSI und BfV übermittelten auf diesem Weg sensible Informationen an das BVT. Vom BVT wurden sensible Informationen aus dem BVT in den Club-Verteiler eingespeist.

Besonders gut war Neptune gegen die Geheimdienste abgesichert, die den Berner-Club-Mitgliedern als Hauptgegner galten: die drei Dienste, die für Putins Russland in Städten wie Wien ihre Zentralen eingerichtet hatten.

Rechtfertigung zusammengebrochen

Franz K. sah genauer nach und stellte überrascht fest, dass „diese Platte auch noch eine Sicherung der ZQB (Zentrale Quellenbewirtschaftung) samt Daten bis zum 29.8.2013 enthält". Auf dieser Datenbank waren die Namen der BVT-„Quellen" von Informanten bis verdeckten Ermittlern abgespeichert.

Ein weiteres Detail des Mails lieferte den entscheidenden Hinweis auf den Zweck der Kopie: Neben den aktuellen Daten von Neptune und ZQB fand sich auf der Festplatte „eine uralte Sicherung eines längst nicht mehr in Betrieb befindlichen Mailservers

a Der Berner Club (Club de Berne CdB) besteht aus einem informellen Zusammenschluss aller Direktoren der Inlandsgeheimdienste der EU-Mitgliedstaaten sowie Norwegens und der Schweiz.

mit den Mailboxen der Benutzer von damals mit dem Stand bis vermutlich 8.11.2010".

Eines konnte niemand Mitarbeitern des BVT unterstellen: dass sie auf eine „Sicherungskopie" für „Neptune" neben der ZQB auch eine längst obsolete und von niemandem gebrauchte Datenbank kopierten. Auch die Annahme, das Backup der Neptune-Kommunikation würde für die Jahre 2013 bis 2017 in einem Block erst 2018 durchgeführt, war unglaubwürdig. Damit war die Rechtfertigung, es handle sich bei der unbeschrifteten Festplatte um eine „interne Sicherungskopie" für Neptune, sofort wieder zusammengebrochen.

Gridlings Fehler

Als BVT-Direktor Peter Gridling vom Neptune-Leak erfahren hatte, forderte er von der WKStA die sofortige Rückstellung der Festplatte. Das „Nein" der Staatsanwälte kam umgehend: Die Festplatte müsse zuerst auf „verfahrensrelevante Informationen" geprüft werden. „Eine sofortige Rückgabe sei ausgeschlossen."[57] Daraufhin wurde von Gridling die „Versiegelung gefordert. Dies wurde jedoch mit dem Hinweis auf die Strafprozessordnung abgelehnt."[58]

Gridling wusste, dass Ermittler dabei waren, die Festplatte auszuwerten. Da traf er eine folgenreiche Fehlentscheidung: „Zu diesem Zeitpunkt wiegte ich mich immer noch in der Hoffnung, die Festplatte würde an uns zurückgegeben werden und uns bliebe eine Information der Partner erspart."[59] Tagelang verheimlichte das BVT dem Berner Club, was geschehen war. Erst als der BVT-Direktor merkte, dass die Versuche, das Leak abzudichten, endgültig gescheitert waren, informierte er die Partnerdienste des Clubs: „Wir hatten alle Hände voll zu tun, um die in Wien sitzenden Verbindungsbeamten und die betroffenen Partnerorganisationen im Ausland über die Sache zu informieren. Das Entsetzen unserer Partner über den Verlust der Kontrolle über diese Informationen war verständlicherweise groß."

Von der CIA bis zum deutschen Verfassungsschutz wussten jetzt alle, dass die Kommunikation des Berner Clubs verraten worden war. Gridlings Vertuschungsversuch verschlimmerte die Situation dramatisch: „Vor allem der Umstand, dass wir nicht sofort nach der Hausdurchsuchung darüber berichtet hatten, wog schwer."[60] Der BVT-Direktor schilderte die Verstimmung der Partnerdienste: „Man warf uns vor, durch die verspätete Information ihre eigenen Schadensbegrenzungsmaßnahmen behindert zu haben."

„Alle abgedreht"

Aber wozu war eine Kopie zwei der sensibelsten Datenbanken des BVT, die nichts miteinander zu tun hatten, angefertigt worden? Eine Einvernahme von BVT-Direktor Peter Gridling lieferte am 8. März 2018 einen wertvollen Hinweis. Gridling erklärte, wie im BVT Daten vor missbräuchlichen Kopien geschützt wurden: „Es ist nicht möglich, einen Datenträger, also zum Beispiel einen USB-Stick oder eine Festplatte, an die Standcomputer anzustecken, die Eingänge sind alle abgedreht."[61]

Gridling beschrieb zwei Wege, wie es trotzdem geht. „Die einzige Möglichkeit außerhalb wäre, etwas per E-Mail zu versenden, allerdings ist es dann überprüfbar, weil es sich ja im Postausgang und im Aktivitätsprotokoll befindet." Genau das hatte Egisto Ott getan: Er schickte sich geheime Unterlagen an seine private Gmail-Adresse. Offensichtlich verfügte Ott über keine geeigneten Komplizen in der EDV des BVT.

Der zweite Weg führte laut Gridling über die EDV selbst: Jemand „müsste dann, wenn er eine derartige Kopie haben möchte, in die EDV gehen, normalerweise zum Leiter der EDV, das ist Mag. H." Bei Mag. H. wurde am 28. Februar 2018 eine externe Festplatte mit Kopien von „Neptune" und „Zentraler Quellenbewirtschaftung" sichergestellt. Wer war der „jemand", der vom Leiter der EDV Kopien der „Neptune"-Dateien verlangte und Mag. H. davon überzeugte, das zu tun? Wer wollte die Namen der verdeckten Ermittler des Verfassungsschutzes? Wer außerhalb des BVT hatte Interesse an den sensibelsten Dateien der Mitglieder des Berner Clubs und an den Informationen, die das BVT an den Verteiler des Clubs sandte?

Von CIA bis MI5 schieden alle Dienste aus dem weltweiten Verbund des Berner Clubs aus. Es blieben die russischen Dienste, die Österreich traditionell als Hintertür in die EU nützen: FSB, SWR und GRU – und die Partei, deren rechter Rand längst im Visier des BVT war.

Wer die Ermittlungen der AG Fama[a] des Bundeskriminalamts gegen Egisto Ott und Martin Weiss kennt, weiß, welchen außergewöhnlichen Umfang diese annehmen können. Der Fall „Neptune" steht für das größte Leak in der Geschichte des BVT. Dabei erstaunt vor allem eines: dass hier nie ernsthafte Ermittlungen geführt wurden. Niemand schien wissen zu wollen, was hier alles passiert war.

Die Affäre „Neptune" wurde von Anfang an durch ÖVP- und FPÖ-Spitzen in BVT und Innenministerium vertuscht. Sie konnten jedoch nicht verhindern, dass Abgeordnete und Spitzenbeamte des Justizministeriums die richtigen Fragen stellten; und dass die Partnerdienste im Berner Club Wind vom „Neptune"-Desaster in Wien bekamen.

„Höchst ungewöhnlich"

Justiz-Generalsekretär Christian Pilnacek wusste in seiner Befragung im BVT-Untersuchungsausschuss mehr zur Festplatte: „[...] es ist ja höchst ungewöhnlich, dass Beamte des BVT [...] auf privaten Datenträgern, die sie nicht einmal bezeichnen, etwas in ihrem Büro anfertigen, wo es auch keine Notwendigkeit einer solchen Sicherungskopie gibt."

Staatsanwältin Ursula Schmudermayer hielt später das Ergebnis einer Dienstbesprechung mit Christian Pilnacek fest: „Seitens der Rechtsabteilung des BVT wurde kommuniziert, dass die Daten ‚CommCenter' besonders heikel sind. Es gäbe eine eigene EU-Klassifizierung, Zugang zu diesen Dokumenten hätten nur wenige Mitarbeiter des BVT und alle anderen Mitarbeiter müssen extra anfragen, ob sie in diese Dokumente Einsicht nehmen

---

a Die AG Fama befasst sich als Ermittlungsgruppe im Innenministerium unter anderem mit den Vorfällen im BVT.

können. Genau diese Daten lagen dann im BVT unverschlüsselt auf einer Festplatte im Büro der IT. Auch die anderen Datenbanken sind ja heikel." Eine Frage blieb offen: „Warum genau diese Daten dann auf einer unverschlüsselten Festplatte gespeichert werden, ist zu hinterfragen, besonders, weil die ZQB mit dem CommCenter und mit der Neptun-Datenbank inhaltlich nichts zu tun hat."[62]

Private Kopien

Pilnacek und Schmudermayer hatten auf den entscheidenden Punkt hingewiesen: BVT-Mitarbeiter hatten sich von „Neptune" bis „ZQB" private Kopien angefertigt. Sie lagen ungesichert und offen im Büro des Leiters der EDV, der als einer der Wenigen selbst die Möglichkeit hatte, diese Kopien anzufertigen.

Damit war klar:
- Mitarbeiter des BVT hatten private Kopien der Neptune-Datenbanken von 2013 bis 2017 angelegt;
- sie hatten sich damit tausende aktuelle Daten und Dokumente, die bilateral von Diensten wie CIA, MI5 oder BfV an das BVT übermittelt wurden, in den Amtsräumen des BVT beschafft;
- sie hatten die Daten gemeinsam mit den Daten der Zentralen Quellenbewirtschaftung ZQB auf eine unbeschriftete Festplatte kopiert.

Aber wer waren diese Mitarbeiter? Wozu dienten diese privaten Kopien? Wer außerhalb des BVT hatte Interesse an den aktuellen Daten und Dokumenten des Berner Clubs und den Namen der Quellen des BVT, die in der ZQB gespeichert waren? Für wen wurde alles auf eine Festplatte kopiert? Waren schon früher Kopien von ZQB oder Neptune-Daten angefertigt und weitergegeben worden? Wer waren die Auftraggeber, und wer waren die möglichen Kunden?

An den „Quellen" des BVT hatten vor allem Parteien, deren rechte Ränder vom Verfassungsschutz beobachtet wurden, Interesse. Die „Neptune"-Dateien waren für Parteien wie die FPÖ uninteressant. Die Hauptinteressenten an den Daten von CIA, MI5, DGSN und BfV saßen in Moskau und nicht in Wien.

Dazu kam eine weitere Frage: Wer wurde durch eine mögliche Weitergabe von Klarnamen und Aufgabenbereich der „Quellen" in Gefahr gebracht?

Nirgends in den Akten von Staatsanwaltschaft Wien und Bundeskriminalamt finden sich Hinweise, dass diesen Fragen ernsthaft nachgegangen wurde. Das größte Datenleak der österreichischen Polizeigeschichte wurde zur schlampig gelagerten „Sicherungskopie" umgedeutet – und vergessen.

Am 16. April 2018 wurde Franz K., der das „Neptune"-Desaster entdeckt und gemeldet hatte, von Staatsanwältin Ursula Schmudermayer und zwei Kriminalbeamten einvernommen. In den 14 Seiten des Vernehmungsprotokolls kommt der Name „Neptune" ebenso wenig vor wie die „Zentrale Quellenbewirtschaftung ZQB".[63]

Akteneinsicht in „Neptune"

In Kickls Innenministerium brauchte man noch Wochen, um das Ausmaß des Schadens zu begreifen. Die streng geheimen Daten des Berner Clubs lagen jetzt bei der WKStA – und würden über den Weg der Akteneinsicht den Rechtsanwälten der Beschuldigten zur Verfügung stehen.

Am 6. April 2018 traf sich Kickls Generalsekretär Peter Goldgruber mit WKStA-Staatsanwältin Ursula Schmudermayer und deren Chefin Ilse-Maria Vrabl-Sanda zu einer Krisensitzung. Schmudermayer hielt fest: Goldgruber „macht darauf aufmerksam, dass sensible (klassifizierte) Daten von ausländischen Geheimdiensten, die sich allenfalls im sichergestellten Datenbestand finden könnten, nicht der Akteneinsicht zugänglich sein sollten."[64] Zumindest dieses Leak konnte im letzten Moment gestopft werden.

Die Säuberung

Erst jetzt nahm sich Goldgruber den BVT-Direktor und Sibylle Geißler, die Leiterin des Extremismusreferats, vor. Beide sollten weg.

Am 12. März 2018 wurde Gridling vom Dienst suspendiert. Am 6. April informierte Michaela Kardeis als Generaldirektorin für die öffentliche Sicherheit die Leiterin des Extremismusreferats, dass jetzt sie an der Reihe sei. Geißler schilderte dem BVT-Untersuchungsausschuss: „Das war die Frau Generaldirektorin. Die hat mir gesagt: Ja du, die wollen dich loswerden, und da wird es ganz brutal werden, aber sie würde die sanftere Methode vorschlagen und würde sagen, ich soll vielleicht freiwillig in Pension gehen und ich soll auch meine Frontalangriffe gegen den Generalsekretär unterlassen."[65]

Damit war alles auf Schiene: Das BVT war gestürmt, sein Direktor suspendiert. Innenminister Kickl hatte schwere Schäden für die Arbeit der Verfassungsschützer ebenso in Kauf genommen wie die internationale Isolierung seines Dienstes.

In diesem Moment, am 20. April 2018, setzten die Oppositionsparteien gemeinsam einen Untersuchungsausschuss ein. Im Verlauf eines Jahres gelang es, den Angriff der FPÖ auf den Verfassungsschutz über weite Strecken zu klären.

Das Berner Desaster

Die Folgen des Kickl-Sturms auf das BVT waren verheerend. Zuerst wurde die Zusammenarbeit zwischen BVT und dem italienischen Auslandsgeheimdienst AISE auf Weisung aus Rom „geblockt", wie aus einer internen Information vom 12. März 2018 an den Direktor des Bundeskriminalamts hervorgeht.

Der dänische PET folgte und stellte die Zusammenarbeit mit dem BVT ein. Bei der zweitägigen „Berner Club Heads of Service Tagung" in Helsinki hielten Vertreter des BVT am 16. März 2018 fest, dass kaum jemand noch Österreich traute. Im BVT-Protokoll steht, von wem am meisten drohte: „Berner Club Vorsitz

SUPO (Finnland) sowie MI5 (Großbritannien), DGSI (Frankreich), BfV (Deutschland), CNI (Spanien), WSI (Italien) und SRL (Luxemburg) Thematischer Schwerpunkt VERTRAUEN".

Das interne Resümee des BVT fiel vernichtend aus: „Im Rahmen der persönlichen bzw bilateralen Gespräche mit den Vertretern der Partnerdienste ließen diese keinen Zweifel an der großen Sorge bezüglich der Vertraulichkeit, insbesondere hinsichtlich des Informationsaustauschs und/oder der Behandlung sensibler Daten, aufkommen."[66]

Nehammer für Kickl

Im Mai 2018 wusste Sebastian Kurz, dass es für seine Regierung zum ersten Mal eng würde. Die Öffentlichkeit wurde von Anfang an gezielt falsch informiert. Gridling sah tatenlos zu: „Auf politischer Ebene betonten Minister und Generalsekretär unentwegt, dass es keine Beeinträchtigung der internationalen Zusammenarbeit gäbe ... Eine Korrektur der politischen Aussagen war wenig ratsam, denn dies hätte unsere Partner nur noch mehr verunsichert."[67]

Die Katastrophenmeldungen aus dem Berner Club waren über Beamte des Innenministeriums auch in der ÖVP angekommen. Nachfragen an der FPÖ-Spitze ergaben ein klares Bild: „Der Herbert bleibt!" Strache und seine Partei würden sich Kickl als Innenminister nicht „herausschießen" lassen.

Damit stand die ÖVP vor einer Entscheidung: mit Kickl weitermachen oder die Koalition platzen lassen. Karl Nehammer übernahm am 19. Mai 2018 als ÖVP-Generalsekretär die undankbare Aufgabe, Kickls Verhalten zu rechtfertigen: „Das Vorgehen von Innenminister Herbert Kickl war selbstverständlich mit der neuen Volkspartei abgestimmt und akkordiert. Die Volkspartei übt daher hier keine Kritik am Innenminister."[68]

Kurz hatte wieder einen Deal mit der FPÖ gemacht. Der erste Teil – Kickl stützen – war erfüllt. ÖVP und FPÖ wussten jedoch, dass sich die Chancen, die Affäre auszusitzen, ständig verschlechterten. Mit der drohenden Isolierung des BVT wurde klar, dass beide Parteien statt Kickl einen anderen Schuldigen für das

Berner-Club-Desaster bräuchten. Monate später fanden sie ihn mit Egisto Ott.

Rückzug des BVT

Am 25. Juni 2018 eskalierte alles weiter. BVT-Direktor Gridling war wieder im Amt. Er erhielt eine „Flash-Information" des polnischen Partnerdiensts ABW. Die Polen verlangten ein „Sherpa-Meeting" in Warschau, bei dem das BVT eine letzte Chance zur Rechtfertigung vor einem möglichen Ausschluss erhalten sollte.

Einen Tag später meldete BVT-Juristin Michaela K., „dass eine Suspendierung des BVT in der Berner Gruppe im Raum stehe". Ab jetzt wusste man in Kickls Innenministerium, dass der Ausschluss des BVT aus dem Berner Club unmittelbar bevorstand.

Anfrage in Berlin

Am 3. Juli 2018 hatte die „Neptune"-Affäre den Deutschen Bundestag erreicht. Abgeordnete der Fraktion „Die Linke" hatten eine „Kleine Anfrage" wegen „Gefahr des Datenabflusses vom Bundesamt für Verfassungsschutz". Zur Überraschung der Abgeordneten bestätigte die Bundesregierung, „dass eine Festplatte mit Daten beschlagnahmt wurde". Dann folgte die Falschmeldung aus Wien, der Generalsekretär des Justizministeriums habe „erklärt, es sei auszuschließen, dass Daten aus Deutschland betroffen seien"[69].

„Except BVT Vienna"

Am 9. Juli 2018 kam der nächste Schlag. Der finnische Geheimdienst SUPO wandte sich an die Mitglieder des Berner Clubs und vermerkte in seiner Nachricht „except Vienna". So war Österreich im Juli 2018 zum Schutz vor Putins Diensten aus dem sensibelsten Bereich des Berner Clubs ausgeschlossen.

Zu diesem Zeitpunkt wussten nur die Partnerdienste des Berner Clubs, wie brisant der Vermerk „PHILOSOPHY" auf der SUPO-Nachricht war.

Über einen Umweg kam der Vermerk dennoch nach Wien – und richtete im November 2018 noch weit größeren Schaden an.

Aufstehen und gehen

Im Juli 2018 zog sich das BVT aus dem Berner Club zurück – aus einem einzigen Grund: um nicht ausgeschlossen zu werden. Von der amerikanischen CIA und dem britischen MI5 bis zum deutschen Bundesamt für Verfassungsschutz und zum niederländischen AIVD hatten „befreundete" Dienste angekündigt, ihre Delegierten würden aufstehen und gehen, wenn österreichische Vertreter des BVT im Raum wären, wie Gridling intern berichtete.

Am selben Tag wandte sich BVT-Juristin Michaela K. an WKStA-Chefin Ilse-Maria Vrabl-Sanda. Das BVT stand unter Druck, weil die ausländischen Dienste endlich wissen wollten, welche ihrer geheimen Dokumente den Ermittlern von WKStA und Kripo in die Hände gefallen waren. Dazu wollte das BVT von der WKStA wissen, „welche ausländischen klassifizierten Dokumente in Papierform bei der Hausdurchsuchung sichergestellt worden und nach wie vor bei der WKStA vorhanden seien".[70] Nicht nur dem britischen MI5 und dem deutschen BfV war längst der Kragen geplatzt. Nach wie vor wussten sie nicht, wer in dem Wiener Chaos welches ihrer geheimen Dokumente in Händen oder Plastiksäcken hielt.

Falsch informiert

Am 3. September 2018 versuchte der Innenminister, die Entwicklung im „Nationalen Sicherheitsrat" im Steinsaal des Bundeskanzleramts schönzureden: „Kickl betont, dass es keine internationale Isolation des BVT gibt und sowohl die politische als auch die operative Zusammenarbeit unverändert gut funktioniert."[71] Damit hatte Herbert Kickl als Innenminister den Nationalen Sicherheitsrat bewusst falsch informiert. Sein Generalsekretär Peter Goldgruber sollte später in einer vertraulichen Sitzung erklären, dass Kickl und er zu diesem Zeitpunkt genau wussten, warum das BVT im Berner Club unerwünscht war: „Da sind wir jedenfalls nicht eingeladen, weil das Codewort ‚Philosophy' hier verwendet wurde."

Offensichtlich kannte Goldgruber die geheime Codewort-Tabelle des Berner Clubs und wusste so, dass „Philosophy" für

„Spionageangelegenheiten im Zusammenhang mit den Diensten von Russland, anderen GUS-Staaten, China und Iran" stand.

Eine Woche nach dem Nationalen Sicherheitsrat im Bundeskanzleramt bekam Kickl im „ORF-Sommergespräch" offizielle Unterstützung von Sebastian Kurz. *Der Standard* fasste das Kurz-Manöver zusammen: „Die Zusammenarbeit zwischen den Geheimdiensten finde unverändert statt, habe Kurz von BVT-Chef Gridling gehört. Er sei auch mit vielen Regierungschefs und Ministern im Gespräch – kein einziger hätte ihn aufs BVT angesprochen. Man solle nicht so tun, als sei man international isoliert, das hätte er wohl mitbekommen."[72]

„Ott ist schuld"

Im November 2018 war längst klar, dass das BVT im Berner Club dauerhaft isoliert war. Kickl stand unter dem Schutz der ÖVP. Jetzt war die Zeit für den neuen „Schuldigen" an der BVT-Affäre gekommen.

Am 6. November 2018 trat Michaela Kardeis als Generaldirektorin für die öffentliche Sicherheit zum Täuschungsmanöver an. Das BVT habe sich „aus freien Stücken vorübergehend aus den Arbeitsgruppen des Berner Clubs zurückgenommen". Dann kam Kardeis zum Kern der neuen BVT-Legende: „Dadurch wurde Vertrauensvorbehalten bewusst entgegengewirkt, die allerdings nicht aus der medial breit berichteten ‚BVT-Affäre' herrührten, sondern im Zusammenhang mit einem Spionage-Verdachtsfall aus dem Jahr 2017 gegen einen ehemaligen BVT-Mitarbeiter gestanden seien." Gegen diesen Mitarbeiter wurde seit dem 21. November 2017 wegen des „Verrats von Staatsgeheimnissen" nach § 252 des Strafgesetzbuches ermittelt.[73] Der „ehemalige BVT-Mitarbeiter" war Egisto Ott.

Fast alles an dieser Erklärung war falsch. Mit dem „SNU", dem „strategisch notwendigen Unsinn", wie Kurz-Sprecher Gerald Fleischmann derartiges getauft hatte, wurde eine falsche Spur weg von der Verantwortung von FPÖ und ÖVP gelegt. Von „Neptune" bis „Kickl-Sturm auf das BVT" gab es keine politische Verantwortung. „Ott" war ein „Einzelfall". Das sollte bis zum Vorwahlkampf 2024 die Legende von ÖVP und Bundeskriminalamt bleiben.

BVT-Direktor Peter Gridling blieb in vertraulichen und geheimen Dokumenten als Einziger bei der Wahrheit. In internen Sitzungen berichtete er, dass es natürlich nicht nur um den Fall „Ott" gegangen sei. Entscheidend sei bei den Partnerdiensten die Sorge um die „Club-Daten" und um die Festplatte gewesen. Die „Club-Daten" und die „Festplatte" – das waren „Neptune" und „ZQB".

„Philosophy" im *Falter*

Während ÖVP-nahe Beamte im Innenministerium versuchten, aus der Affäre „BVT" eine Affäre „Ott" zu machen, tauchte in der Wochenzeitung *Falter* das geheime SUPO-Dokument auf. Es stammte aus dem Verteilersystem des Berner Clubs.

Im Berner Club tauschen westliche Dienste von CIA bis MI5 und deutschem Verfassungsschutz über COMCENTER[74] ihre Informationen aus. Mit Codewörtern beschränken sie den Kreis von Empfängern und markieren spezielle Zielbereiche. Der islamistische Terrorismus läuft unter dem Codewort „CAPRICCIO", rechter und linker Extremismus finden sich unter „RILE". Bei „SILENTIUM" geht es um organisierte Kriminalität. Mit „VITOLS" markieren sie alles, was mit Spionage vonseiten „weniger bedrohlicher Staaten" zu tun hat.

Mit einem Codewort hatte das BVT 2018 ein Problem: mit „PHILOSOPHY", dem Code für „Spionageangelegenheiten im Zusammenhang mit den Diensten von Russland, anderen GUS-Staaten, China und Iran".[75] Dazu vermerkt das CdB-Handbuch: „Das betroffene Land muss im Betreff jeder Nachricht angeführt werden."

Mit „PHILOSOPHY" wurden die Empfänger der Russland-Nachrichten automatisch auf die Mitglieder des Berner Clubs beschränkt. Österreichs BVT gehörte im Juli 2018 inoffiziell nicht mehr zu dieser Runde.

Am 6. November 2018 veröffentlichte der *Falter* die Nachricht, die der finnische Nachrichtendienst SUPO am 9. Juli 2018 an alle

Clubmitglieder „except BVT Vienna" versandt hatte.[76] SUPO überwachte russische Agenten, die im Juli 2018 vermehrt nach Finnland eingeschleust wurden.

Falter-Chefredakteur Florian Klenk erklärte damals das SUPO-Dokument: „Es entstammt einer Art geheimdienstlicher Chatgroup mit dem Codenamen ‚Philosophy'."

Doch der Berner Club war keine „Chatgroup" mit dem Namen „PHILOSOPHY", sondern ein streng abgeschirmtes Netz von Geheimdiensten, die auf kurzem Weg Warnungen und in Arbeitsgruppen strategische Informationen austauschten.

Nicht nur von SUPO kamen Nachfragen, warum das Dokument an das BVT und danach an eine Zeitung geleakt worden war. Die Hoffnung, dass das Dokument nicht über das BVT an den *Falter* gekommen war, wurde schnell enttäuscht. Gridling schilderte: „dass der finnische Operator uns zwar im Text der Anschrift ausgeschlossen, aber die Nachricht dennoch irrtümlich an uns übermittelt hatte. Damit war meine Hoffnung, nicht für das Leak verantwortlich zu sein, endgültig zunichte."[77]

Florian Klenk hatte im *Falter* ein Dokument veröffentlicht, ohne dessen Inhalt verstanden zu haben. Daher wusste Klenk auch nicht, welchen Schaden er damit angerichtet hatte. Gridling erinnerte sich: „Natürlich war der Teufel los."[78]

Die Folge des *Falter*-Artikels war schnell klar. Um einem Ausschluss zuvorzukommen, musste sich Österreich aus den Arbeitsgruppen des Berner Clubs zurückziehen. Eine Veröffentlichung durch einen Journalisten, der nicht wusste, was er in den Händen hielt, hatte den Rest des internationalen Vertrauens in das BVT zerstört.

Gridling informierte die Generaldirektorin für Öffentliche Sicherheit im Innenministerium. „Unmittelbar nach dem Gespräch mit der Generaldirektorin war unsere Arbeitsgruppenkommunikation gesperrt, was sich deutlich in der Informationsaustauschstatistik niederschlug."[79] Von jetzt an war das BVT von sensiblen Daten der Partner weitgehend ausgeschlossen. Der österreichische Verfassungsschutz war erstmals jenseits der Landesgrenzen blind.

Dabei blieb es nicht. Ein größerer Schaden war bereits woanders entstanden.

Akteneinsicht in den Berner Club

Am 26. November 2017 erstatteten Beamte des Bundeskriminalamts im Fall „Ott" ihren ersten umfassenden Bericht an den Wiener Staatsanwalt Bernd Schneider.[80] Bei Hausdurchsuchungen im oberkärntnerischen Paternion, am BVT-Arbeitsplatz und in der Privatwohnung Otts in Wien hatten sie Datenträger und Dokumente sichergestellt. Im „1. Zwischenbericht" dokumentierten sie ihre Funde. Obwohl sofort klar war, dass es sich um nachrichtendienstliches Material hoher Geheimhaltungsstufen handelte, verzichtete die Staatsanwaltschaft auf Sicherungsmaßnahmen für das BVT und seine internationalen Partner.

Den Staatsanwalt beeindruckte nicht, dass zahlreiche Dokumente von ausländischen Geheimdiensten stammten und als „Secret" – „geheim" gekennzeichnet waren:

· ein Dokument des FBI („SECRET/RELEASE TO AUSTRIA") über Terroristen des IS, das vom US-Justizministerium mit einem Vermerk übermittelt worden war: „Nicht für Gerichtsakte. Nur für die Handakte und polizeiliche Ermittlungszwecke";
· zwei Dokumente des britischen Geheimdiensts MI5 („Secret") aus „Neptune" über die Reiserouten von IS-Terroristen. Auch der MI5 verpflichtete österreichische Behörden zur absoluten Geheimhaltung.

Auf Seite 207 des „1. Zwischenberichts" passierte etwas, was niemand im Berner Club für möglich gehalten hatte. Die Kriminalbeamten hatten bei Ott eine Kopie des 28-seitigen Kommunikations-Handbuchs des BVT im Berner Club gefunden. Unter dem Titel „DIE INTERNATIONALE KOMMUNIKATION IM BVT ÜBER DAS KOMMUNIKATIONSZENTRUM – COMCENTER" waren hier

- alle Codes
- die Codeworttabelle
- die Formulare zur Kommunikation
- die Dringlichkeitsstufen
- die Formen der Kommunikation
- „Handling Codes"
- und „Evaluation Codes"

aufgelistet. Wer das Handbuch hatte, wusste, wie es ging. Die Beamten des Bundeskriminalamts legten eine Kopie des Handbuchs ihrem Bericht bei. Sie findet sich bis heute im Akt und damit bei Rechtsanwälten und Journalisten.

Seit 2017 kann jeder, der Akteneinsicht im Strafverfahren gegen Egisto Ott hat, unter Ordnungsnummer 009 Einblick in geheimste Dokumente des Berner Clubs von FBI bis MI5 nehmen. Was in anderen Staaten über Spionage geht, funktioniert in Österreich über Akteneinsicht.

Der Berner GAU

Anfang 2019 stand das größte Fiasko des BVT im Berner Club noch bevor. Kurz nach dem „freiwilligen" Rückzug des BVT aus den Club-Arbeitsgruppen war vereinbart worden, dass die Datensicherheit des BVT durch ein Team des Clubs evaluiert würde. Am 13. März 2019 kam das Team der „Soteria"-Gruppe des Clubs nach Wien. Unter der Führung des Vertreters des Londoner MI5 überprüften britische, deutsche, schweizerische und litauische Experten das BVT.

Im Herbst sandten sie ihren Bericht mit einem Vermerk an das BVT: „Dieser Bericht darf nicht außerhalb des Clubs weitergegeben werden, er muss sicher aufbewahrt werden und darf nicht in ein mit dem Internet verbundenes Netzwerk eingescannt werden."

Am 11. November 2019 verkündete Redakteur Richard Schmitt stolz: „ÖSTERREICH hat die gesamte 25-seitige Zusammenfassung der Analyse, inklusive aller Grafiken und Fotos."[81] Schmitt

schrieb: „Das vom ‚Berner Club' – einer im Geheimen agieren-
den Verbindung aller wichtigen Nachrichtendienste Europas –
in Auftrag gegebene umfassende ‚Security Assessment of BVT'
hätte nie an die Öffentlichkeit gehen sollen." Der von der *Kronen
Zeitung* wegen „Ibiza" hinausgeworfene FPÖ-Vertrauensjourna-
list wusste genau, was er tat.

Damit war der GAU eingetreten. Das BVT wurde sofort aus
allen Arbeitsgruppen und aus allen sensiblen Bereichen der Zusammenarbeit zwischen den europäischen und amerikanischen
Diensten ausgeschlossen.

Wie konnte das passieren? Zum Soteria-Bericht „Security Assessment of BVT" hatten nur wenige BVT-Mitarbeiter Zugriff.
Gridling und seine Beamten wussten, dass diesmal nichts schief-
gehen durfte. Der BVT-Direktor beschloss, Peter Goldgruber als
Kickls Generalsekretär nur mündlich zu informieren. „Aber der
Generalsekretär ließ nicht locker. Anlässlich eines Informations-
gesprächs forderte er nachdrücklich den schriftlichen Bericht,
und schließlich händigte ihm einer der Mitarbeiter die Kopie aus.
Zwei Tage später schrieb Richard Schmitt genüsslich über den
Bericht und veröffentlichte Kopien einzelner Teile desselben."[82]

Die Folgen für das BVT waren verheerend. Bis in den Dezember 2021 blieb es aus den Arbeitsgruppen des Berner Clubs
ausgeschlossen. Erst mit der Neugründung der „Direktion für
Staatsschutz und Nachrichtendienst – DSN", einer neuen Führung und neuen Datensicherheitssystemen bekam der österreichische Verfassungsschutz international eine neue Chance.

Bewusste Zerstörung durch FPÖ?

Ist das alles unter Innenminister Kickl einfach „passiert"? Verdankt das BVT seine Zerstörung einer Verkettung unglücklicher
Zufälle?

2019 waren die Schäden gewaltig. Vom Einsatzbereich „Rechtsextremismus" bis zum islamistischen Terrorismus hatten rund
390 Informanten als „Quellen" dem BVT als Augen und Ohren
gedient. Durch den Verrat der „Zentralen Quellenbewirtschaf-

tung" waren Quellen und verdeckte Ermittler in höchstem Maße gefährdet. In der Folge wurden alle 390 Quellen und mit ihnen 15 „VE" – verdeckte Ermittler – des BVT aufgegeben. Insbesondere im Bereich Rechtsextremismus konnte niemand mehr ausreichend für ihre Sicherheit garantieren. Das BVT hatte sich von Kickls Angriff nie mehr erholt.

Die Abfolge der Ereignisse deutet auf ein geplantes Vorgehen hin:

- Versuch durch Kickls Generalsekretär Goldgruber, die Namen der verdeckten Ermittler im Bereich „Rechtsextremismus" zu beschaffen
- Angriff auf das BVT durch die gesetzwidrige Hausdurchsuchung
- Gezielte Durchsuchung des Extremismusreferats
- Unbefugte Kopie von Neptune und Zentraler Quellenbewirtschaftung
- Gezielter Verrat des SUPO-Dokuments
- Verrat des Soteria-Berichts an einen FPÖ-nahen Journalisten möglicherweise durch Goldgruber selbst.

Nach den ersten „Vorfällen" war das BVT schwer beschädigt. Nach dem Soteria-Verrat war es international am zerstört. Die *Welt am Sonntag* berichtete am 18. Mai 2019: „Der Präsident des Bundesamtes für Verfassungsschutz (BfV), Thomas Haldenwang, sieht erhebliche Risiken in der nachrichtendienstlichen Zusammenarbeit mit Österreich. Hintergrund ist die Annahme, dass Österreich geheime Informationen, die es von eigentlichen Partnerländern wie Deutschland erhält, missbräuchlich verwenden und womöglich an Russland weiterleiten könnte." [83]

Für die Zerstörung des BVT und die Vernichtung seiner gesamten Quellen trug Herbert Kickl als Innenminister die politische Verantwortung. Die wichtigste Frage ist noch nicht vollständig beantwortet: Haben Kickl und seine Parteifreunde das BVT bewusst zerstört? Hatten Razzia und Geheimnisverrat ein gemeinsames Ziel? Sollten politisch gefährliche Quellen nicht nur ausgekundschaftet, sondern völlig ausgeschaltet werden? Wurde die Sicherheit Österreichs der Sicherheit der FPÖ geopfert?

Im Inland war die FPÖ die einzige Nutznießerin der BVT-Zerstörung. Im Ausland profitierten Putins Dienste. Putins Russland und Kickls FPÖ verbindet möglicherweise zu viel.

Sicherheitsrisiko Kickl

Im Jänner 2024 erklärte Bundeskanzler Karl Nehammer Herbert Kickl zum „Sicherheitsrisiko". Nehammer warf Kickl laut *Kurier* vor, „den ehemaligen Verfassungsschutz BVT als ehemaliger Innenminister durch falsche Verdächtigungen ruiniert zu haben".[84] Der ÖVP-Kanzler warnte: „Kickl ist ein Sicherheitsrisiko, um an einer Regierungsbildung teilnehmen zu können, weil mit ihm kein Staat zu machen ist."

2018 hatte Nehammer als Generalsekretär der ÖVP Kickl nach dem Sturm auf das BVT noch die Stange gehalten: „Das Vorgehen von Innenminister Herbert Kickl war selbstverständlich mit der neuen Volkspartei abgestimmt und akkordiert. Die Volkspartei übt daher hier keine Kritik am Innenminister."[85] 2024 wurde Herbert Kickl doch noch zum „Sicherheitsrisiko". Jetzt bekam der Fall „Ott" politisch eine besondere Bedeutung.

Der Fall „Ott"

„Die FPÖ war jene Partei, zu der Ott den engsten Kontakt pflegte. Herbert Kickl hat als Innenminister den damaligen Nachrichtendienst – das BVT – zerschlagen. Dabei war ihm der mutmaßliche russische Spion Egisto Ott behilflich."[86] Mit sechs Jahren Verspätung stellte die ÖVP zum ersten Mal fest, dass die politische Spur von Egisto Ott zu Herbert Kickl führte.

„Ich bin nicht bereit, dass man hier versucht, dass manche den Spieß versuchen umzudrehen. Das lasse ich nicht zu."[87] In einem viel beachteten Interview zum Fall „Ott" versuchte Innenminister Gerhard Karner, den Spieß in die richtige Richtung zu drehen.

Armin Wolf hatte begonnen, den Minister nach Fehlern der Ermittler zu fragen: „Haben Sie Herrn Takacs, einen der höchstrangigen Polizisten in diesem Land, gefragt, warum er damals diese sehr sensiblen Handys am Dienstweg vorbei ins BVT gebracht hat, wo sie dann verschwunden sind?" – „Wissen Sie, wie viele Computer verschwunden sind und wo die herkamen?" – „Warum hat man der FPÖ 2017 mit Innenministerium für Kickl und Verteidigungsministerium für Kunasek alle drei Geheimdienste anvertraut?" Auf seine Fragen bekam Wolf keine Antwort.

Die Liste der Wolf-Fragen Fragen ließe sich ergänzen:
- Warum konnte Ott, als er bereits vom Dienst suspendiert war und die AG Fama gegen ihn als „Spion" ermittelte, weiter heikle Meldedaten abfragen?
- Warum konnte sich Ott weiter mit der Dienstkokarde „Kriminaldienst" des Innenministeriums ausweisen?
- Warum wurden Ott im Zuge des Verfahrens neun Waffen abgenommen und dann wieder zurückgegeben?
- Warum durfte sein „Führungsoffizier" Martin Weiss unter den Augen der Behörden nach Dubai flüchten?

Wie groß war der Fall „Ott"? War Egisto Ott der Meisterspion, der für russische Geheimdienste die heikelsten Staatsgeheimnisse der Republik Österreich auskundschaftete? Für die ÖVP und für Florian Klenk vom *Falter* ist die Affäre „Ott" der „größte Spionagefall der 2. Republik"[88][89]. Der Akt, den die Staatsanwaltschaft Wien unter der Zahl 711 St 39/17d führt, liefert eine etwas andere Antwort.

Am 21. November 2017 legte die Wiener Staatsanwaltschaft den „Anordnungs- und Bewilligungsbogen" im Verfahren gegen den ehemaligen BVT-Mitarbeiter Egisto Ott an. Ein Hinweis eines befreundeten Geheimdiensts hatte Staatsanwalt Schneider und das Bundeskriminalamt auf die Spur gebracht.
    Der Vorwurf lautete auf „Verrat von Staatsgeheimnissen" nach § 252 des Strafgesetzbuchs. Ott konnte bald nachgewiesen werden, dass er unbefugt Abfragen in Datenbanken des BVT durchgeführt hatte.

Der ehemalige BVT-Abteilungsleiter Martin Weiss gab zu, dass er Ott die Namen von rund 25 Personen zur „Abklärung" weitergeleitet hatte. Weitere Namen seien vom flüchtigen Wirecard-Manager Jan Marsalek gekommen.

In jahrelangen Ermittlungen häuften sich die Hinweise auf illegale Abfragen. Aber die AG Fama, wie sich die ermittelnde Einheit des Bundeskriminalamts inzwischen nannte, suchte nach wie vor vergeblich nach einem russischen Geheimdienst und nach einem Staatsgeheimnis, das an ihn verraten worden sein könnte.

Im Jänner 2022 lautete gegenüber anderen Behörden der einzige Verdacht gegen Ott auf „Amtsmissbrauch". Nach vier Jahren intensiver Ermittlungen hatten die Beamten des Bundeskriminalamts noch immer keinen Beweis für einen „Geheimen Nachrichtendienst zum Nachteil Österreichs" nach § 256 des Strafgesetzbuchs gefunden. „Als mutmaßlicher Informationsempfänger wurden russische Nachrichtendienste ermittelt, weil der Beschuldigte während seiner dienstlichen Tätigkeit als Verbindungsbeamter in der Türkei zahlreiche Kontakte zu Vertretern dieser Nachrichtendienste hatte."[90] Das war die „russische Spur".

Am 29. März 2024 wurde Egisto Ott zum dritten Mal verhaftet. Der britische MI5 hatte entscheidende Beweise zur Verbindung zwischen Ott und einem russischen Agentennetz geliefert. Die umfangreiche Begründung des Haftbefehls erlaubte zum ersten Mal, die Bedeutung des Falls „Ott" abzuschätzen.

Wenn das Ausspionieren eines Staatsgeheimnisses mit dem Einbruch in den Tresor einer Bank vergleichbar ist, war Ott eher ein geheimdienstlicher Ladendieb. In erster Linie fragte er Meldeadressen ab. Doch einige davon waren gesperrt, weil ihr Verrat die gemeldeten Personen in Gefahr gebracht hätte. Ott war wie ein Ladendieb, der in ein Waffengeschäft eingebrochen war.

Ein zweiter Vorwurf gegen Ott ist anders gelagert: Er habe drei Handys von hochrangigen BMI-Mitarbeitern, die bei einem Bootsausflug von Sobotka-Mitarbeiterin Katharina Nehammer

samt Handy ins Wasser gekippt worden waren, an „einen unbe-
kannten, von Jan Marsalek beauftragten Mittäter zum Transport
nach Moskau zur weiteren Auswertung durch den russischen
Nachrichtendienst übergeben".[91]

Auch in der AG Fama war bekannt, dass Techniker im BVT die
Daten auf zwei der Handys nicht mehr wiederherstellen konnten. Die Auswertung des dritten Handys hatte *ZackZack* schon
drei Jahre zuvor übernommen. Der „russische Nachrichtendienst" musste das mehrfach ausgewertete Handy von Sobotka-
Kabinettschef Michael Kloibmüller nicht kaufen, er musste nur
ZackZack ohne Bezahlschranke lesen.[92]

Über viele Jahre trieb die AG Fama immensen Aufwand, um
ein Spionage-Netzwerk, das keine Berührungspunkte zur ÖVP
hatte, mit allen Mitteln zu verfolgen. Gleichzeitig vergaßen die
Ermittler der AG Fama, Spuren, die ins Innerste der ÖVP führten,
zu verfolgen. Bei den Ermittlungen um „Ott" und um die „BMI-
Chats" zeigte das Bundeskriminalamt, dass es nur mit einem
Auge Spuren verfolgen konnte. Am ÖVP-Auge war es blind. Das
zeigt der Fall der „BMI-Chats".

Vertuschung durch AG Fama

Rund um das Kloibmüller-Handy und die „BMI-Chats"[93] gelang
es der Staatsanwaltschaft, weit über gesetzliche Erfordernisse
hinaus Geheimnisse zu schützen.

2021 hatte die AG Fama längst Zugriff auf den Stick mit den
BMI-Chats. Monatelang wurde „ausgewertet". Nichts aus den
„Auswertungen" fand sich im Akt. Weder die Spuren zum damaligen Innenminister Wolfgang Sobotka noch die zum Chef des
Bundeskriminalamts Andreas Holzer wurden verfolgt. Am Ende
des Jahres stand man vor einer Frage: Der Stick mit den für die
ÖVP verheerenden Chats zwischen Spitzen der ÖVP in Innenministerium, Justiz und Bundeskanzleramt lag beim Staatsanwalt. Man musste den Stick nur einlegen, anklicken und alles
öffnen, dann konnte man auf Tausende Chats von Sobotka & Co.
zugreifen.

Stick und Chats konnten nicht „wegermittelt" werden. Der Staatsanwalt fand eine überraschende Lösung und legte dazu am 4. Jänner 2022 einen Aktenvermerk an: „Die Daten enthalten dienstliche sowie private Informationen, die bloß einem begrenzten Personenkreis bekannt sind und deren Geheimhaltung im öffentlichen oder berechtigten privaten Interesse erforderlich sind."[94]

Sobotka-Kabinettschef Michael Kloibmüller, von dessen Handy die BMI-Chats stammten, wusste selbst nichts von Staatsgeheimnissen. Er könne „fast ausschließen, dass sich in der Kommunikation Sachverhalte finden, die als Staatsgeheimnisse zu werten wären."[95]

Der Staatsanwalt schützte letztlich ÖVP-Geheimnisse und verfügte: „Der USB-Stick im Original selbst sowie die zwei inhaltlich identen Kopiedatenträger werden vom Akt gesondert aufbewahrt und werden derzeit nicht zum Ermittlungsakt genommen, um einen weiteren Missbrauch der Daten hintanzuhalten."

Staatsanwalt, Kripo-Chef und ÖVP wussten nur eines nicht: dass *ZackZack* längst die Daten hatte und mit dem „Missbrauch der Daten" durch Veröffentlichung der BMI-Chats von Sobotka, Mikl-Leitner & Co. beginnen konnte.

Angriff auf Grozev

Otts schwerwiegendster Fall trägt den Namen eines bulgarischen Journalisten. Christo Grozev hatte erfolgreich die Spur des Nervengifts „Nowitschok" zu russischen Diensten und ihren politischen Auftraggebern verfolgt. Für Putin war er mehr als ein Dorn im Auge.

Als der bereits suspendierte Ott am 24. März 2021 der Beamtin am Meldeamt in seinem Heimatort Spittal an der Drau die Dienstkokarde zeigte, ließ sie sich täuschen. So erfuhr Ott die Wiener Meldeadresse von Christo Grozev. Kurz darauf wurde in Grozevs Wohnung eingebrochen. Der Journalist verließ Wien, weil er sich nicht mehr sicher fühlte.

Am 24. Jänner 2022 hatte Staatsanwalt Fridolin Moritz ein Schreiben an die „Procura della Repubblica" in Rom gerichtet:

„In der Anlage wird die Europäische Ermittlungsanordnung mit dem Ersuchen um Vollstreckung übermittelt."[96] Darin finden sich bereits die Hinweise auf die Chats, in denen Martin Weiss und Egisto Ott Grozev ins Visier nahmen.

Chats und Dokumente belasten Ott. Am 15. Dezember 2020 gab Martin Weiss Ott einen Auftrag: „Können wir in Ö mal eine Abfrage zu einem Hr. Christo Grozev machen?"[97] Ott konnte und besorgte Grozevs Wiener Adresse am Meldeamt in seinem Heimatort Spittal an der Drau.

Im Jänner 2022 wussten die Ermittler, dass sich Ott und Weiss für Grozev interessierten. Trotzdem wurde Christo Grozev nicht rechtzeitig gewarnt. Jahrelang lebte der Journalist in Wien im Visier von Ott, Weiss und deren Auftraggebern. Zu Grozev gefragt, versicherte der verantwortliche Innenminister Gerhard Karner bei Armin Wolf in seinem ganz persönlichen Deutsch: „Er hat großen Schutz genießt."[98]

Jenewein, Ott und Kickl

Im Akt der AG Fama findet sich eine Spur in die FPÖ. Sie führt in den freiheitlichen Parlamentsklub zu Hans-Jörg Jenewein.

Parteiintern galt Jenewein als Kickl-Mann. Von November 2017 bis Oktober 2019 vertrat er die FPÖ als Abgeordneter in Untersuchungsausschüssen. Danach arbeitete er als Referent im Parlamentsklub der FPÖ.

Am 11. September 2021 war FPÖ-Generalsekretär Christian Hafenecker empört: „Die heute durchgeführte Hausdurchsuchung beim ehemaligen FPÖ-Nationalratsabgeordneten und freiheitlichen Fraktionsvorsitzenden im BVT-Untersuchungsausschuss, Hans-Jörg Jenewein, ist nichts anderes als ein Racheakt und Einschüchterungsversucht des tiefen schwarzen Staates."[99] Beamte der AG Fama hatten bei Jenewein belastendes Material gesucht und gefunden. Die Hausdurchsuchung hatte stattgefunden, weil Jenewein verdächtigt wurde, Egisto Ott angestiftet zu haben, ihm vertrauliche Informationen aus dem BVT weiterzugeben.

Im September 2021 stand die FPÖ noch hinter Jenewein: „Hans-Jörg Jenewein wird sich gegen diese Willküraktion zur

Wehr setzen und erhält dabei von der FPÖ selbstverständlich volle Rückendeckung."

Die Rückendeckung galt wohl auch Jeneweins neuem Parteichef Herbert Kickl. Für die FPÖ war wichtig, dass Jeneweins Tätigkeit im Untersuchungsausschuss eng mit Kickls Arbeit als Innenminister abgestimmt war. Die Achse „Jenewein – Kickl" war ab 2018 eine der wichtigsten Achsen in der FPÖ.

Im August 2022 war aus Kickls Vertrauensmann eine Belastung geworden. Der Parlamentsklub der FPÖ entließ Jenewein. Kurz darauf trat er aus der Partei aus.

Im Kickl-Konvolut heißt es zu Jenewein und Ott: „Jenewein hatte schon in der Regierungszeit die Funktion für Innenminister Kickl, sich mit dem BVT-Beamten Egisto Ott zu treffen."

Das enge Verhältnis und die regelmäßigen Treffen zwischen Ott und Jenewein hatten zwei Gründe. Zum ersten versorgte Jenewein Ott mit Unterlagen aus dem BVT-Untersuchungsausschuss. Den zweiten Grund hört heute niemand in der FPÖ gern: Ott bewunderte Herbert Kickl. In einem Gespräch im Frühjahr 2020 überraschte er mit der Feststellung „Kickl ist der beste Innenminister seit langer Zeit". Ott und Jenewein waren „Kickl-Männer".

Vor Jahren hatte Ott die Kärntner SPÖ verlassen. Wie so viele trieb ihn dabei vor allem ein Motiv in die Nähe der FPÖ: es „den Schwarzen zeigen". Jahre des ÖVP-Machtmissbrauchs in Polizei und BVT hatten Beamte wie Weiss und Ott davon überzeugt, dass man mit dem blauen Prügel die Schwarzen am leichtesten schlagen konnte. Doch im BVT schienen sie noch etwas Zweites gelernt zu haben: dass man mit polizeilichen Informationen Geschäfte machen kann.

„Russian Influence"

Doch warum ging es in der Berichterstattung im Frühjahr 2024 nur um die Kette „Marsalek – Weiss – Ott"?[a] Und: Gab es Hinweise auf andere Ketten, die der ÖVP weniger in den Wahlkampf passten? Ein Hinweis findet sich auf dem Laptop von Christian Pilnacek.[b]

Auf dem Laptop liegen 11.640 Objekte auf 7,33 GB. Pilnacek hatte hier vieles abgespeichert – Akten, Dokumente, Chatprotokolle und einen Bericht in englischer Amtssprache: „RUSSIAN INFLUENCE IN AUSTRIA 2000–2020". Dort stößt man auf viele Details, die die politischen Hintergründe der österreichisch-russischen Freundschaft in einem anderen Licht erscheinen lassen.

Neben den bekannten Spuren zur FPÖ beschreibt der Bericht die Bedeutung von ÖVP-Innenminister Ernst Strasser für die österreichisch-russische Freundschaft: „Da Sicherheit in Russland bekanntlich sehr wichtig ist, war diese Wahl wohl perfekt." Der Bericht beschreibt Markus Braun und Jan Marsalek als „Hauptsponsoren" der österreichisch-russischen Freundschaftsgesellschaft und verweist im Anschluss auf „Strassers Stabschef Christoph U. und Wolfgang G.", die „offenbar eine recht lukrative Geschäftsbeziehung mit Wirecard eingegangen" seien.

Wie Innenminister Gerhard Karner stammten auch Christoph U. und Wolfgang G. aus den Kabinetten von Ernst Strasser, dem ersten ÖVP-Innenminister. Ihre Spuren finden sich von „Eurofighter" und Affäre „Behördenfunk" im Innenministerium bis zu Wahlkämpfen der ÖVP.

Im Gegensatz zu anderen Spuren wurde diese Spur von den Ermittlern in den Komplexen „Wirecard" und „Marsalek" bisher kaum verfolgt.

„Aus Anlass des Moskau-Besuches des Herrn Bundesministers für Inneres Mag. Wolfgang Sobotka: Der österreichische Bot-

---

a Egisto Ott wird beschuldigt, für Ex-BVT-Abteilungsleiter Martin Weiss und Ex-Wirecard-Chef Jan Marsalek Spionage betrieben zu haben. Dahinter werden russische Geheimdienste vermutet.
b siehe Kapitel XX

schafter und seine Frau beehren sich, Herrn Jan Marsalek zu einem Empfang am Dienstag, den 30. Mai 2017 einzuladen."

Zwischen Sobotka und Marsalek prangte das Staatswappen. Am Tisch saß Marsalek neben dem Ehrengast. Bis heute weiß niemand, worüber sich Wolfgang Sobotka mit Jan Marsalek unterhielt – und warum der dubiose Wirecard-Manager beim Empfang in Moskau der Sitznachbar des Ehrengastes war.[100]

Im Gegensatz zu den Affären der FPÖ sind diese Spuren von Justiz und Parlament bisher kaum verfolgt worden.

Marsalek und „Neptune"

Mit dem Fall „Neptune" ist die mit Abstand größte Geheimdienstaffäre Österreichs nach wie vor ungeklärt. Matthew Karnitschnig versuchte in *Politico* die deutlichste Spur zu verfolgen. „Im Jahr 2015 führten Marsaleks Verbindungen zu Martin Weiss, dem damaligen Abteilungsleiter des Inlandsgeheimdienstes BVT. Wann und wo genau sie sich kennengelernt haben, ist nicht klar (Weiss behauptet, er sei Marsalek erstmals 2015 auf einer vom Innenministerium organisierten Konferenz begegnet), aber die Beziehung sollte sich für beide als verhängnisvoll erweisen."[101]

Bis heute steht nur fest:

1. Im Februar 2018 wurden in der EDV-Abteilung des BVT die „Neptune"-Datenbanken von 2013 bis 2017 gemeinsam mit der zentralen Quellenbewirtschaftung auf eine Festplatte kopiert.

2. Wer eine derartig umfangreiche Kopie anfertigen wollte, konnte das aufgrund der technischen Sperren nur in der EDV-Abteilung tun.

3. Die Kopien auf der Festplatte, die bei der BVT-Hausdurchsuchung am 28. Februar 2018 durch einen FPÖ-Polizeioffizier sichergestellt wurden, waren keine „Backups".

4. Interesse an den Daten hatten vor allem Parteien wie die FPÖ und Geheimdienste wie FSB und SWR.

5. Jan Marsalek hatte Kontakte zu russischen Diensten, Egisto Ott stand der FPÖ nahe. Martin Weiss war das Bindeglied zwischen beiden.
6. Herbert Kickl war der FPÖ-Innenminister, unter dem das alles ermöglicht wurde.

So sieht ein schwerwiegender Anfangsverdacht aus. Damit daraus belastbare Beweise werden, bedarf es entschlossener Ermittlungen. Der Fall ist nach wie vor ungeklärt. Klar ist nur die politische Verantwortung. Sie liegt bei Herbert Kickl. Er steht im Verdacht, gemeinsam mit seinem Generalsekretär den österreichischen Verfassungsschutz zum Schutz der FPÖ gezielt zerstört zu haben.

TEIL 3:
RECHTSBLOCK

„... dass wir ihnen einen Schlag
aufs Hosentürl versetzen ..."[102]
Herbert Kickl, September 2021

Mit der FPÖ und der ÖVP bereiten eine Partei der Straße und eine Partei des Staats nach 2000 und 2017 ihre dritte gemeinsame Machtübernahme vor. Erstmals weiß keine von beiden, wer wem den Kanzler verschaffen wird.

Darüber hinaus ist noch etwas möglich: dass das Bündnis zwischen ÖVP und FPÖ ein drittes Mal scheitert.

Schon nach zwei Jahren gemeinsamer Regierung verlor die FPÖ 2002 ihre Nationalratswahl. Bundeskanzler Wolfgang Schüssel scheiterte erst in der Wahl vier Jahre später. Für weitere elf Jahre gehörte der Kanzler damit wie in den dreißig Jahren vor 2000 wieder der SPÖ.

2019 flog die FPÖ durch den Ibiza-Skandal aus der Regierung. Zwei Jahre später war das Regime „Kurz" Geschichte. Jörg Haider, Wolfgang Schüssel, Heinz-Christian Strache und Sebastian Kurz hatten ganz Europa gezeigt, wie zwei Rechtsparteien gemeinsam die Macht übernehmen. Aber das Rezept, wie man seine Macht in Beton gießt und jeden Widerstand ausschaltet, hatten andere entwickelt: Viktor Orbán, Recep Tayyip Erdoğan, Benjamin Netanjahu und ihr gemeinsamer Lehrer Wladimir Putin.

Orbán, Erdoğan, Netanjahu und Putin verbindet einiges. Sie setzen auf Nationalismus und „Feinde", die sie in Inland und Ausland bekämpfen. Für sie ist Krieg eines der politischen Mittel, die ihnen zur Verfügung stehen. Wenn sie ihre Wirtschaften „entwickeln", fließt das Geld in ihre Taschen und in die ihrer Freunde. Ihre ersten Opfer heißen „Rechtsstaat", „Pressefreiheit" und „Demokratie". Sie wollen den autoritären Staat, in dem sie selbst als Führer auf Dauer an der Macht bleiben. Und: Nicht wenige von ihnen sind das, was man landläufig als „Gauner" bezeichnet.

Das Kurz-Regime

Sebastian Kurz wurde in der ÖVP bewundert, weil er um die ganze Macht gekämpft hatte. Sein Plan war einfach: die FPÖ inhaltlich kopieren und politisch an den Rand drängen; mit inseratentüchtigen Massenmedien die Macht übernehmen; mit Polizei, Justiz und Medien die Kontrolle über Rechtsstaat und öffentliche Meinung absichern; und dann Schritt für Schritt das türkise Regime einzementieren.

2017 hatte Viktor Orbán längst Wolfgang Schüssel als Vorbild des neuen ÖVP-Führers abgelöst. Doch vier Jahre später, im Herbst 2021, war sein Kampf vorerst gescheitert. Von Netanjahu in Israel bis Orbán in Ungarn zeigen Beispiele politischer Auferstehungen, dass das noch nicht das Ende sein muss. Doch nach dem tiefen Fall ging es für Sebastian Kurz längst um einen anderen Kampf: den Kampf um die persönliche Freiheit.

Lange war die riskante Strategie der Kurz-Gruppe aufgegangen:

- Als Vizekanzler und ÖVP-Chef hatte der weit rechtsstehende Michael Spindelegger Kurz in die Regierung geholt.
- Ab 2015 entwickelte Kurz mit seinen engsten Vertrauten im „Projekt Ballhausplatz" den Plan zur Machtübernahme im Bundeskanzleramt.
- Mit Innenminister Wolfgang Sobotka als Rammbock wurde der liberale ÖVP-Vizekanzler Reinhold Mitterlehner demontiert und die Zusammenarbeit mit der SPÖ von Kanzler Christian Kern zerstört.
- Für den Wahlkampf 2017 wurden Boulevardzeitungen gekauft, Umfragen gefälscht und Fake News zu Wahlkampfthemen gemacht.
- Mit der FPÖ von Heinz-Christian Strache wurden Posten und Einflussbereiche so verteilt, dass der Löwenanteil an die ÖVP fiel.
- Von Sigi Wolf bis René Benko entstand ein Netzwerk parteinaher Oligarchen.
- Vom Sektionschef im Finanzministerium bis zur Leiterin eines Finanzamts besteht der begründete Verdacht, dass Oligarchen Gefälligkeits-Steuerbescheide bekamen.
- Polizei und Nachrichtendienste wurden mit Parteifreunden verlässlich besetzt.
- Für Justiz und ORF gab es Pläne. Im Mai 2019 schien auch das nur noch eine Frage der Zeit.

Dann tauchte das Ibiza-Video auf. Kurz und seinen Medienstrategen gelang es, die Verantwortung auf die FPÖ abzuschieben und eine letzte Wahl hoch zu gewinnen. Doch ihre entscheidenden Angriffe auf die WKStA scheiterten. 2021 zeigte der Rechtsstaat, dass er immer noch stärker war als Sebastian Kurz und seine ÖVP.

Auf dem Weg ins Niemandsland

Nicht nur in der Partei selbst fragen sich viele: Was ist mit der ÖVP passiert? Wie konnte aus einer traditionsreichen christdemokratischen Partei eine hilflose Kopie der FPÖ werden? Warum nähert sich die ÖVP immer mehr den Grenzen, die ihr Rechtsstaat, Demokratie und die europäische Gemeinschaft setzen? Und warum überschreitet sie immer öfter diese Grenzen in ein politisches Niemandsland, das bis dahin als Reservat für rechtsextreme Parteien galt?

Gemeinsam mit der FPÖ hat sich die ÖVP vor 25 Jahren auf diesen Weg begeben. Wolfgang Schüssel hat die erste Etappe mit Jörg Haider im blauen Porsche durchfahren. Heinz-Christian Strache hielt sich zwei Jahre im Schatten der Macht von Sebastian Kurz. Herbert Kickl und Karl Nehammer sind weiter auf dem Weg.

13 Stationen

2006 war Wolfgang Schüssel als Bundeskanzler gescheitert. 15 Jahre später stürzte Sebastian Kurz. Trotzdem sind die beiden Kanzler die ersten, die nach Bruno Kreiskys wegweisenden Reformen wieder Weichen gestellt haben: nach rechts außen an den politischen Rand Europas.

In 13 Stationen haben Schüssel, Haider, Kurz, Strache, Nehammer und Kickl den Boden für ein autoritäres Regime vorbereitet.

Station 1: Haider

„Sind wir Österreicher Deutsche?" 1966 gewann Jörg Haider mit einem klaren „Ja" den Redewettbewerb des Österreichischen Turnerbunds. Erst später kam er auf die Idee, nicht das „Deutsche" gegen das „Österreichische", sondern Österreich gegen das „Ausländische" zu verteidigen.

Politisch wurde Haider in Kärnten groß, als die FPÖ zum ersten Mal seit 1945 im Bund mitregierte. Fred Sinowatz war seit Mai 1983 Bundeskanzler. Jörg Haider erlebte, was später zum freiheitlichen Bewegungsprinzip werden sollte: Oppositionsbank, Regierungsbank, Absturz. Die Anklagebank kam erst später dazu.

Drei Jahre nach Regierungseintritt stand die FPÖ 1986 wieder am Abgrund. Umfragen gaben der „dritten Kraft" weniger als zwei Prozent der Stimmen. Haider ließ sich als „nationaler" Kandidat am Innsbrucker Parteitag gegen den „liberalen" Vizekanzler Norbert Steger aufstellen. Am 13. September 1986 trugen ihn triumphierende Anhänger durch den Saal – und die FPÖ aus der Regierung.

Bei den Neuwahlen gab es drei Sieger: Franz Vranitzky und seine SPÖ, die klar Nummer 1 wurden; die Grünen, die es erstmals in den Nationalrat schafften; und Jörg Haider, der die Stimmen der FPÖ auf 9,7 Prozent verdoppelte.

Dann war der FPÖ-Führer 14 Jahre lang politisch isoliert. Seit dem Innsbrucker Parteitag hatte er eine Wahl nach der anderen gewonnen. Aber die Türen zur Regierung in Wien waren zu, weil in Wien dasselbe galt wie in allen anderen Hauptstädten der EU: keine Regierung mit der extremen Rechten, keine Regierung mit Nachfolgeparteien der NSDAP.

Haider klopfte an alle Türen. Aber nur eine ging auf.

Station 2: Schüssel

Im Jahr 2000 wollte ÖVP-Chef Wolfgang Schüssel um jeden Preis Bundeskanzler werden. Nach dem Wahlabend am 3. Oktober 1999 kannte er den Preis. Mit seiner ÖVP war er auf den dritten Platz abgerutscht. Die SPÖ war mit großem Abstand auf ÖVP und FPÖ Erste geworden und meldete ihren gewohnten Anspruch auf den Kanzler an. Der Preis für den Wahlverlierer ÖVP hieß FPÖ. Wolfgang Schüssel war als Erster in der EU bereit, ihn zu bezahlen.

Die größte Überraschung war das, was folgte: das flächendeckende Schweigen in der ÖVP. Viele hatten mit einem Aufstand gerechnet und dabei eines nicht verstanden: dass der Hass auf die SPÖ längst zum bestimmenden Parteigefühl der ÖVP geworden war. Die wenigen, die in der „Wirtschaft" Nachteile befürchteten, hielten den Mund.

Schüssel hatte als Erster erkannt, dass blaue Steigbügel billiger und komfortabler als rote Fesseln waren. Die SPÖ brauchte Jahre, um auf der Oppositionsbank sitzen zu lernen. Haider blieb in Kärnten. Schüssel begann mit der ÖVP, die Republik zu übernehmen.

Am 4. Februar 2000 wurde die neue Regierung angelobt. Die Reaktionen aus Berlin, Paris und Brüssel kamen schnell. 14 Regierungen beschlossen unter deutscher und französischer Führung, die bilateralen Beziehungen zu Österreich auf den Ebenen von Regierung und Diplomatie auf das „notwendigste Mindestmaß" zu beschränken. Haider und Schüssel erkannten die Chance und nützten sie. Aus bilateralen Maßnahmen wurden „EU-Sanktionen", obwohl sich die Europäische Union aus dem Konflikt ihrer Mitgliedstaaten mit Österreich herausgehalten hatte.

Der SPÖ-Vorsitzende Alfred Gusenbauer lieferte der schwarzblauen Propaganda das Schlüsselbild: „Links im Bild Pierre Moscovici, der französische Europa-Minister, milde lächelnd, das Glas in der Hand, daneben Alfred Gusenbauer, etwas steif in der Körperhaltung, wie er Frankreichs Außenminister Hubert Védrine zuprostet, der ebenfalls das Glas hoch erhoben hält."[103] Immer mehr glaubten es: Die einen arbeiteten für Österreich, die anderen „champagnisierten" dagegen.

Abrissbirnen

Jörg Haider und Wolfgang Schüssel waren die ersten Abrissbirnen des österreichische Nachkriegssystems. Wo früher alles zwischen Rot und Schwarz in der Politik und ÖGB und Industriellenvereinigung in der Sozialpartnerschaft austariert war, machte jetzt eine Seite reinen Tisch.

Die Zweite Republik hatte ein Fundament. Wenn man es vom Wirtschaftlichen her betrachtet, hieß es „Sozialpartnerschaft". Der politische Name des Fundaments lautete „Proporz". Die Sozialpartnerschaft regelte die Verteilung von Geld, der Proporz die Verteilung der Posten.

Als Bruno Kreisky mit absoluter Mehrheit regierte, achtete er darauf, dass die politische Übermacht der SPÖ die Sozialpartnerschaft nicht aus der Balance brachte. Als Wolfgang Schüssel dreißig Jahre später mithilfe der FPÖ als Wahlverlierer Kanzler wurde, stand die Zerstörung der Sozialpartnerschaft ganz oben auf seiner Liste.

In einem Punkt konnte niemand Schüssel widersprechen: Das alte System war erstarrt. Die alten Gleichgewichte verhinderten Bewegung und damit Entwicklung. Wolfgang Schüssel und Jörg Haider brachten Österreich aus dem Gleichgewicht und steuerten es nach rechts, dorthin, wo Investoren mehr Gewinn und Nationalisten weniger Ausländer erwarteten.

Kaum jemandem in ÖVP und SPÖ war klar, dass die beiden alten Staatsparteien damit ihren traditionellen Halt verloren. Aneinander gelehnt und ineinander verwachsen hatten sie die schwersten Krisen der Zweiten Republik gemeinsam gemeistert. Jetzt, im Jahr 2000, trennten sich die Wege von ÖVP und SPÖ.

Dammbruch

Die erste Wende war ein Dammbruch. Zum ersten Mal seit 1945 startete eine der beiden Sozialpartnerschaftsparteien einen frontalen Angriff auf die Machtpositionen der anderen. Bis zur Wende wurden bei der Übernahme ehemals „andersfarbiger" Ministerien ein paar Spitzenbeamte ausgetauscht. Mit dem Rest der Beamtenschaft kam man zurecht, weil man gelernt hatte, sich zu „arrangieren".

Schüssel schickte den niederösterreichischen ÖVP-Exekutor Ernst Strasser in das traditionell „rote" Innenministerium, um dort aufzuräumen. Ein sozialdemokratischer Beamter nach dem anderen wurde aus dem Weg geräumt. In der Kanzlerpartei wusste man, dass nur wenige schwarze Polizisten für Spitzenfunktionen qualifiziert waren. Man fand schnell parteinahen Ersatz bei Grenzwache und Zoll.

Dass bei der Säuberung „roter Hochburgen" wie des „Sicherheitsbüros Wien" die Qualität im kriminalpolizeilichen Kernbereich dramatisch absank, störte weder den Kanzler noch seine Partei. Kriminelle profitierten von der Parteibuchwirtschaft im Innenministerium und fühlten sich sicher wie noch nie. Das nahm man in Kauf, weil die ÖVP schon im Jahr 2000 ihre eigene Sicherheit über die Sicherheit der Republik stellte.

Futtertröge

Der erste Rechtsblock zwischen 2000 und 2006 trug die Handschrift der ÖVP. Die Spitzen der FPÖ durften an die Futtertröge, aber nicht in die Zentren der Macht. Jörg Haider zog sich bald in seine Trutzburg Kärnten zurück und sah zu, wie sich seine Partei mit Karl-Heinz Grasser, Susanne Riess-Passer, Peter Westenthaler und Herbert Scheibner die blauen Bäuche vollschlug.

2006 war es wieder vorbei. Alfred Gusenbauer hatte die Nationalratswahl überraschend gegen die ÖVP gewonnen. Wolfgang Schüssel hatte das „System" aufgebrochen und den Weg für eine vereinigte Rechte freigemacht. Als überzeugter Anhänger der ÖVP war er nicht auf die Idee, eine neue Mehrheit gegen „links" und „Europa" zu sammeln, gekommen. Zur dauerhaften Machtübernahme waren Zeit und ÖVP noch nicht reif.

„Wir haben die Käfigtüre aufgemacht."[104] Wolfgang Schüssel hat diesen Satz anders gemeint, aber es stimmt. Bis zum Februar 2000 war die nationale Rechte in der gesamten EU von der politischen Macht ausgesperrt. Wolfgang Schüssel und seine ÖVP haben sie zum ersten Mal aus ihrem politischen Käfig gelassen.

Station 3: FPÖ schwarz

Als Bundeskanzler verteilte Wolfgang Schüssel Geld und Posten. Sich selbst reservierte er die Macht. In seinen Kabinetten war die politische Linie von Unternehmen bis Polizei verlässlich schwarz. Von Schüssel würde Sebastian Kurz später lernen, wie man die FPÖ an der kurzen Leine zum Futtertrog ins politische Abseits führt.

Das freiheitliche Personal entsprach Schüssels Vorstellungen. Mit „Eurofighter"[a], „Telekom"[b] und „BUWOG"[c] lernten Schüssels freiheitliche Minister ihr großes politisches Geschäft. Karl-Heinz Grasser als Finanzminister, Herbert Scheibner als Verteidigungsminister und Susanne Riess-Passer als Vizekanzlerin enttäuschten keine einzige Erwartung der ÖVP.

FPÖ-Nachwuchshoffnung Karl-Heinz Grasser entwickelte sich so gut, dass Wolfgang Schüssel bereit war, ihn politisch zu adoptieren. Schüssels Plan, den talentierten Minister zu seinem Nachfolger an der Spitze von ÖVP und Regierung zu machen, scheiterte im letzten Moment am Widerstand von ÖVP-Traditionalisten wie Andreas Khol.

Nach den Wahlen 2002 hätte es eine politische Alternative gegeben. Mit Wilhelm Molterer, Ernst Strasser und Maria Rauch-Kallat setzte sich ein Flügel der ÖVP für Regierungsverhandlungen mit den Grünen unter Alexander Van der Bellen ein. In der letzten Verhandlungsnacht saß keiner der „Reformer" am Tisch. Die grüne Wende der ÖVP scheiterte am letzten, gut ausgesuchten Hindernis: Eurofighter. Lang nach Mitternacht in der letzten Verhandlungsrunde machte Wolfgang Schüssel den grünen Verhandlern rund um Alexander Van der Bellen klar, dass ihr Weg in seine Regierung nur über den Kauf der Eurofighter führte. Die grünen Verhandler standen auf und gingen.

Wolfgang Schüssel, Karl-Heinz Grasser, Elisabeth Gehrer und Martin Bartenstein wussten genau, was sie getan hatten.

---

a Bei der politischen Entscheidung für die Kampfflugzeuge vom Typ Eurofighter Typhoon (die teuerste Variante) besteht der Verdacht auf Korruption und Schmiergeldzahlungen.

b In der Affäre rund um die staatliche Telekom wurden Lobbyisten beschuldigt, Entscheidungsträger bestochen und Parteien illegal finanziert zu haben.

c Bei der Privatisierung der staatlichen Bauen und Wohnen AG (BUWOG) besteht der Verdacht auf Untreue, illegale Absprachen und Provisionszahlungen.

Station 4: Knittelfeld

Jörg Haider merkte als Erster, dass Wolfgang Schüssel der einzige politische Profiteur der sogenannten Kleinen Koalition war. Am 7. September 2002 lud er zu einem „Delegiertentreffen" nach Knittelfeld, „um der FPÖ-Regierungsmannschaft den Marsch zu blasen"[105], wie es der ORF formulierte.

Am Ende des Treffens lag die regierende FPÖ in Trümmern. Die freiheitlichen Regierungsmitglieder legten ihre Funktionen zurück. Wolfgang Schüssel erkannte sofort, welche Chance sich ihm bot. Er schlug alle Angebote der Knittelfelder aus und ließ am 24. November 2002 vorzeitig wählen. Die ÖVP gewann mit einem Rekordergebnis von 42,3 Prozent. Die FPÖ stürzte ab. Von den 16,9 Prozentpunkten, die Haiders Partei verloren hatte, waren mehr als 15 zum Regierungspartner gewandert. Die Bilanz war eindeutig: Die FPÖ war in der Koalition von der ÖVP Stück für Stück aufgefressen worden.

Als Jörg Haider am 17. April 2005 das „Bündnis Zukunft Österreich – BZÖ" gründen ließ, hofften die Regierungs-Freiheitlichen noch auf ihr politisches Überleben. Aber die FPÖ war längst wieder auf einem anderen Kurs.

Station 5: Zurück in die Opposition – Strache

Als stellvertretender Obmann der Wiener FPÖ war Heinz-Christian Strache im September 2002 in Knittelfeld dabei. Zweieinhalb Jahre nach Knittelfeld und wenige Tage nach der Gründung des BZÖ übernahm Strache die FPÖ.

„Der Wiener Landesparteiobmann Heinz-Christian Strache kritisiert Jörg Haider und sagt, er sei für ihn die größte Enttäuschung, die Spaltung sei ein Versuch, die FPÖ zu zerstören. Haider habe sich wie ein Kind verhalten, das eine selbst gebaute Sandburg zerstört"[106], hielt der ORF Kärnten über Straches Bruch mit Haider fest.

Strache führte die FPÖ zurück zu Opposition und Erfolg. Herbert Kickl diente dem neuen FPÖ-Chef als Redenschreiber und Plakatdichter. „Deutsch statt nix versteh'n", „Pummerin statt Muezzin" und „Daham statt Islam" kamen von Parteidichter

Kickl. Mit den Slogans erzielte Strache bei den Wiener Gemeinderatswahlen 2005 und den Nationalratswahlen ein Jahr danach hohe Zugewinne für seine Partei.

Bei der Nationalratswahl 2008 erreichte das BZÖ neben einer erstarkenden FPÖ immer noch 10,98 Prozent der Stimmen. Wenige Wochen später verfehlte der schwer betrunkene Jörg Haider in seinem Dienstwagen eine Linkskurve im Süden Klagenfurts. Ein Jahr später gab das BZÖ auch in Kärnten auf und kehrte in die FPÖ zurück.

2013 ging es bei der Nationalratswahl für die FPÖ noch ein Stück nach oben. ÖVP und SPÖ verloren. Von Monat zu Monat wurden die Risse mitten durch die Koalition größer. Strache näherte sich dem Ziel.

Station 6: Von Van der Bellen zu Kurz

Im Mai 2016 standen nur noch zwei zur Wahl: Norbert Hofer für die FPÖ und Alexander Van der Bellen für die Grünen. Die Kandidaten von SPÖ und ÖVP waren schon in der Vorrunde der Wahlen zum Bundespräsidenten weit abgeschlagen ausgeschieden. In der SPÖ hatte man immer noch den Kanzler, also beschloss man das, was man in den letzten dreißig Jahren bei jeder Gelegenheit getan hatte: durchtauchen.

In der Vizekanzlerpartei ÖVP kam alles in Bewegung. In der Parteizentrale hatte man genau registriert, dass nicht einmal der letzte Aufruf für Hofer mobilisiert hatte. Die ÖVP-Lehre aus Van der Bellens Wahlsieg lautete: Als Juniorpartner der SPÖ war nichts mehr zu gewinnen. Die ÖVP musste auf eine neue Karte setzen.

Reinhold Mitterlehner wollte mit Christian Kern die „Große Koalition" noch einmal durch gemeinsame Reformen wiederbeleben. Kern erklärte sich dazu bereit und verzichtete Anfang 2017 auf die Chance, mit seinem „Plan A" in Neuwahlen zu gehen. Kern und Mitterlehner hatten sich verrechnet. In der ÖVP war es für alles zu spät.

Sebastian Kurz hatte längst einen Plan: das „Projekt Ballhausplatz", das inzwischen durch Ermittlungen der WKStA ausnehmend gut dokumentiert ist. Im Juli 2017 merkte Strache, wie Kurz vor seiner Nase die „Balkanroute" sperrte und der FPÖ ein Thema nach dem anderen abnahm.

Mithilfe von Innenminister Wolfgang Sobotka hatte Kurz die Koalition zum Platzen gebracht. Die folgende Wahl im Oktober 2017 gewann seine ÖVP und lernte für die Zukunft, dass man mit manipulierten Umfragen, mit Boulevard-Zeitungen gefüllt mit Regierungsinseraten und mit unsinnigen Propaganda-Geschichten einen ganzen Regierungswechsel kaufen kann.

Station 7: Kurz übernimmt

Nach der Wahl schlossen mit Sebastian Kurz und Heinz-Christian Strache die Erben von Schüssel und Haider den zweiten Pakt zwischen ÖVP und FPÖ. Diesmal ging es um mehr als um die Verteilung von Ämtern und Geld. Sebastian Kurz wollte 2017 nicht nur Nummer 1 werden. Er wollte die ganze Macht. Sein Vorbild war nicht Wolfgang Schüssel, sondern Viktor Orbán.[107]

Wie Orbán und Netanjahu wollte Kurz aus seiner Partei die Staatspartei der nationalen Rechten machen, gegen Gewerkschaften, Pressefreiheit, unabhängige Staatsanwälte und EU. Neben der Straßen-FPÖ sollte es mit der ÖVP eine „Staats-FPÖ" geben, die als Führungspartei des Rechtsblocks auf Dauer die Macht in Österreich übernehmen würde.

Abseits des offiziellen Regierungsübereinkommens hatten Kurz und Strache in sogenannten Sidelettern für Regierung, Wirtschaftskammer, ORF und ÖIAG[a] penibel die Macht aufgeteilt. Posten für Posten bekam alles den Vermerk „ÖVP" oder „FPÖ". Die Spitze des Verfassungsgerichtshofs sollte von „Brigitte Bierlein (FPÖ)" übernommen werden. Keiner der beiden ahnte, dass die parteilose, doch in der FPÖ beliebte Bierlein 2019 als Zwischenkanzlerin für Sebastian Kurz wertvoll sein würde.

Vom Start an überzeugte Strache die ÖVP. Er nahm, was ihm die ÖVP überließ. Ab und zu beschwerte er sich, dass einzelne

---

a Österreichische Industrieholding-Aktiengesellschaft (später ÖBAG). Sie verwaltet die Beteiligungen der Republik Österreich an börsennotierten Unternehmen, z.B. OMV, Post, Verbund, Telekom Austria, Casinos Austria.

Postenzusagen zu langsam eingelöst wurden. Sonst lief Strache einfach mit.

Der Einzige, der von der ÖVP gelernt hatte, war Herbert Kickl. In seinem Innenministerium begann er genau das, was Ernst Strasser zwanzig Jahre vor ihm für die ÖVP erledigt hatte: die Umfärbung von Ministerium und Polizei. Mit den Funktionären seiner Gewerkschaftsfraktion „AUF" konnte er auf politisch verlässliche Beamte zugreifen.

Mit seinem Sturm auf das BVT löste Kickl im Februar 2018 bei der ÖVP Großalarm aus. Rund um Kurz und seinen Generalsekretär Karl Nehammer wussten alle: Wenn die Volkspartei die Kontrolle über Verfassungsschutz und Kriminalpolizei verlöre, wäre das Sicherheitssystem der ÖVP selbst in Gefahr.

Station 8: Straches Sturz, Kickls Start

Ibiza kam gerade rechtzeitig. Mit dem Video, in dem Heinz-Christian Strache und Johann Gudenus nichts als die Wahrheit sagten, zerbrach im Mai 2019 das erste türkis-blaue Bündnis. Strache trat zurück, Kickl wurde als Innenminister entsorgt, und Kurz holte sich am Inseraten-Boulevard eine zweite Kanzlerschaft. Die ÖVP gewann bei der Nationalratswahl am 29. September 2019 sechs Prozentpunkte dazu. Die führungslose FPÖ stürzte um 9,8 Prozentpunkte ab. Kurz hatte mit 37,5 Prozent die Wahl und nahm sich die Grünen, die es überraschend billig gaben, in seine zweite Regierung.

In der letzten Woche der Regierungsverhandlungen saßen nur noch Grünen-Chef Werner Kogler und Kurz am Tisch. Begleiter berichten, dass Kurz nicht besonders ziehen musste, um den „Werner" auf die andere Seite des Tischs zu bekommen. Mit Ausnahme des Kapitels über Klimapolitik waren die Überschriften über allen wesentlichen Kapiteln des Regierungsübereinkommens einfärbig türkis. Die Grünen hatten ihren Sandkasten, die ÖVP wieder die Macht.

Zum zweiten Mal genoss Kurz von oben den Blick auf einen Juniorpartner, der auf der ÖVP-Fahrt strahlend aus dem Beiwagerl winkte.

Nach dem Bruch mit der FPÖ beherrschte die ÖVP wieder Kriminalpolizei, Verfassungsschutz und die beiden militärischen Geheimdienste. Dass das Justizministerium unter grüner Führung zum Störfaktor werden konnte, ahnten weder Kurz noch seine Partei.

Station 9: Die doppelte Pandemie

Kurz und seine Partei hatten es sich gerade mit den Grünen eingerichtet, als die COVID-Pandemie alles auf den Kopf stellte. Nach einer kurzen Phase der Panik, in der sich Regierung und Opposition unter einen gemeinsamen Schirm gedrängt hatten, bildeten sich die neuen Fronten. COVID entpuppte sich schnell als doppelt ansteckend: über Viren und über Ängste.

Als erste Partei erkannte die FPÖ, dass auf der anderen Seite alles frei war. Die Pandemie war der große Mixer, der bisher separate Verschwörungsgeschichten über Biowaffen, Erbgutattacken, Big Pharma, Bill Gates, Überwachungsstaat, Umvolkung, globale Impfexperimente, 5G-Strahlen und chinesische Biowaffenexperimente zu einem massentauglichen Angstbrei mischte. Das alles beherrschende Gefühl war neben der Angst die Wut auf die anonymen Mächte, die dahintersteckten mussten.

„Wir müssen mittlerweile von Tausenden Menschen ausgehen, die mit mRNA-Impfstoff totgespritzt wurden."[108] Björn Höcke legte für die AfD vor. Herbert Kickl zog mit „Corona-Apartheid", „Gentechnik-Experiment" und „Corona-Amoklauf" nach.

Einige auf den Demonstrationen der „Impfgegner" trugen noch ihre alten linken Transparente. Doch mit jedem Aufmarsch wurde klarer, dass sich hier ein Pol bildete, um den sich eine Rechte neu aufstellte. Mit ihren Chatgruppen und Social-Media-Echokammern war sie schwerer greifbar und bekämpfbar als die alte Rechte, die meist gut sichtbar in traditionellen Vereinen und Parteien ihr Geschäft betrieb.

Als Impfgegner begannen, Ärztinnen und Krankenhauspersonal zu terrorisieren, stärkte ihnen die FPÖ die Rücken. Herbert Kickl verlangte „Wiedergutmachung" für Täter, die sich für Opfer hielten.

Station 10: Kurz-Zusammenbruch

Kurz nach Veröffentlichung des Ibiza-Videos im Mai 2019 verfolgte die WKStA Spuren, die fast ausschließlich zur FPÖ führten. Strache und sein Klubobmann Johann Gudenus hatten sich auf der Finca um Kopf, Kragen und Ämter geredet. „Ibiza" strahlte monatelang rein blau. Dann mischten sich im Herbst 2019 die ersten türkisen Tupfer ins Bild.

Im Justizministerium war kurz nach Auftauchen des Ibiza-Videos der Versuch, die WKStA-Ermittler zu „daschlogn", knapp gescheitert. Zur Verhinderung des Schlimmsten verblieb der ÖVP nur noch ihre Hochburg in der Kriminalpolizei rund um Bundeskriminalamts-Chef Andreas Holzer.

Das Bundeskriminalamt mit seinen SOKOS „Ibiza" und „Tape" schien alles zu tun, um an der ÖVP vorbei zu ermitteln. In einem Dauerkampf mit der türkisen Kripo-Einheit setzte sich die WKStA durch und tauschte in der Folge das Bundeskriminalamt gegen das BAK – das Bundesamt zur Korruptionsprävention und Korruptionsbekämpfung – aus.

Die Ibiza-Ermittlungen weiteten sich aus. Von René Benko bis Sigi Wolf gerieten neue Kurz-Stützen ins Visier. Am Ende brachten die Ermittlungen der Strafjustiz fast gleichzeitig drei Säulen des Kurz-Regimes zum Einsturz: die Säule der Oligarchen von Wolf bis Benko; die Säule der „Daschlogn"-Justiz von Generalsekretär Christian Pilnacek; und die Kurz-Säule im Kanzleramt selbst.

Station 11: Nehammer auf Kurs

Am 3. Dezember 2021 übernahm Karl Nehammer die angeschlagene ÖVP. Drei Tage später wurde er Bundeskanzler. Nach dem Einbruch der drei Kurz-Säulen musste Nehammer als Parteichef und Kanzler eine schwierige Frage beantworten: wie weiter?

Statt eines Plans hatte Nehammer die Höhenflugbegleiter von Sebastian Kurz als Berater. Die ÖVP agierte intern zunehmend nach einem Drehbuch, das aus der Feder ihres alten und neuen Kommunikationschefs Gerald Fleischmann stammte.[109]

Plötzlich fand sich die Kanzlerpartei ÖVP wieder im Kielwasser der FPÖ. Die Berater stellten fest, dass alles, was bei Kurz blendend gewirkt hatte, bei Nehammer in die Hose ging.

Station 12: Kickl

Sein Kampf ist der Kampf der FPÖ um den Platz ganz oben. Herbert Kickl will Kanzler werden. Jenseits eines kleinen Kreises rund um den FPÖ-Führer wissen alle, dass Kickl „Kanzler" nicht kann. Aber das ist 2024 egal.

Im Vergleich zu Jörg Haider verfügt Herbert Kickl über bescheidene Talente. Weder als Redner noch als Parteiführer kann Kickl dem Gründer der rechtspopulistischen FPÖ das Wasser reichen. Aber zu Haiders Zeiten war der FPÖ-Weg zur Macht noch ein steiniger, an vielen Stellen versperrter. Vor Kickl liegt der Boulevard zur Macht weit offen.

Noch etwas unterscheidet Kickl von Haider: Bei Haider ging es um einen Platz im Beiwagerl der ÖVP. Bei Kickls Kampf geht es um die ganze Macht und damit um Rechtsstaat und Pressefreiheit, um das Ende der alten ÖVP – und um die Zukunft der EU.

Kickl hatte von Anfang an nur ein Problem: Auf dem Platz, den die FPÖ unter Haider eroberte und lange unangefochten hielt, hatte sich inzwischen auch die ÖVP festgesetzt. Im Gegensatz zu Strache fand Kickl eine Lösung. Rechts vom politischen Feld, das der Boulevard der Massenzeitungen jahrelang für die FPÖ aufbereitet hatte, gab es neuen politischen Raum.

Dort tummelten sich plötzlich Menschen, die aus dem „alten politischen System" ausgestiegen waren. COVID-Pandemie und Ukraine-Krieg lieferten nach der Masseneinwanderung neue Motive. Wer glaubte, dass Impfen tötet, Asylverfahren die Bevölkerung austauschen und ein Putin-Sieg Energiekosten senkt, konnte jetzt für den freiheitlichen Marsch auf Wien abholt werden.

Station 13: Die Wahl

Am 29. September 2024 entscheidet sich zum dritten Mal, ob die ÖVP weitermachen kann. Aber diesmal ist alles anders als 2017 und 2019. Fast führungslos war die ÖVP zwei Jahre lang von Niederlage zu Niederlage getaumelt. Überall, wo die ÖVP Wahlen verlor, wartete die SPÖ und hielt der geschlagenen ÖVP beide Hände entgegen.

Seit Anfang 2023 suchte die ÖVP keine roten Hände. In der Volkspartei standen alle Zeichen auf „rechts". Von St. Pölten und Salzburg führte der türkise Weg zur FPÖ und in einen Block, der zum ersten Mal ein gemeinsames Fundament hatte: ein Programm des rechten Populismus und einen Plan zur Gleichschaltung von Rechtsstaat, Pressefreiheit und Parlament.

Wie Jörg Haider 1999 und Heinz-Christian Strache 2017 griff Herbert Kickl als dritter Führer der FPÖ nach der Macht. Zweimal hatte die ÖVP nach der Wahl leichtes Spiel. Aber beim dritten Mal war einiges anders.

Von Kurz zu Kickl – das zweite Regime

Seit dem 21. Jänner 1987 regierte die ÖVP im Bund fast ununterbrochen. Regierungsverhandlungen und Ministerratssitzungen, Dienstwagen und Dienstreisen, Inseratentöpfe und Spesenkonten – nach fast vierzig Jahren an der Macht war das Leben ohne das alles schwer vorstellbar. Immer mehr in der Partei fragten sich: Was sollte aus der Partei, wenn sie weder Steuergelder noch Posten zu vergeben hat, werden?

Das System „Kurz" war der organisierte Versuch der ÖVP, um jeden Preis allein an die Macht zu kommen, sie zu erhalten und sie auszubauen. Wenn dazu Tricks am Rande der Legalität notwendig schienen, wurden sie von fast allen in der Partei gedeckt. Nur eines wurde nicht geduldet: der Verlust der Macht.

Seit 2017 hieß „Macht" für die ÖVP längst nicht mehr das von Wählerinnen und Wählern erteilte Mandat, eine begrenzte Zeit zu zeigen, dass man es besser macht. „Macht" hieß Zugriff auf Ressourcen von Steuergeldern bis Polizei und Justiz, um andere zu kaufen, sich selbst zu schützen und jeden Widerstand auszuschalten.

Sieben Jahre später begann das System einzustürzen.

Der Einsturz der Säulen

Tagelang hatten in der ÖVP Gerüchte die Runde gemacht. Die Partei war nervös. Der stellvertretenden ÖVP-Generalsekretärin Gaby Schwarz gingen die Nerven durch. Spontan berief sie am 28. September 2021 eine Pressekonferenz ein und erklärte staunenden Journalistinnen: „Es ist nichts mehr da."[110] Noch bevor Hausdurchsuchungen stattgefunden hatten, versicherte Schwarz, dass man gelernt hätte, rechtzeitig zu löschen: „Es ist auch nichts zu finden, denn es gibt definitiv nichts."

Säule I:
Sebastian Kurz

Am Morgen des 6. Oktober 2021 standen die Ermittler mit Hausdurchsuchungs-Anordnungen in Bundeskanzleramt und Finanzministerium. Gaby Schwarz hatte ihr schlechtes Gefühl nicht getrogen. Im Laufe des Vormittags wurde in der ÖVP klar, dass ein Dammbruch drohte.

Die Grünen begannen zu wackeln. Am 7. Oktober 2021 lud Werner Kogler als Parteichef die anderen Parlamentsparteien zu Gesprächen: „Wir können nicht zur Tagesordnung übergehen, die Handlungsfähigkeit des Bundeskanzlers ist vor diesem Hintergrund in Frage gestellt."[111]

Die ÖVP versuchte hinter den Kulissen, alle zurück auf Linie zu bringen. Sie ließ ihre Regierungsmitglieder zur Unterschrift antreten. „Aus tiefster demokratischer Überzeugung stellen wir als Bundesministerinnen und Bundesminister der Republik Österreich hiermit klar: Eine ÖVP-Beteiligung in dieser Bundesregierung wird es ausschließlich mit Sebastian Kurz an der Spitze geben".[112] So endete ein offener Brief, der ihren Regierungsmitgliedern vorgelegt wurde. Unter dem türkisen Briefkopf der Partei unterschrieben von Klaudia Tanner über Susanne Raab, Martin Kocher und Magnus Brunner bis Karoline Edtstadler, Alexander Schallenberg und Karl Nehammer alle.

Mit dem Misstrauensantrag der Opposition, für den die Präsidiale des Nationalrats Dienstag, den 12. Oktober festgesetzt hatte, stand das Datum der Entscheidung über das Kurz-Schicksal fest. Die Grünen schwankten noch immer. Ein grüner Abgeordneter erzählt, wie es am entscheidenden Tag weiterging: „Der Werner ist mit Sigi Maurer in die Klubsitzung gekommen. Beide haben die ganze Zeit mit der ÖVP geredet und keine Ahnung gehabt, dass bei uns schon sieben Abgeordnete fix beschlossen haben, beim Misstrauensantrag mitzugehen." Mit sieben Abgeordneten der Grünen hatte der Misstrauensantrag eine sichere Mehrheit.

Kogler und Maurer merkten schnell, dass diesmal ein Versuch, dem Kanzler doch noch die Stange zu halten, keine Chance hatte. Der grüne Wind blies ihnen kurz ins Gesicht. Dann drehten sie sich gegen Kurz. Damit war sein Sturz besiegelt. So erlebte Sebastian Kurz zum ersten Mal persönlich, wie es ist, wenn man fallengelassen wird, weil man dem Partner zur Last wird.

Sebastian Kurz wusste, dass es vorbei war. Am Abend lud er zu einer Pressekonferenz und erklärte seinen Rücktritt als Bundeskanzler. Kurz-Vertraute Elisabeth Köstinger gab die Hoffnung noch nicht auf: „Aus Verantwortung für das Land tritt Sebastian Kurz einen Schritt zur Seite und wechselt bis zur Klärung der erhobenen Vorwürfe als Klubobmann in den Nationalrat".[113]

Zwei Monate später gab Kurz auch als Parteichef auf. Niemand aus seinem Regierungsteam war dabei, als er in der Parteiakademie den Rücktritt von allen Funktionen erklärte. Er schloss mit einer letzten Hoffnung: „Ich bin weder ein Heiliger noch ein Verbrecher".[114]

Wort des Jahres

„Mein Wort des Jahres lautet: KURZ!"[115] Im Dezember 2019 verkörperte „Sebastian Kurz" nicht nur für *Kronen Zeitung*-Kolumnisten Michael Jeannée die Zukunft. Im *Kurier* wunderte sich Chefredakteurin Martina Salomon: „Alles blickt jetzt auf Kurz. Am internationalen Jobmarkt fände er genügend besser bezahlte, deutlich weniger stressige Angebote. Eigentlich ein

Wunder, dass er sich das alles antut."[116] Wolfgang Fellner erkannte für *Österreich* schon im Oktober 2018 die globale Bedeutung des Jungkanzlers: „Das Phänomen an dem 31-jährigen ‚Wonderboy': Er agiert trotz seiner Jugend voll Routine, wird zum EU-Staatsmann – zum weltweiten Polit-Star, um den uns viele beneiden."[117] Christian Rainer wurde als Herausgeber von *profil* noch persönlicher: „Mit Sebastian Kurz würde ich gerne tauschen".[118]

Drei Jahre später war alles anders. Der Neid war der Berührungsangst gewichen. Fellner, Salomon und Jeannée hatten sich neuen Hoffnungen zugewandt. Nicht einmal Christian Rainer wollte mehr Sebastian Kurz werden.

Säulen II, III und IV:
Benko, Pilnacek, Raiffeisen

Nach dem Kurz-Sturz setzte eine Kettenreaktion ein. Im Zeitraffer sah das so aus:

Am 18. Oktober 2023 begann der Prozess gegen Ex-Kanzler Sebastian Kurz. Die Anklage lautete auf „falsche Zeugenaussage".

Am 20. Oktober 2023 starb Justiz-Generalsekretär Christian Pilnacek am Ufer eines Donau-Altarms in der Wachau. Am selben Tag begann die Jagd auf seine Datenträger.

Am 27. Oktober 2023 stellte mit „SIGNA Sports United" das erste Benko-Unternehmen einen Insolvenzantrag.

Am 29. November 2023 war Benkos SIGNA Holding GmbH selbst insolvent.

Am 23. Februar 2024 wurde Kurz – nicht rechtskräftig – verurteilt.

Am 7. März 2024 erhielt „Raiffeisen Bank International RBI" wegen ihrer Russland-Geschäfte eine letzte Warnung aus Washington.

Am 10. April 2024 begann die WKStA im Fall „Pilnacek" mit Ermittlungen gegen ÖVP-nahe Beamte.

Am 11. April 2024 war die SIGNA Holding GmbH in Konkurs.

Am 30. April 2024 erhielt die „Pilnacek-Kommission" der Justizministerin die Daten des Pilnacek-Laptops.

Die Macht der neuen türkisen ÖVP ruhte auf vier Säulen: auf verlässlichen Oligarchen wie René Benko und Sigi Wolf; auf der verlässlichen Pilnacek-Justiz, ihrer Kriminalpolizei und ihrem Verfassungsschutz; auf den verlässlichen Raiffeisen-Banken; und auf Sebastian Kurz selbst.

Niemand wusste, wie lange die einzelnen Säulen noch halten würden. Für die ÖVP waren die Zeiten der Stabilität endgültig vorbei.

Das andere Ufer

Sebastian Kurz war in Gipfelnähe abgestürzt. Unter Karl Nehammer ging es nicht mehr um politische Bergsteigerqualitäten. Die Oligarchen, die Kurz beim Gipfelsturm unter die Arme gegriffen hatten, waren ebenso weggebrochen wie der Schutz, den das System „Pilnacek" in der Strafjustiz bot.

Nehammers Partei stellte sich fast über Nacht eine neue Frage: Wie überlebt die ÖVP das als Regierungspartei? Wie konnte die Kettenreaktion, die gegen die Partei eingesetzt hatte, von der WKStA bis in wichtige Medien unterbrochen werden?

2024 war die ÖVP ins Schwimmen geraten. Aber wo war ein rettendes Ufer ohne WKStA und mit Medien, die sich mit Regierungsinseraten und „strategisch notwendigem Unsinn" ruhigstellen ließen?

Keiner wusste: Kann die ÖVP schwimmen? Und wenn ja: Wer bringt die angeschlagene Partei ans rettende Ufer? Eine einzige Frage stellte sich kaum jemand in der ÖVP: Wo ist das rettende Ufer? Offensichtlich war man sich längst einig: auf der anderen Seite, dort, wo bis jetzt die FPÖ alleine war.

In Linz beginnt's

Es begann in Linz. Am 21. Oktober 2015 erteilten die Parteivorstände von ÖVP und FPÖ ihren Verhandlern Vollmachten. Die ÖVP hatte bei der Landtagswahl so viel verloren, dass es sich mit den Grünen nicht mehr ausging. Josef Pühringer wechselte den Partner und stand an der Spitze der ersten schwarz-blauen Landesregierung.

Zwei Jahre später löste ihn Thomas Stelzer ab. Seit damals hat die FPÖ einen ÖVP-Landeshauptmann, auf den sie sich verlassen kann. *Der Standard* sah Stelzer und FPÖ-Chef Manfred Haimbuchner im März 2023 in der „Harmonie-Dauerschleife": „Auf ÖVP-Seite war nach der Wahl 2021 parteiintern rasch klar, dass es weiter nur mit der FPÖ gehen wird"[119].

Die Abgrenzungen zwischen ÖVP und FPÖ sind in Oberösterreich weitgehend verschwunden. Am 3. Februar 2024 übernahm Thomas Stelzer als Landeshauptmann den Ehrenschutz über den Linzer „Burschenbundball". Burschen aller Art wissen, dass ihre Ehre jetzt auch in Oberösterreich unter dem Schutz der ÖVP steht.

Oberösterreich war noch ein Einzelfall. Doch 2017 öffnete Sebastian Kurz auf Bundesebene das politische Haupttor für die FPÖ von Heinz-Christian Strache. Zum zweiten Mal war der Rechtsblock der Königsweg der ÖVP. Danach kam in den Ländern alles langsam ins Rutschen. Sechs Jahre später setzte in St. Pölten eine politische Kettenreaktion ein.

Liederbuch-Koalition

Im Jänner 2023 herrschten vor der Landtagswahl in St. Pölten klare Verhältnisse. Johanna Mikl-Leitner sagte einem einzigen möglichen Koalitionspartner schon vor der Wahl ab: der FPÖ unter Udo Landbauer, dessen Burschenschaft ein Liederbuch mit antisemitischen Inhalten herausgegeben hatte. „Was die Person ‚Landbauer' betrifft, ist sein Verhalten keine Basis für eine Zusammenarbeit in der niederösterreichischen Landesregierung." Einen Tag vor der Landtagswahl legte sie nach: „Wer den Ruf Niederösterreichs schädigt, kann kein Partner sein."[120]

Landbauer selbst schloss auch nur eines aus: Mikl-Leitner zur Landeshauptfrau zu wählen. Eine Koalition mit der „Moslem-Mama", wie Landbauer die ÖVP-Chefin taufte, sei ausgeschlossen: „Wir wählen Mikl-Leitner nicht zur Landeshauptfrau. Wir

Freiheitliche halten unser Versprechen!" Beide Parteien hatten die Verbindungstür zueinander fest verriegelt.

Ein paar Stunden nach der Wahl war die Tür wieder offen. „Rufschädiger" und „Moslem-Mama" stellten fest, dass sie als Einzige im Land zusammenpassten. Die ÖVP schlug ein billiges Angebot der SPÖ aus, weil von ÖVP und FPÖ nicht nur in Niederösterreich längst neue Weichen gestellt waren.

Die ÖVP ließ die Stimmzettel für die Wahl der Landeshauptfrau so ändern, dass die FPÖ ungültig wählen konnte, statt für Mikl-Leitner zu stimmen.[121]

Die Koalition zwischen Johanna Mikl-Leitner und Udo Landbauer war die erste Kickl-Koalition. Ihr FPÖ-Klubobmann war auch ihr blauer Steuermann. Reinhard Teufel hatte als rechte Hand für Herbert Kickl von Innenministerium bis in den FPÖ-Nationalratsklub alles geregelt. Jetzt bestimmte er als Kickls rechte Hand den Kurs in St. Pölten.

Salzburg fällt

Der nächste Dominostein fiel in Salzburg. Landeshauptmann Wilfried Haslauer galt als ÖVP-Bank gegen einen Deal mit der FPÖ. Bundespräsident Alexander Van der Bellen versuchte, ihm öffentlich den Rücken zu stärken. Aber es nützte nichts. Auch in Salzburg war die Partei bereits fest auf neuem Kurs. Nach der Wahl am 23. April 2023 zierte sich Haslauer noch wenige Wochen. Im Mai war dann auch Salzburg in den Händen der FPÖ.

„Ich bitte Sie alle, dieser Regierung eine Chance zu geben."[122] Als Landeshauptmann einer ÖVP-FPÖ-Koalition bat Wilfried Haslauer um das Vertrauen, das er in den Augen vieler gerade verspielt hatte. Wie in St. Pölten hätte die ÖVP auch in Salzburg eine Landesregierung mit der SPÖ bilden können. Aber die Weichen waren anders gestellt. ÖAAB[a], Raiffeisen, die „wichtigen Bundesländer" wie Niederösterreich und Oberösterreich und das Beraterteam rund um Bundeskanzler und Parteichef Karl Nehammer hatten längst den neuen Kurs bestimmt.

---

a Österreichischer Arbeitnehmerinnen- und Arbeitnehmerverbund, die Arbeitnehmer-Organisation der ÖVP

Wilfried Haslauer machte in Salzburg klar, dass die „Liederbuch"-Koalition kein Ausrutscher, sondern ein weiterer Schritt auf dem Weg zur FPÖ war.

Reif für Kickl

24 Jahre nach der gemeinsamen Fahrt in Jörg Haiders Hypo-Alpe-Adria-Leasing-Porsche versuchte Wolfgang Schüssel ein zweites Mal, das Eis zu einem „ausgegrenzten" FPÖ-Chef zu brechen. „Kein österreichischer Politiker ist ein Dämon", hielt Schüssel im März 2024 zu Kickl fest. „Wir sollten uns einmal befreien von dieser Zuspitzung, dieser Polarisierung, dass die einen die Lichtgestalten und die anderen die Beelzebuben sind."[123]

Schüssel war nicht der Erste, der die ÖVP-Tür zu Kickl wieder aufmachte. Am 8. April 2023 übertitelte die *Kronen Zeitung* ihr Interview: „Nächster ÖVP-Politiker öffnet Tür zur Kickl-FPÖ."[124] Darin fragte die Redakteurin Finanzminister Magnus Brunner: „Die Umfragen sagen voraus, dass nach der nächsten Nationalratswahl kein Weg an der FPÖ vorbeiführen wird. Ist eine Koalition mit Kickl für Sie vorstellbar?" Die Antwort des ÖVP-Ministers kam für viele überraschend: „In vielen Bundesländern gibt es und hat es Koalitionen mit der FPÖ gegeben. Ja, die FPÖ macht es einem derzeit nicht leicht. Aber ich denke, das muss man pragmatisch sehen."

Kurz darauf ruderte Brunner zurück: Er habe nur Niederösterreich gemeint. Aber die nächste blaue Katze war längst aus dem ÖVP-Sack. Ein knappes Jahr später verlangte niemand mehr von Wolfgang Schüssel ein Zurückrudern.

Beruf: FPÖ

Auf der anderen Seite des Ufers wartete die FPÖ. Nach Straches Video-Sturz hatte Herbert Kickl die Führung der Partei übernommen. Strache hatte vor seiner politischen Karriere in der Privatwirtschaft gearbeitet. Herbert Kickl hat sich diesen Umweg erspart.

Im Gegensatz zu Sebastian Kurz begann Herbert Kickl gleich vier Studien an der Universität Wien: Geschichte, Philosophie,

Publizistik und Politikwissenschaft. 1995 bekam er seine erste Arbeit bei der Freiheitlichen Akademie. Ein Jahr später brach Kickl alle Studien ab, weil er bereits einen Beruf hatte: „FPÖ".

Wie Sebastian Kurz hat Herbert Kickl sein gesamtes berufliches Leben in der Partei verbracht, zuerst als Mitarbeiter und dann als Geschäftsführer der Freiheitlichen Akademie. Im April 2005 holte die Partei Kickl als Generalsekretär in ihre Zentrale. Im Oktober 2006 gewann Kickl eine entscheidende Auseinandersetzung in der FPÖ.

Beim Kampf um den dritten Listenplatz entschied sich Strache gegen den Konkurrenten Ewald Stadler und für Kickl. So bekam der spätere Strache-Nachfolger sein erstes Nationalratsmandat. Kickls Amt als Innenminister war zwischen Dezember 2017 und Mai 2019 die einzige Unterbrechung eines FPÖ-Dauermandats im Nationalrat.

Wer die FPÖ führt, erklärt Strache der „russischen Oligarchin" im Ibiza-Video: „Die letzte Entscheidung treffe immer ich, aber ich habe natürlich meinen engen Beraterkreis, das ist Kickl, Hofer, mein ... unser Psychologe, der Ferdinand Stürgkh, du [Gudenus], Ende."

Schreiber, Dichter, Drahtzieher

Christa Zöchling hat Kickl schon 2013 für *profil* porträtiert: „Die besten von Kickls Sprüchen seien, noch zu Haiders Zeiten, im Suff entstanden, so erinnerte sich zumindest Stefan Petzner."[125] Von „Pummerin statt Muezzin" bis „Daham statt Islam" bestimmte Kickl mit seinen Reimen den Ton seiner Partei. „Die Poeten, wenn Sie so wollen, waren der Kickl, der G. und ich",[126] erzählte der FPÖ-nahe Psychotherapeut und Psychoanalytiker Ferdinand Stürgkh in *News*.

2017 war Herbert Kickl noch nicht der logische Nachfolger. FPÖ-Klubobmann Johann Gudenus erklärte das in Ibiza anhand eines Flugzeugabsturzes: „Also, das heißt, wenn jetzt, ahm, jetzt etwas passieren würde, ein Flugzeug (gemeint; Flugzeugabsturz) Norbert Hofer und dann ich."[127] Strache verließ sich auf die „klaren" Strukturen seiner Partei: „Schau', oiso bei unserer Partei ist das ganz klar hierarchisch geregelt. Wir haben ein Netzwerk. Bei uns ist das klar hierarchisch geregelt."[128] 2017 glaubte er noch an eine lange Regentschaft: „Du kannst davon ausgehen, solange ich nicht tot bin, habe ich die nächsten 20 Jahre noch das Sagen. In welcher Position auch immer."[129]

Zwei Jahre später waren Strache und Gudenus Geschichte und Kickl an der Reihe. Im Vergleich zu Haider und Strache genoss Kickl einen Startvorteil: Die tiefen sachpolitischen Gräben zwischen ÖVP und FPÖ waren weitgehend zugeschüttet. Zum ersten Mal hatten die beiden Rechtsparteien von Ausländern und Umwelt bis zu Schutz vor Millionärssteuern und Strafverfolgung ein festes gemeinsames Fundament. Während sich die ÖVP von einer christlichsozialen zu einer rechtspopulistischen Partei gewandelt hatte, war die FPÖ noch einen großen Schritt weiter nach rechts gerückt.

TEIL 4:
HUREN DER
REICHEN

„Vergiss nicht - du hackelst im ÖVP Kabinett!!
Du bist die Hure für die Reichen!"[130]
Thomas Schmid, 6. Jänner 2017

Am 6. Dezember 2021 wurde Karl Nehammer als Bundeskanzler angelobt. Wer sich die Mühe macht, den rhetorischen Stolperpfad des Kanzlers abzugehen, stößt auf die Kernstücke des FPÖ-Programms – im Nehammer-Originalton und in der FPÖ-Übersetzung:

N: „Die einen arbeiten für das Geld – und die anderen bekommen es." – FPÖ: „Schluss mit Sozialschmarotzern!"

N: Reform der Sozialhilfe: Wer weniger als fünf Jahre in Österreich lebt, soll nur die Hälfte erhalten. – FPÖ: „Unser Geld für unsere Leut'!"

N: „Ich bin dagegen, den Verbrennungsmotor zu verbannen." – FPÖ: „Nein zum Anschlag auf das Auto!"

N: „Klimaschutz mit Hausverstand" – Kickl: „Naturschutz mit Hausverstand".

N: „Wir entscheiden, wer nach Österreich kommt – und nicht die organisierte Kriminalität." – FPÖ: „Festung Österreich".

N: Für Asylwerbende soll es künftig mehr Sach- statt Geldleistungen geben. – Kickl: „All das fordern wir Freiheitliche seit Jahren."

Sebastian Kurz hatte der ÖVP einen neuen Kern eingepflanzt. Er war blau und nicht türkis. Im Projekt „Ballhausplatz" zeichnete Kurz-Chefstratege Stefan Steiner für seinen Chef die „Grundlinien Wahlprogramm". Unter „inhaltlich" machte er klar, dass es 2017 vor allem um eines ginge: um „FPÖ-Themen, aber mit Zukunftsfokus". Das Ziel war ein Bild: „Arbeit und Wirtschaft gehören zusammen, nicht gegeneinander" – „von der Arbeit leben, selbst ein Haus bauen" – „Respekt vor Eltern, Großeltern". Steiners Bild beschreibt das Ziel der neuen ÖVP: die türkise Volksgemeinschaft, die „Familie".

Im Zentrum des Bilds stand der Führer. Um ihn scharten sich Alt und Jung, Hausfrauen und Häuslbauer, ehrliche, hart arbeitende Österreicher. Im Ibiza-Video beschwerte sich FPÖ-Klubobmann Johann Gudenus bei der „russischen Oligarchin": „Du, weil ihr neuer Kandidat unser ganzes Programm kopiert. Über unser Programm schreiben sie immer schlecht und über seines gut."[131]

Die Masse der kleinen Männer

Der Versuch war so nachhaltig gelungen, dass von der alten, christlichsozialen Partei in der ÖVP kaum etwas übriggeblieben war. Die Verachtung armer Familien und alleinerziehender Frauen war jetzt Programm. Der Hass auf das „andere" kam dazu. Wer fremd, arm oder „anders" war, war nicht normal. So hatten das schon früher völkische Parteien gesehen, und so sahen das die Freiheitlichen in FPÖ und ÖVP. Ihr Ziel war dasselbe: aus der großen Masse der „kleinen Männer" Gefolgschaft zu machen.

Wenn zwei Parteien eine Regierung bilden, stellt sich immer dieselbe Frage: die nach der Handschrift. Wessen Politik wird gemacht? Was Programme und ihre Umsetzung angeht, unterscheiden sich ÖVP und FPÖ ganz wesentlich. Auf Bundesebene ist die ÖVP seit fast vierzig Jahren Regierungspartei. Wenn sie ein Programm schreibt, dann will sie es auch umsetzen. Mit Raiffeisen, Großbanken, Industriellen, Boulevard-Herausgebern und einer Gruppe von Oligarchen erwarten ihre Gönner, dass die Versprechen der Partei in der Regierung halten.

Ganz anders ist es bei der FPÖ. Als geborene Oppositionspartei sind für sie Programme Mittel zur Mobilisierung. Sie versprechen, um zu ködern. Die wenigen Gönner stehen meist selbst weit rechts und greifen aus Überzeugung in die eigene Tasche. Wenn mit dem Wahlsieg das Ziel erreicht ist, sind die Programme bedrucktes Altpapier.

Aus diesen Gründen unterscheiden sich die Programme der ÖVP von denen der FPÖ. Niemand in der ÖVP käme auf die Idee, die Halbierung der Gewinnsteuern, die Förderung des Hauseigentums gleichzeitig mit der Deckelung von Energiepreisen und Mieten zu verlangen. Aber niemand in der ÖVP kommt auch auf die zweite Idee: dass die FPÖ ihre Forderungen ernst meint.

Renate Graber und András Szigetvari merkten zur Wirtschaftspolitik der FPÖ im *Standard* an: „Auf der einen Seite wolle sie ihre wirtschaftsliberalen Inhalte aufrechterhalten, auf der anderen Seite müsse sie eine Wählerschaft bedienen, die immer stärker sozialstaatliche Unterstützungsprogramme wünsche."[132]

So kam es zur schwarz-blauen Wirtschaftsregel: Die FPÖ weiß oft nicht, was sie tut. Die ÖVP weiß es genau.

Ein Beispiel dafür lieferte der Streit um den 12-Stunden-Tag.

12-Stunden-Tag

Wenn es wie 2000 und 2017 ans Regieren geht, schlägt für die FPÖ die Stunde der wirtschaftspolitischen Wahrheit. Dann könnte sich die ÖVP darauf verlassen, dass die FPÖ umfallen würde, wie bei der Wiedereinführung des 12-Stunden-Tags am 1. September 2018. Seitdem werden nicht nur in der Gastronomie Beschäftigte gezwungen, 60 Stunden in der Woche und 12 Stunden pro Tag ohne Überstundenzuschläge in Gleitzeit zu arbeiten. Ihr Recht, die Mehrarbeit abzulehnen, besteht meist nur auf dem Papier.

Eine Studie von Deloitte und Universität Wien zeigte, dass 20 Prozent der Unternehmen ihre Mitarbeiter sofort in den 12-Stunden-Tag schickte. „Die Banken- und Versicherungsbranche hat diese Möglichkeit am häufigsten genutzt."[133]

Inzwischen will die Industriellenvereinigung mehr: die 41-Stunden-Woche als Regelarbeitszeit – ohne Lohnausgleich.[134] ÖVP-Ministerin Karoline Edtstadler sekundierte im April 2024: „Wenn wir unseren Wohlstand erhalten wollen, müssen wir mehr als weniger arbeiten."[135]

In den Regierungen, die ÖVP und FPÖ seit 2000 miteinander gebildet haben, haben zwei Umstände das Miteinander erleichtert: Das Minister-Personal der FPÖ war im Regelfall zu schwach, um eigene sachliche Akzente zu setzen. Und: Die ÖVP wanderte politisch immer mehr dorthin, wo die FPÖ mit ihren Parolen erfolgreich war.

FPÖ schwarz

In den beiden Schüssel-Regierungen sucht man zwischen 2000 und 2006 vergeblich nach einer blauen Handschrift. Mit der ÖVP regierte nur eine Partei. Die FPÖ machte mit. Die einzige blaue Schrift war die Unterschrift unter alles, was die ÖVP wollte.

Vom Verkauf der staatlichen Beteiligungen an Schlüsselbetrieben bis zu Pensionsreform und Eurofighter setzte sich die

ÖVP durch. Jedes Mal, wenn die FPÖ bei einem ihrer Leibthemen einen Haken zur ÖVP schlagen musste, sah Schüssel, dass die Freiheitlichen weiter an der Leine durch die Politik geführt werden konnten.

„Eurofighter" war auch für Haider der Prüfstein. Den Nationalratswahlkampf 2002 hatte er noch mit Parolen gegen Abfangjäger führen lassen. Dann kamen Angebote von EADS-Lobbyisten. Haider entdeckte sein Herz für die militärische Luftfahrt, und fünf Millionen Euro flossen über Briefkästen von Vector Aerospace in London durch eine Kette von Briefkästen nach Klagenfurt. Wenigen in der FPÖ fiel auf, dass bei den „Projekten" des Landeshauptmanns nur vier Millionen ankamen.

Als Wolfgang Schüssel und seine Regierung 2006 abgewählt wurden, wusste in der Strafjustiz kaum jemand, dass mit der Aufarbeitung ihrer Affären so viel Arbeit bevorstand wie bei keiner Regierung davor. Niemand konnte sich damals allerdings vorstellen, dass Sebastian Kurz seinen Lehrmeister übertreffen würde.

Die erste Koalition zwischen ÖVP und FPÖ brachte die erste konservative Wende in der Wirtschafts- und Sozialpolitik. Das Pensionssystem wurde so „reformiert", dass ÖVP-Klientel wie die Beamten geschont wurden. ÖGB und Arbeiterkammer wurden aus der Sozialversicherung gedrängt, ÖVP-nahe Unternehmer übernahmen die Macht. Mit der Selbstverwaltung der Sozialversicherung wurde eine der großen Errungenschaften des Sozialstaats zerschlagen.

Schüssel und Grasser verkauften von Voestalpine, VA-Tech und Telekom Austria bis BUWOG, Postsparkasse, Dorotheum und Austria Tabak fast alles, was vom Tafelsilber der Republik noch da war. Statt verlässlicher Einnahmen auf Dauer gab es Einmalerlöse und einen Kanzler, der das gemeinsam mit seinem Finanzminister als wirtschaftliche Großtat verkaufte. „Die Privatisierung der Industrie ist mit wenigen Ausnahmen ein Theaterstück mit Umfärbungen, teuren Engagements und millionenschweren Abfertigungen",[136] resümierte *Der Standard* im Februar 2005.

Der Verkauf der BUWOG-Bundeswohnungen beschäftigte die Strafjustiz und führte am 4. Dezember 2020 zur – nicht rechtskräftigen – Verurteilung von Schüssels politischem Ziehsohn Karl-Heinz Grasser wegen Untreue, Fälschung von Beweismitteln und Geschenkannahme zu acht Jahren Haft.

ÖVP blau

Zwölf Jahre später war vieles anders. Inzwischen täuschten die alten Namen. Wer glaubte, dass mit der ÖVP eine christdemokratische und mit der FPÖ eine nationaldemokratische Partei 2024 um die Macht kämpfen würden, hatte die größte Wandlung im österreichischen Parteiensystem einfach übersehen. Dort, wo jetzt „ÖVP" draufstand, kandidierte eine schwarze Partei unter türkiser Farbe mit einem schwarz-freiheitlichen Programm. Dort, wo „FPÖ" draufstand, mobilisierte das Original.

Sebastian Kurz hatte diese Weiche gestellt. Die ÖVP wusste genau, mit welchen Themen die FPÖ gewann. Jetzt sollte die ÖVP nicht mehr dagegenhalten, sondern der FPÖ ihre Themen wegnehmen. Das wichtigste Signal hatte Kurz 2017 selbst mit der „Schließung der Balkanroute" gesetzt. Die ÖVP hatte den Kampf gegen Einwanderung, Asyl und Ausländer aufgenommen.

Ein Block, ein Programm

Im Gegensatz zu 2017 hatten beide Parteien im Jahr 2024 über weite Strecken bereits dasselbe Programm. Dort gab es wenige Gewinner und viele Verlierer. Das Programm des gemeinsamen Rechtsblocks hatte drei Kerne:

1. Wirtschafts- und Sozialpolitik für eine Minderheit „oben" gegen eine Mehrheit „unten";
2. Kontrolle und Gleichschaltung von Polizei, Justiz und Medien;
3. Mobilisierung über Kampfthemen wie „Ausländer", „Gendern" und „Familie".

Erben statt arbeiten

Immer, wenn es um die Besteuerung der größten Vermögen geht, hat der „Häuslbauer" seinen unvermeidlichen Auftritt. Im September 2023 holte ihn Herbert Kickl zu sich auf die Bühne: „Am Ende sollen aus der Vermögenssteuer genauso wie aus der Erbschaftssteuer Massensteuern werden, die jeder Unternehmer, jeder Häuslbauer und schlichtweg jeder Bürger, der sich in seinem Leben etwas geschaffen und erarbeitet hat, zahlen muss! Das ist das genaue Gegenteil von Gerechtigkeit und daher strikt abzulehnen! Die sogenannten ‚Superreichen' haben nämlich Mittel und Wege, sich solchen Steuern zu entziehen", so Kickl.[137]

Die Häuslbauer sind im Großen und Ganzen dieselben wie die „arbeitenden Menschen". Nur eine kleine Minderheit kann in Österreich vom – meist ererbten – Vermögen leben. Der große Rest arbeitet, unselbstständig oder selbstständig, ganztags, halbtags oder saisonal.

Diese Menschen zahlen mehrfach Steuern und Abgaben: Einkommensteuer für ihre Löhne, Gehälter oder Einnahmen aus ihrer selbstständigen Arbeit; Sozialversicherungsbeiträge für jedes ihrer Einkommen; Mehrwertsteuer für das, was sie einkaufen.

Oxfam, das Netzwerk Steuergerechtigkeit und das Momentum Institut sind dem Unterschied zwischen „oben" und „in der Mitte" nachgegangen. „Während eine Mittelschichtfamilie etwa 42 Prozent ihres Einkommens an Steuern zahlt, gibt der österreichische Muster-Millionär nur 30 Prozent ab."[138] Bei Milliardenerben ist das noch drastischer: „Bei Mark Mateschitz sind es sogar nur 26 Prozent. Obwohl Mateschitz 14.000-mal mehr Bruttoeinkünfte und 143.000-mal mehr Vermögen besitzt als die Mittelschicht-Familie, zahlt er nur 9.000-mal so viele Steuern und Abgaben wie sie".

Das hat Folgen: „Das Vermögen der aktuellen österreichischen Milliardär*innen ist zwischen 2002 und 2023 im Durchschnitt jährlich um 11,19 Prozent angewachsen. Es verdoppelt sich somit alle 7 Jahre."[139]

Österreich fällt dabei aus dem europäischen Rahmen: „Das Gesamtvermögen der 10 Reichsten ist zwischen 2002 und 2023 von 24 auf 110 Milliarden Euro, jenes der 100 Reichsten von 46 auf 212 Milliarden Euro angewachsen. Es verfünffachte sich also jeweils."

Wohin das führt, zeigen die Chats von René Benko, Sigi Wolf und ihren Mitmilliardären. In Österreich können sie sich von Politik bis Finanzamt alles leisten. Daher nehmen sie sich alles.

ÖVP und FPÖ sind die Parteien, die dafür sorgen, dass das so bleibt. Zugunsten der Reichsten verzichten sie auf rund 22 Milliarden Euro pro Jahr, die eine mit den USA und Kanada vergleichbare Vermögenssteuer brächte.[140]

Gabriel Zucman ist weltweit der renommierteste Ökonom, der sich damit beschäftigt. Sein Befund über Österreich steht fest: „Österreich ist ein bisschen ein Außenseiter, was Erbschafts- und Schenkungssteuer betrifft, weil es hier keine gibt. Auch Italien und die USA haben keine bis wenig Erbschaftssteuer. Aber die meisten Länder mit hohem Einkommen haben sie sehr wohl und Österreich ist da eine Ausnahme."[141]

In Zukunft wird es immer mehr um dieses Geld gehen: „Es ist ein großes Problem, wenn man Erbschaft nicht besteuert, weil genau dieses Geld eine wachsende Rolle in der Wirtschaft spielt. Also in den nächsten Jahren wird es sehr viel Vermögen geben, das der nächsten Generation übergeben wird. Erbschaften sind extrem konzentriertes Vermögen. Die meisten Menschen erben fast bis gar nichts. Aber die wenigen Multi-Millionenerb:innen nicht zu besteuern, das ist schon allein aus einem fairen Leistungsgedanken heraus schwer zu akzeptieren. Erben ist keine Leistung."

Carmen Jeitler-Cincelli berief sich als ÖVP-Abgeordnete in einer Nationalratssitzung auf andere Quellen: „Meine Mama hat immer gesagt: Carmen, wenn es einigen wenigen sehr, sehr gut geht, nur dann kann es uns allen gut gehen! Danke, Mama!"

Wie seine Abgeordnete braucht der gesamte Rechtsblock für das, was er vertritt, keine sachlichen Argumente. Wenn es nach ÖVP und FPÖ geht, wird weiterhin nur Leistung besteuert, damit die, die sich alles leisten können, nichts leisten müssen.

Vollgas

Türkise Wirtschaftspolitik erkennt man in Österreich am Gaspreis. Von Jänner 2021 bis Jänner 2024 stiegen in der EU die Preise für Gas um 65 Prozent.[142] Das ist der Durchschnitt. Weit darunter lag Spanien mit 5 Prozent. Auf der anderen Seite zeigte Lettland mit 136 Prozent, wie man es nicht machen sollte. Darüber gab es nur ein Land: Österreich mit 201 Prozent Steigerung des Gaspreises in drei Jahren.

Die spanische Regierung stand erfolgreich auf der Gaspreisbremse. Die Regierungen in Lettland und Litauen tippten ab und zu darauf. In Österreich war die Bremse ausgebaut.

In fast allen wirtschaftlichen Fragen konnte man sich darauf ausreden, dass alles mit allem verbunden und damit kompliziert sei. Beim Gaspreis war das anders: Man bremste ihn – oder nicht. Es war die Frage einer politischen Entscheidung, ob auf den Preis der Deckel kommt.

Die österreichische Regierung wollte keine Deckel. Sie wollte nicht in den Markt eingreifen. Aber was war der Markt für Gas? Vom russischen Überfall auf die Ukraine profitierten vor allem die, die das Gas verteilten. Die Kriegsgewinne waren das, was Ökonomen „windfall profits" – Zufallsgewinne – nennen. Die „Leistung" des Unternehmers bestand ausschließlich darin, die Chance auf Preiserhöhung ohne Rücksicht auf die Konsumenten zu nützen.

2022 war für die OMV ein Rekordjahr. *Der Standard* meldete: „Das operative Konzernergebnis wurde mit 12,25 Milliarden Euro mehr als verdoppelt, nach Abzug von Steuern bleibt ein Gewinn von 5,175 Mrd. Euro. Der Nettogewinn fällt damit um 85 Prozent höher aus als im Vorjahr."[143] Der Rekordgewinn hatte zwei Gründe: die um 75 Prozent höheren Marktpreise und die fehlende Preisbremse.

Ihre fünf Milliarden Euro Gewinn verdankte die OMV den Energiepreiserhöhungen. Sie wurden von Konsumentinnen, die nicht durch die Regierung geschützt wurden, bezahlt.

Mehr als die Hälfte der Gasheizungen befindet sich in Mietwohnungen. Damit traf die fehlende Preisbremse vermehrt die Menschen, deren Einkommen nicht mehr für ein Leben über der Armutsgrenze reichten.

Die Jux-Milliarde

Beate Hartinger-Klein stellte als FPÖ-Gesundheitsministerin Weichen. Unter ihrer Führung wurde die Sozialversicherung der Arbeitnehmerinnen den Unternehmern ausgeliefert. Seitdem werden Leistungen abgebaut, Kosten verschoben und Schließungen ganzer Bereiche wie der Unfallkrankenhäuser und ihrer Reha-Einrichtungen vorbereitet. Eine FPÖ-Ministerin verantwortete damit den größten Einschnitt in das Sozialsystem der Zweiten Republik.

Der Köder, mit dem ÖVP und FPÖ die Betroffenen auf ihre Seite ziehen wollten, hieß „Patientenmilliarde". Die Einsparungen durch die „Zusammenlegung" der Sozialversicherungsträger würde für die Patientinnen eine Milliarde Euro sparen.

Der Rechnungshof rechnete nach und kam zu einem überraschend klaren Schluss: „Dabei ergab sich anstelle der Einsparung von 1 Mrd. Euro ein Mehraufwand von 214,95 Mio. Euro."[144] Wie man heute weiß, war die Patientenmilliarde der größte Schwindel der Regierung, die Sebastian Kurz und Heinz-Christian Strache miteinander gebildet hatten.

Wo das „Zielsteuersystem" zu Hause war, erfuhren die Abgeordneten erst 2024 im COFAG-Untersuchungsausschuss. Dort überraschte Beate Hartinger-Klein alle mit einer Schilderung, wie es dazu gekommen war: Die Patientenmilliarde sei ein „Marketing-Gag" aus dem Bundeskanzleramt gewesen. Sebastian Kurz' Kommunikationschef Gerald Fleischmann habe ihn erfunden. Sie als Ministerin habe, als sie davon hörte, einen „Wutanfall" bekommen.[145]

Auf der Website des Bundeskanzleramts lässt sich heute noch der gemeinsame Auftritt von Sebastian Kurz, Heinz-Christian Strache und Beate Hartinger-Klein am 14. September 2018 abrufen. Weder Kurz noch Strache merkten, dass die Gesundheitsministerin direkt neben ihnen gerade an einem Wutanfall litt.

Das gemeinsame Ziel von FPÖ und ÖVP hatte Hartinger-Klein schon ein halbes Jahr davor formuliert. Der Allgemeinen Unfallversicherungsanstalt (AUVA) war ein Ultimatum gestellt worden: entweder 500 Millionen Euro einsparen oder zusperren. Die Gesundheitsministerin „gehe auch davon aus, dass die AUVA die 500 Millionen nicht auf die Reihe bringen werde. Deshalb werde es ‚nach derzeitigem Stand‘ zur Auflösung kommen", berichtete der *Kurier*.[146]

Aber was störte ÖVP und FPÖ an der AUVA? Im Gegensatz zu anderen Trägern der Sozialversicherung wurde die AUVA vor allem aus Beiträgen der Arbeitgeber finanziert. Das sollte abgestellt werden, nur darum schien es der Ministerin zu gehen.

Mit der Abschaffung der Selbstverwaltung der Sozialversicherungen wurde ein weiteres Ziel erreicht. Bis zur Verschmelzung der 21 Sozialversicherungsträger auf fünf waren die Arbeitnehmervertreter in der Mehrheit. FPÖ und ÖVP sorgten für einen Gleichstand. Mit Regierung und Sozialministerin im Rücken hatte die Unternehmer auch hier die Macht übernommen.

Dazu kamen die „Reform" der Mindestsicherung als „Sozialhilfe neu" und der „Familienbonus" als weitere Zeichen, dass Armutsbekämpfung und fairere Verteilung unerwünscht waren.[147]

Der fossile Block

In einem weiteren Punkt waren sich ÖVP und FPÖ längst einig: Der Umwelt geht es gut genug. Sie verträgt weitere Seilbahnen, Verbrennungsmotoren und Gasheizungen.

„Ich werde mit Genuss in mein Auto einsteigen, Audi Turbodiesel 300 PS."[148] Wenn Herbert Kickl seine 300 PS aufheulen ließ, wollte ihn Karl Nehammer daran nicht hindern. Der „Untergangsapokalypse, die gezeichnet wird", wollte er „klar entgegentreten". Dafür gebe es „keinen wissenschaftlichen Beweis".[149]

Nehammer und Kickl verkörpern beide Spielarten des Klimaleugners. Während Nehammer für das fossile System Krücken wie den „grünen Verbrenner" sucht, scheint Kickl stolz auf seine Verweigerung der Realität.

Gegen die Grünen in ihrer gemeinsamen Regierung stand die ÖVP auf der Klimaschutz-Bremse. Der „Nationale Energie- und Klimaplan (NEKP)", den die EU-Kommission auch von Österreich einforderte, wurde von ÖVP-Ministerin Karoline Edtstadler so lange blockiert, bis die Kommission ein Vertragsverletzungs-verfahren gegen Österreich einleitete. 21 Pläne lagen in Brüssel fristgerecht vor. Der 22. Plan war fertig, doch die ÖVP brach lie-ber EU-Recht, als sich in Brüssel am Klimaschutz zu beteiligen. Im Mai 2024 war Österreich das einzige EU-Land, das eine grüne Regierungsbeteiligung und keinen nationalen Klimaplan hatte.

Extremwetter und abschmelzende Gletscher; großflächiges Fichtensterben und vertrocknende Wälder; Hochwasser und erste Hurrikans; Ende des schneereichen Wintertourismus und Kunstschneefahrten zwischen braunen Wiesen – das ist für Ne-hammer und Kickl eine Normalität, an der nur eines stört: die Angst, die „gemacht" werde.

Nicht nur Umweltschützerinnen waren sich sicher: Wenn die Grünen in der Regierung der FPÖ Platz machen müssten und das Umweltministerium zwischen FPÖ und ÖVP hin- und herge-schoben würde, stünde das „Aus" für Klimaschutz und Umwelt-politik bevor.

Das wichtigste sachliche Ergebnis des Rechtsblocks lag in sei-ner Verschiebung der Leitthemen. Was von Brüssel bis Wien vor wenigen Jahren noch Klimaschutz gewesen war, war jetzt der Kampf gegen Einwanderung und Asyl. Dabei hatte Österreich seit der mehrmaligen „Schließung der Balkanroute" eine der Vor-reiterrollen gespielt.

Ausländer raus

Egal ob es um Mieten, Arbeitsplätze oder Spitalsbetten ging, die FPÖ hatte auf alles dieselbe Antwort: Schuld sind die Auslän-der. Seit ihr die ÖVP auf diesem Weg gefolgt ist, haben beide ein gemeinsames Leibthema. „Die Ausländer" sind inzwischen das stärkste Bindemittel zwischen Türkis und Blau.

„Es ist völlig unverständlich. Beide arbeiten in Mangelberufen, und wir brauchen solche Leute, vor allem, wenn sie so gut und umfänglich integriert sind wie diese Familie."[150] Niemand im oberösterreichischen Haslach an der Mühl verstand, was am 11. April 2023 um 5 Uhr früh passiert war.

Polizisten hatten die Tür zur Wohnung aufgebrochen und eine 40-jährige Frau mit ihren zwei Kindern mitgenommen. Die Frau aus Indien arbeitete als Köchin, ihre 21-jährige Tochter wurde gerade zur Altenpflegerin ausgebildet.

In ganz Österreich passiert dasselbe: Gut integrierte Menschen werden aus Arbeit und Ausbildung gerissen und abgeschoben. Ihre Nachbarn, Mitschülerinnen, Bürgermeister und Arbeitgeber kämpfen für sie, weil sie wissen, dass sie gebraucht würden.

Ein Urteil schaffte es sogar auf die Website der Europäischen Kommission: „Der österreichische Verwaltungsgerichtshof stellte nun in einem Urteil letztinstanzlich fest, dass diese Abschiebung rechtswidrig war."[151] „Diese Abschiebung" betraf die 12-jährige Tina. In Österreich geboren und gut integriert, ließ sie der Innenminister mit ihrer Mutter und Schwester festnehmen und nach Georgien abschieben. Der Minister, der damit geltende Gesetze gebrochen hatte, hieß Karl Nehammer.

Hassprediger bleiben

Gleichzeitig versammelten sich „Asylwerber" in Hassmoscheen und ließen sich dort von ihren Predigern scharfmachen. Bosnische Dschihadisten pendelten zwischen fünf westbosnischen IS-Gemeinden und ihren Wohnungen in der Steiermark. Ihre Autos hatten Grazer Kennzeichen. In Orten wie Gornja Maoča begrüßte sie beim Ortseingang ein Wandgemälde mit dem Wappen des Islamischen Staats. Dort trafen sie ihre bewaffneten Verbindungsmänner, die in Gornja Maoča das wichtigste IS-Anwerbezentrum in Bosnien-Herzegowina betreiben.[152]

In Graz und Wien wurde „rekrutiert", in den bosnischen IS-Gemeinden fand die Ausbildung statt. In Gornja Maoča wurde entschieden, wer nach Wien fuhr und von dort zu seinem Einsatzort in Syrien oder im Irak flog. „Heute machen viele Bosnier eine Zwischenstation in Wien, bevor es über Istanbul in die Gebiete geht, die vom ‚Islamischen Staat' kontrolliert werden", beschrieb der *Tagesspiegel* die Bedeutung Wiens als vorletzte Station vor dem Krieg.

Regelmäßig schickte der bosnische Geheimdienst OSA Fotos der bärtigen Männer in ihren Grazer Autos an den steirischen Verfassungsschutz. Aber dort waren viele Hände gebunden. Es fehlte an Personal und am politischen Willen.

Von Wolfgang Sobotka und Karl Nehammer bis Herbert Kickl und Gerhard Karner kann man sich auf eines verlassen: dass die Falschen bleiben und die Falschen abgeschoben werden. Aber warum?

Es scheint unwahrscheinlich, dass Nehammer und Kickl radikale Islamisten nicht abschieben, um aus Konflikten mit ihnen in Österreich politisch zu profitieren. Eine andere Antwort klingt plausibler: Wehrlose Kinder lassen sich weit einfacher abschieben als gewaltbereite Islamisten.

Die Landesämter für Verfassungsschutz leiden unter Personalmangel. Innenminister von ÖVP und FPÖ haben „vergessen", in den Kampf gegen den islamistischen Terror zu investieren. Für Kinderabschiebungen reicht eine Weisung an die lokale Polizei. Außer einem schlechten Gewissen haben die Beamten dabei nichts zu riskieren.

Ein zweiter Grund heißt „Propaganda". Wer Terrorverdächtige abschiebt, macht „nur" das, was man von der Polizei erwartet. Wer aber Kinder in Schubhaft steckt, zeigt damit, dass er zu allem bereit ist, um die „Ausländerflut" einzudämmen. Kickl und Nehammer nehmen sich Kinder vor, weil es sich politisch lohnt.

Damit es sich lohnt, brauchen ÖVP und FPÖ propagandabereite Medien.

Erfolgreicher Absturz

Jahr für Jahr listet „Reporter ohne Grenzen" alle Staaten nach dem Ausmaß ihrer Pressefreiheit. 2015 lag Österreich auf Platz 7.[153] Sebastian Kurz war gerade dabei, sein „Projekt Ballhausplatz" startklar zu machen. Im Wahlkampf 2017 holte sich die ÖVP erstmals mit Regierungsinseraten die Zuneigung der Eigentümer des Boulevards von der Mediengruppe *Österreich* bis zu *Kronen Zeitung* und *Heute*. Mit der Hilfe der Zeitungen, die aus jeder ÖVP-Ente einen Bundesadler machten, gewann Kurz die Nationalratswahl und wurde Bundeskanzler. Von 2019 bis 2021 rutschte Österreich auf Plätze zwischen 16 und 18 ab.

Dann kamen Schmid-Chats und Kurz-Strafprozesse. Staatsanwälte durchsuchten Bundeskanzleramt und Finanzministerium. Auf dem Handy von Thomas Schmid fanden sie die entscheidenden Chats mit den und über die Boulevard-Chefetagen.[154]

So berichtete Schmid am 22. März 2017 in der Phase, als Kurz gerade seine Kandidatur vorbereitete, stolz an seinen künftigen Kanzler: „Hatte sehr langes und gutes Gespräch mit Eva Dichand und in der Folge mit Helmut Fellner! Hier ist wirklich etwas gelungen! Beide stehen voll hinter dir!"[155]

Zwei Monate später, am 28. Mai 2017, blätterte Schmid in der *Kronen Zeitung* und meldete sich stolz bei Sebastian Kurz: „Bald werden auch die Hunde in der *Krone*-Tierecke Kurz wählen!"[156]

Mit alldem stürzte Österreich im Pressefreiheits-Ranking 2022 hinter die Dominikanische Republik auf Platz 31 ab.[157] 2024 gelang es Österreich gerade noch, Platz 32 gegen Mauretanien zu verteidigen.[158]

„Reporter ohne Grenzen" fasste den Hauptvorwurf im Fall „Österreich" zusammen: „In Österreich gibt es immer wieder Versuche, sowohl staatliche als auch private Medien zu beeinflussen. Einige Politiker stehen im Verdacht, öffentliche Gelder verwendet zu haben, um eine positive Berichterstattung in den Boulevardmedien zu kaufen." Ein wachsender Teil des österreichischen Journalismus sei käuflich, so der Verdacht.

Dazu kam das, was fehlte und was drohte: „Obwohl verschiedene Gesetzesentwürfe diskutiert werden, ist Österreich der letzte EU-Mitgliedsstaat ohne ein Informationsfreiheitsgesetz. Medienschaffende sind außerdem besorgt über den Versuch bestimmter politischer Parteien, ihren Zugang zu gerichtlichen Informationen zu beschränken."[159]

Gemeint war Karoline Edtstadler. Die Verfassungsministerin wusste, wie sehr der ÖVP Chat-Zitate wie „die Hure der Reichen", „Kriegst eh alles, was du willst" und „Du bist Familie" schadeten. Die Chats zwischen Kurz, Thomas Schmid, Wolfgang Sobotka und vielen anderen waren nicht mehr aus der Welt zu schaffen. Der Schaden war angerichtet.

Mit ihrem „Zitierverbot" suchte Edtstadler nach einem Weg, die ÖVP in Zukunft vor der gefährlichen Geschwätzigkeit ihrer eigenen Spitzen zu schützen.

Das Problem war einfach: Auch weiterhin war mit Affären der ÖVP rund um Regierungsinserate und Förderungen zu rechnen. Niemand in der ÖVP glaubte, dass man auf Dauer die „Leaks" in Partei und Regierung abdichten und alle Medien an der Veröffentlichung belastender Chats und Dokumente hindern könnte. Für Edstadler war klar: „Medien brauchen Grenzen."[160] Der Absturz im Pressefreiheits-Ranking zeigte, dass die ÖVP mit ihrem Versuch, Zeitungen, die am Inseratentropf hingen, auch noch zu zensieren, international beeindruckt hatte.

Die FPÖ signalisierte Bereitschaft, Recht und Verfassung anzupassen. Am Dienstag, den 27. Jänner 2019, sprach Herbert Kickl Klartext: „Das Recht hat der Politik zu folgen und nicht die Politik dem Recht."[161] Kickl meinte die Europäische Menschenrechtskonvention und somit einen Teil der Bundesverfassung. Die Konvention sei ein „seltsames rechtliches Konstrukt aus den 1950ern". Edtstadler und ihre Partei könnten sich wohl darauf verlassen, dass die FPÖ in einer gemeinsamen Regierung mit der ÖVP mit der Pressefreiheit nicht anders umgehen würde als mit den Menschenrechten.

Als Karl Nehammer sieben Jahre später seinen „Plan für Österreich" präsentierte, wusste Kickl, dass ihm die ÖVP politisch näher war als jemals zuvor.

Der Österreichplan

„Das ist das Jahr der Entscheidung!" Karl Nehammer hatte sich am 26. Jänner 2024 für die Vorstellung seines „Österreichplans"[162] vor 1.500 ÖVP-Funktionären in Wels viel vorgenommen. Doch die Entscheidung im Vorfeld war längst gefallen. Der „Österreichplan" war ein Angebot an die FPÖ.

„Es ist ein konservatives Mitte-Programm, gespickt mit schlagzeilenträchtigen Forderungen für die rechte bis sehr rechte Zielgruppe: vermeintlich Faule bestrafen, Leistung belohnen, Polizei aufstocken, Steuern senken, Gendern verbieten", ordnete Katharina Mittelstaedt Nehammers „Österreichplan" im *Spiegel* ein. „Mit SPÖ und Grünen lässt sich davon kaum etwas umsetzen, mit den liberalen Neos nur wenig. Um sein Wahlprogramm zu verwirklichen, bräuchte Nehammer die FPÖ."[163]

Herbert Kickl hätte auf den 82 Seiten wohl vieles anders formuliert, aber wenig geändert. Nehammer hatte einen FPÖ-Plan im ÖVP-Stil schreiben lassen. Seit Wels war klar, dass ÖVP und FPÖ den größten gemeinsamen Nenner aller regierungsbereiten Parteien der letzten Jahrzehnte haben.

Aber sie hatten noch mehr: Straße und Staat.

Straßenpartei und Staatspartei

Seit vielen Jahren fühlte sich die alte ÖVP wie eine sterbende Partei inmitten einer dahinsiechenden europäischen Parteienfamilie. Im Vergleich zu ihren christdemokratischen Schwesterparteien im Süden und Westen hatte sie lange durchgehalten. Aber jetzt schien sich auch ihre Stunde zu nähern.

Aus Wechselwählern, die immer wieder zur ÖVP zurückkamen, waren Wählerströme der ÖVP-Auswanderer geworden. Dabei verlor die ÖVP im Gegensatz zu früher fast alles in eine Richtung: zur FPÖ.

Untersuchungen von SORA ergaben: Bei der Landtagswahl in Oberösterreich 2021 verlor die ÖVP 82.000 Stimmen, davon 75.000 an die FPÖ. 91 Prozent der Verluste der oberösterreichischen ÖVP waren Gewinne der FPÖ.[164] In Niederösterreich und in Salzburg waren es mehr als zwei Drittel.[165]

Dabei gab es eine Ausnahme: Tirol. Dort blieb der FPÖ-Gewinnanteil an den ÖVP-Verlusten mit zehn Prozent gering.[166] Aber was war in Tirol anders? Die FPÖ-Kandidaten waren dort um nichts besser als in Niederösterreich. Die Probleme, die sie ansprachen, plagten Menschen auch in Salzburg. Nur eines machte den Unterschied: Tirol war das Bundesland, in dem die Grenzen zwischen ÖVP und FPÖ noch immer für alle klar sichtbar waren.

Insel „Tirol"

Tirol ist das Land, in dem es die alte ÖVP noch gibt. Von den Wählerinnen und Wählern wurde das honoriert, wie der Fall des Innsbrucker Bürgermeisters zeigt.

Am 9. November 2023 meldete *Die Presse:* „Innsbruck: Anzengruber aus ÖVP-Gemeinderatsklub ausgeschlossen".[167] Die Innsbrucker ÖVP setzte mit Staatssekretär Florian Tursky auf Bundesprominenz. Das Ergebnis ist bekannt: Tursky fiel durch, Johannes Anzengruber wurde Bürgermeister.

Politiker wie Anzengruber waren früher in der ÖVP „normal". Heute sind sie Exoten. Sie vertreten klassische christlichsoziale Positionen und werden dafür gewählt. Anzengrubers Ex-Parteichef Toni Mattle setzte als Tiroler Landeshauptmann auf ein ähnliches Konzept. Beide waren keine Politiker nach dem Muster der neuen ÖVP. Im Gegensatz zu Nehammer, Sobotka und Mikl-Leitner gewannen beide Wahlen.

Die Lehre aus den letzten vier Landtagswahlen schien ganz einfach: Wo die ÖVP der FPÖ nicht nachgab, hatte sie die Chance, gegen sie zu gewinnen. Dort, wo sie sich anbiederte, hatte sie bereits verloren. Trotzdem zogen alle Spitzen der ÖVP seit Sebastian Kurz einen anderen Schluss. Warum?

Eine Antwort findet man in den Programmen und in den Tagen nach den jeweiligen Wahlen. Mit der bewussten Übernahme der Markenkerne der FPÖ hatte sich die ÖVP immer mehr zur freiheitlichen Staatspartei gewandelt. Von „Ausländern" bis „Heimat" und „Leitkultur" waren die Unterschiede geschrumpft. Was früher trennte, passte plötzlich zusammen. Der Rechtsblock hatte mit seinem gemeinsamen Programm zum ersten Mal ein Fundament für ein gemeinsames Regime.

Der große Unterschied blieb die Herkunft. Die FPÖ zeigte unter Kickl noch deutlicher, dass sie die freiheitliche Straßenpartei war. Die ÖVP hatte sich unter Kurz und Nehammer zur freiheitlichen Staatspartei gewandelt. Die eine sorgte für Krach und Mobilisierung, die andere für das routinierte Bedienen der Räder der Macht.

Dabei rechneten sich beide Gewinne aus: die ÖVP den Kanzler und die Macht, die FPÖ neben Posten und Geld die Anerkennung, die ihr aus der Schmuddelecke der Politik helfen sollte. Wähler und Wählerinnen akzeptieren Parteien stärker, wenn andere Parteien die Bereitschaft signalisieren, mit ihnen zusammenzuarbeiten. „Die Legitimierung radikaler Parteien wird stark von anderen Parteien betrieben", zitiert Politikwissenschaftler Markus Wagner von der Universität Wien eine Studie.[168] Genau das tat die ÖVP für die FPÖ mit der Übernahme der „Leitkultur".

TEIL 5:
LEITKULTUR-
ROUTE

„Sie müssen sich vorstellen, Herr Bürger, das, was ich heute sage, ist vor drei Jahren in der EU von vielen als rechts oder rechtsradikal bezeichnet worden."[169] Eindringlich sprach Sebastian Kurz im ZIB-Studio auf ORF-Redakteur Hans Bürger ein. Seine Botschaft war einfach: Das, was 2015 noch rechtsradikal war, war 2018 bereits normal – zumindest für Sebastian Kurz und seine ÖVP. Sebastian Kurz hatte seine Partei in den Kulturkampf geführt. Die Vorbilder dazu kamen von anderen.

„Wird die ÖVP identitär? Die neue Kampagne der ÖVP will das identitäre Thema der Leitkultur besetzen. Dabei vertritt die ÖVP einen klar identitären, ethnokulturellen Begriff von Leitkultur, der UNSEREM sehr ähnlich ist."[170] Identitären-Chef Martin Sellner klang in seinem Podcast, der über einen russischen Server ins Netz gestellt wurde, hörbar stolz.[171]

In der ÖVP stellte sich niemand die Frage, warum ein Rechtsextremist, der in Deutschland und der Schweiz Staatsanwälte und Verfassungsschutz auf den Fersen hatte, in Österreich Leitideen einer Kanzlerpartei formulieren konnte.

„Bist du noch normal?"

Wer das Zitat „Wird die ÖVP identitär? Leitkultur und Remigration" googelte, landete schon am 28. März 2024 woanders: beim Blog *Zur Sache* des ÖVP-Parlamentsklubs.[172] Dort ließ die Partei rufen: „Die Debatte ist eröffnet!" Die Ansage durch die ÖVP war ein Signal. Um den politischen Kampf um ihr Österreich gewinnen zu können, wollte sie mit dem Kulturkampf die erste Runde einläuten.

Wenn rechte Parteien zum Kulturkampf rufen, ist die Absicht immer gleich. Im eigenen Lager sind die, die „wie wir" sind: Sie sprechen nur deutsch, ihre Familien bestehen von oben nach unten aus Mann, Frau und Kindern, sie arbeiten ehrlich und ärgern sich über „die anderen", die sich zwischen Windrädern in „sozialen Hängematten" eingenistet haben und dort „multikulti" gendern statt zu arbeiten.

„Das ist doch alles nicht mehr normal. Bist du noch normal?"

Mit dieser Frage wandte sich Karl Nehammer in einem Facebook-Video an sein Publikum.[173] Ziel seines Kulturkampfs war die Polarisierung zwischen den „Normalen" und denen, die es nach Meinung der Kanzlerpartei nicht sind; zwischen denen, die zu „uns" gehörten und denen, die fremd waren: Ausländer, LGBTIQ-Personen, Klimaaktivistinnen und Staatskünstler. An einem bestimmten Punkt wurde es dann ernst: Wer nicht „zu uns" gehört, muss weg.

Rechten Kulturkämpfern kam dabei zugute, dass von der anderen Seite ein spiegelverkehrter Kampf geführt wurde. Identitätspolitik gab es an beiden politischen Rändern, ganz rechts bei den Identitären, ganz links bei Gruppen, die als politische Moraliban jeden ins Visier nahmen, der von der Frisur bis zur Sprache nicht alles blind befolgte, was sie als neue Regeln des Zusammenlebens ausgegeben hatten.

Von Steve Bannon bis Gerald Fleischmann kennen alle den Unterschied: „Linke" Moraliban schaden der Linken; rechte Kulturkämpfer leisten für die Machtübernahme durch rechte Parteien wertvolle Dienste.

Das lernte die ÖVP unter Sebastian Kurz. Aber auch diese Idee kam aus der FPÖ.

Leitkultur türkis

Schon 2004 stellte Heinz-Christian Strache für seine FPÖ „die grundsätzliche Frage, ob sich die Zuwanderer an die Leitkultur oder aber die Leitkultur an jene der Zuwanderer anzupassen habe".[174]

Im Präsidentschaftswahlkampf kam Gott dazu. Herbert Kickl stand im Oktober 2016 stolz neben dem Plakat, auf dem neben FPÖ-Kandidat Norbert Hofer „So wahr mir Gott helfe" stand.[175] Gott hatte es sich anders überlegt und half Van der Bellen. Hofer wandte sich seinem Hauptfeind in Brüssel zu: „Wir wollen nicht länger zusehen, wie unsere Wurzeln durch eine abgehobene Bande aus Brüsseler Apparatschiks und heimischen Moralterroristen zubetoniert werden!"

Kurz ohne Leitkultur

Im Jahr 2011 war Sebastian Kurz gerade als Staatssekretär in der Regierung angekommen. In seinem ersten Interview in der *Kleinen Zeitung* hatte er den politischen Nutzen einer „Leitkultur" noch nicht erkannt: „Ich bin kein Fan des Wortes ‚Leitkultur', aber wir haben eine starke Kultur, starke Traditionen und ein gefestigtes Wertesystem."[176]

Zu Beginn begnügte sich Sebastian Kurz noch mit „starken Traditionen". Wenige Jahre später erkannte er, dass sie von Sozialpartnerschaft bis zur demokratischen und rechtsstaatlichen Tradition seiner Partei Teil des Dauerproblems waren.

Gesetzliches Kulturgut

2004 hatte die FPÖ die „Leitkultur" entdeckt. Zwanzig Jahre später war die ÖVP bereit, auch das zu übernehmen. Im „Österreichplan" ließ Karl Nehammer als Parteichef auf Seite 55 festschreiben: „Deshalb braucht es bis 2030 eine österreichische Leitkultur, die sich auch als nationales Kulturgut gesetzlich widerspiegeln soll. Damit soll sichergestellt werden, dass Symbole und Verhaltensweisen, die unseren Grundwerten entgegenstehen, rechtlich differenziert behandelt werden können."[177]

Rund um Parteichef Nehammer hatte auch 2024 niemand eine Ahnung, wie sich eine Leitkultur als „nationales Kulturgut gesetzlich widerspiegeln soll" und welche „Symbole und Verhaltensweisen, die unseren Grundwerten entgegenstehen", strafbar werden sollten. Aber für den Versuch, noch einmal die erfolgreichere FPÖ zu werden, reichten Slogans statt Programmen.

AfÖ – Alternative für Österreich

„Die ÖVP bekennt sich zur österreichischen Leitkultur. Diese fußt auf den Werten des Christentums, der Antike, des Humanismus und der Aufklärung. Sie umfasst neben der deutschen Sprache auch unsere Bräuche und Traditionen, Geistes- und Kulturgeschichte. Damit eng verbunden sind unser liberaler Rechtsstaat, unsere Wertschätzung von Bildung, Kunst und Wissenschaft sowie die soziale Marktwirtschaft als Ausdruck menschlicher Kreativität und Schaffenskraft.

Die Ideologie des Multikulturalismus gefährdet alle diese kulturellen Errungenschaften. ‚Multi-Kultur' ist Nicht-Kultur. Sie löst die Gemeinschaft auf und befördert die Entstehung von Parallelgesellschaften. Dauerhafte existierende Parallelgesellschaften führen sehr oft zu innenpolitischen Konflikten und können letztlich sogar den Zerfall eines Staates bewirken."[178]

Auf den ersten Blick wirkt das echt. Aber im Original steht statt der „österreichischen Leitkultur" die „deutsche" – und statt „ÖVP" das Kürzel „AfD". Nicht nur das Zitat aus dem AfD-Mitgliedermagazin *Kompakt* belegt, dass 2024 bei „Leitkultur" zwischen AfD und ÖVP kaum noch ein Blatt passte. „Leitkultur statt Multikulti" hieß es bei der AfD, „Tradition statt Multikulti – das ist für die Leit-Kultur" bei der ÖVP. Für alle, die nicht zwangsgedönert, islamisiert und lederhosenlos werden wollten, präsentierte sich die ÖVP mit ihrer „Leitkultur" als „Alternative für Österreich" – als AfÖ.

Unter Karl Nehammer ging die ÖVP das Risiko, das mit dieser Positionierung verbunden war, bewusst ein. Das Kalkül hatte schon Sebastian Kurz geleitet: Wenn die Linke aufheult, gewinnen wir alle anderen.

Probleme, die es nicht gibt

Nehammers Leitkultur begann mit dem Geld. Am 4. August 2023 rettete Karl Nehammer als Bundeskanzler mit dem Bargeld das Zahlungsmittel der Leitkultur: „Die Menschen in Österreich haben ein Recht auf Bargeld."[179] Der Kanzler vergaß, dass das Ziel längst erreicht war: Die Menschen in Österreich hatten ein Recht auf Bargeld, weil ihnen die EU seit 1999 genau dieses Recht garantierte. Dort gehört es auch hin, weil Österreich „der Übertragung der Währungssouveränität auf die EU bei seinem Beitritt zur EU am 12.6.1994 per Volksabstimmung zugestimmt hat".[180]

Das Problem, so formulierte es der Vertreter der EU-Kommission in Österreich, Martin Selmayr, sei in Österreich nicht die fehlende Garantie für Bargeld, sondern der Mangel an Geldautomaten. Aber eine Bankomat-Garantie in der Bundesverfassung wollte nicht einmal Nehammers ÖVP.

Warum forderte Österreichs Bundeskanzler die Garantie für etwas, was längst garantiert war? Warum machte sich Nehammer mit der Einrichtung seiner „Bargeld-Taskforce" von Brüssel bis Stuttgart lächerlich? Die Antwort heißt auch hier „FPÖ".

Am 30. Mai 2023 hatte die FPÖ gerade wieder mit einem Antrag im Plenum des Nationalrats versucht, das Bargeld in der Verfassung zu verankern. Nach der Abstimmung über die „Festung Bargeld" meldete die Homepage der FPÖ empört: „ÖVP, SPÖ, Grüne und Neos stimmen gegen Aufnahme von Bargeld in die Verfassung".[181]

Zwei Monate später hatte sich die ÖVP gedreht. Gleich nach Nehammers Vorstoß meldete sich mit Herbert Kickl ein erboster FPÖ-Chef: „Ist Ihnen Ihr Ideen-Diebstahl von der ‚bösen und extremen FPÖ' eigentlich nicht peinlich?"[182]

In einem türkis umrandeten Inserat erklärte Nehammer sein Ziel, das er jetzt im Wettlauf mit der FPÖ verfolgte: „Damit die Menschen auch in Zukunft entscheiden können, wie sie bezahlen." Ein Blick auf die Fakten zeigt, dass „die Menschen" beim Zahlen meist ein anderes Problem haben: Das Geld fehlt ihnen in jeder Form – als Bargeld und als Geld auf Konto oder Sparbuch. Sie haben andere Prioritäten: Das Geld soll nicht in die Verfassung, sondern zu ihnen.

Krieg der Sterne

Die nächste Station hieß „Gendern". Auch in diesem Kampf war die FPÖ Vorreiterin. Nach der verlorenen Landtagswahl gab die ÖVP in Niederösterreich schnell nach. Ab August 2023 galt das „Genderverbot".

Die ÖVP stimmte zu, dass die offizielle Kanzleiordnung des Landes Niederösterreich um einen Satz erweitert wurde: „Bei der Erstellung von Schriftstücken und Erledigungen sind das amtliche Regelwerk und die Empfehlungen, insbesondere ‚Geschlechtergerechte Schreibung', des Rates für deutsche Rechtschreibung zu befolgen."[183] Damit waren Genderstern, Gender-Doppelpunkt und „Binnen-I" im St. Pöltner Wirkungsbereich erledigt.

Im Jänner 2024 versuchte sich Nehammer anzuhängen. *Der Standard* titelte: „Nehammer will Binnen-I aus Verwaltung und Unis verbannen".[184] Kurz darauf war es geschafft: „Kanzleramt schafft Sonderzeichen beim Gendern ab".[185]

Gegenwind durch Blasmusik

Der entscheidende Gegenwind kam von der Blasmusik. Nachdem die ÖVP mit dem Foto einer Blasmusikkapelle Leitkultur-Stimmung gemacht hatte, platzte Erich Riegler, dem Präsidenten des Blasmusikverbands, der Kragen. Er könne mit dem Wort „nichts anfangen" und Parteien sollten nicht glauben, man könne die Blasmusik „einvernehmen", beschwerte er sich gegenüber dem *Standard*.[186]

Am 6. April 2024 konnte man zusehen, wie die Leitkultur-Kampagne der ÖVP öffentlich in sich zusammenbrach. Am Ende ließ Karl Nehammer das „Leitkultur"-Kind weglegen. Ida Metzger half ihm in der *Kronen Zeitung* mit der Geschichte vom „angefressenen Karl": „Wie die *Krone* erfuhr, soll auch ÖVP-Kanzler Karl Nehammer ‚ziemlich angefressen gewesen sein, weil es nicht sein Stil ist', so ein Insider. Die Freigabe-Linien seien im Kanzleramt nicht eingehalten worden."[187]

Aber warum stolperte die ÖVP über ihren eigenen „strategisch notwendigen Unsinn"? Warum machte sie sich mit ihren Versuchen, AfD und FPÖ zu kopieren, gleichzeitig lächerlich und unglaubwürdig? Warum bewegte sie sich auf der „Leitkultur-Route" immer weiter von den drängenden Problemen der meisten Menschen weg?

Die Antwort darauf heißt nicht „Karl Nehammer", sondern: weil die ÖVP so wenig richtig macht. Nikolaus- und Schnitzel-Rettung, Binnen-I-Abwehr, Bargeld-Garantie und Maibaum-aufstellpflicht sind Lösungen für Probleme, die niemand hat. Parteien setzen dann auf Scheinlösungen, wenn ihnen die Antworten auf die realen Probleme fehlen.

Viele wollen wissen, wie eine Partei und eine Regierung mit Inflation, Energiekosten und Mietwucher, mit Bettenmangel und Spitalskrise, mit neuer Armut und steuerfreiem Reichtum umgeht, also: wie das Leben wieder sicherer und besser wird.

Zu diesen Fragen haben beide Leitkultur-Parteien gleich wenig zu sagen. Doch ÖVP und FPÖ haben längst mehr gemeinsam: Von Umwelt bis Verteilungsgerechtigkeit haben sie die dieselben falschen Antworten. Im Kern hat der österreichische Rechtsblock neben der Leitkultur längst ein gemeinsames Programm.

Der vierte Grund

Neben dem Programm, der Beherrschung von Straße und Staat und dem türkis-blauen Kulturkampf gab es noch einen vierten Grund, der aus einem gemeinsamen Projekt ein gemeinsames Boot machte. ÖVP und FPÖ waren die beiden Parteien, die von einer unabhängigen Strafjustiz das Schlimmste zu befürchten hatten.

Die WKStA hatte Sebastian Kurz als Bundeskanzler zu Fall gebracht. Staatsanwälte waren im Mai 2024 FPÖ-Spitzenkandidaten von der Europawahl bis zur steirischen Landtagswahl auf den Fersen. Beide Parteien hatten ein Interesse und damit ein gemeinsames Ziel: die Justiz wieder an ihre Leinen zu nehmen.

Aber zuerst kommt, wie das bei FPÖ und ÖVP üblich ist, das Geld.

TEIL 6: GELD FÜR DEN BLOCK

Parteien kosten Geld. Nirgends sind sie so teuer wie in Österreich. Trotz der höchsten staatlichen Parteienfinanzierung Europas brauchen ÖVP und FPÖ noch deutlich mehr. Die 237 Millionen Euro, die der Staat den Parteien 2023 überwies, reichen nicht.[188] Große Parteiapparate und teure Wahlkämpfe treiben die Kassiere auf die ständige Suche nach Geld. Dabei hat es die ÖVP deutlich leichter.

Das Geld der ÖVP

Seit es die ÖVP gibt, weiß man, woher das Geld kommt. Die Partei der Wirtschaft hatte als einzige Quellen, die dafür sorgten, dass der ÖVP selten das Geld ausging. Von den finanzkräftigsten Mitgliedern der Industriellenvereinigung bis zu den traditionell schwarzen Banken überwiesen alle.

In ihrem Hauptquartier am Wiener Schwarzenbergplatz sorgte die Industriellenvereinigung dafür, dass einzelne Industriespenden so gewaschen wurden, dass als Absender nicht mehr das spendende Unternehmen, sondern die Industriellenvereinigung stand. Alle Beteiligten wussten, woher das Geld kam, aber niemand konnte dem Spender etwas nachsagen. So wurde sichergestellt, dass Unternehmen, die Regierungsaufträge von ÖVP-Ministern erhielten, sich durch die IV-Schleuse gefahrlos bei der Partei bedanken konnten.

Von den Landwirten bis zu den Unternehmen zahlten alle ihre gesetzlich vorgeschriebenen Kammerbeiträge in dem Wissen, dass am Ende die ÖVP davon profitierte. Bankdirektoren dienten nebenbei als Kassiere der ÖVP. Sie wussten am besten, wann und wie die Taschen der Partei wieder gefüllt werden mussten.

Wo es um Geld ging, standen im schwarzen Block die Finanzen der Partei immer an der Spitze der Prioritätenliste. An Steuergeldern vergriff man sich mit Regierungsinseraten und Subventionen von den schwarzen Ministern bis zu den Landesräten nur für die Partei. Alles diente einem guten Zweck namens „ÖVP". Für die ÖVP galt das Prinzip „Für die Partei greifen wir in alle

Taschen". Die freiheitliche Idee, selbst in die Taschen der Partei zu greifen, war in der ÖVP nicht verbreitet.

Das schwarze Geld kam traditionell aus:
- Großunternehmen
- Industriellenvereinigung
- Wirtschaftskammer und Landwirtschaftskammer
- Raiffeisen
- Mitgliedsbeiträgen
- staatlicher Parteienfinanzierung
- und Regierungsinseraten.

Einiges wie die Verschiebung von Kammergeldern in die Partei ist umstritten. Bei den Regierungsinseraten scheint das anders. Da ist man als inserierender Minister oder Landesrat schnell dort, wo es um Untreue, Bestechung und Amtsmissbrauch geht. Daher führt die WKStA im Zusammenhang mit Geldern, die hier geflossen sind, Verfahren gegen Sebastian Kurz und andere Inserenten.

Wer sich auf die Spuren der ÖVP-Finanzierung in die Bundesländer begibt, stößt auf seltsame Vögel und verwirrende Konstruktionen, die nicht zufällig an die Tools von Sebastian Kurz erinnern. Auf der Suche nach den schwarzen Kanälen trifft man mit Karl Nehammer auf einen Generalsekretär, der genau wusste, wie was geht.

Erfolgsmodell „Pute"

„Die österreichische Pute ist ein Erfolgsmodell, das am freien Markt allerdings Schwierigkeiten hat."[189] So warf sich Michaela Langer-Weninger als ÖVP-Agrarlandesrätin und Bauernbund-Obfrau in Oberösterreich für den Truthahn ins Zeug. Die Puten-Hymne erschien im März 2023 in *Lust aufs Land*, einem 20-seitigen Gratisheft, herausgegeben von der „AGRO Werbung GmbH" – die sich zufällig die Adresse mit dem Bauernbund teilt.

Raiffeisen-Genossenschaftsanwalt Walter Lederhilger und Bauernbund-Direktor Wolfgang Wallner dirigieren ein Netzwerk, in dem Gelder aus Landesregierung und Raiffeisen auf verlässlichen Wegen in die ÖVP und ihre Strukturen fließen.

Mit Wallner, Lederhilger und ihren Partnern in der Landesregierung beherrscht die ÖVP ein System, in dem das Geld immer in eine Richtung fließt: aus Landesregierung und Raiffeisen-Sektor in die Partei. Dazu gibt es „Medien", in denen „inseriert" wird. *Lust aufs Land* ist eines davon. *ZackZack* recherchierte dazu: „Das an alle oberösterreichischen Haushalte verschickte rund 20-seitige Gratisheft mit einer Auflage von 480.500 erscheint viermal jährlich. Kosten von rund 20.000 Euro für ein einseitiges Inserat wirken im Vergleich zu Abo- und Kaufzeitungen stark überteuert, reichen sie doch beinahe an den Anzeigenpreis in den *Oberösterreichischen Nachrichten,* die stärkste Zeitung in Oberösterreich mit täglich 343.000 Lesern, heran."[190]

Die Kosten können sich sehen lassen: „Laut Mediadaten und entsprechenden Auswertungen von *ZackZack* schaltete das Land Oberösterreich in *Lust aufs Land* Inserate zum Preis von 151.220 Euro. Mehr als 175.000 Euro steuerten die Büros des Landeshauptmanns und der ÖVP-Landesräte bei, 161.060 Euro entfallen auf die Landwirtschaftskammer Oberösterreich."[191]

Polizeinachwuchs in der Gemeindebundzeitung

In Niederösterreich ist alles ein Stück unverschämter. In St. Pölten hat die ÖVP den Unterschied zwischen Landesregierung, Landesunternehmen und ÖVP schon so lange vergessen, dass niemandem mehr auffällt, dass Tag für Tag Steuergelder und Gelder öffentlicher Unternehmen für die Partei missbraucht werden.

Die niederösterreichische ÖVP residiert in der Ferstlergasse 4 in St. Pölten, gemeinsam mit dem ÖVP-Seniorenbund, der Jungen Volkspartei, dem Hilfswerk – und dem niederösterreichischen Gemeindebund.

Das Magazin des ÖVP-Gemeindebunds heißt *NÖ Gemeinde.* Genau dort suchte das Innenministerium Nachwuchs für die Polizei. „Ich kann's werden", stand im ganzseitigen Inserat, das das Innenministerium in der Oktoberausgabe 2022 schalten ließ. Ein uniformierter Polizist führt einen Schäferhund, rund um beide schweben Handschellen, Blaulicht, Radarpistole und schusssichere Weste. Der Aufruf ist blau-gelb: „Bewirb dich jetzt."

2022 ließ Innenminister Gerhard Karner massiv im Magazin seiner niederösterreichischen ÖVP inserieren. Im April 2022 hieß es auf der ganzen Seite 15: „Polizei. Ein Leben voller Möglichkeiten." 14 Seiten weiter bezahlte das Innenministerium eine weitere Seite und überraschte die ÖVP-Leserschaft mit der Botschaft: „Gemeinsam können wir mehr Sicherheit erreichen!" Im Mai und im Juni 2022 wurde diese Botschaft mit zwei weiteren ganzseitigen Inseraten wiederholt. In einer parlamentarischen Anfragebeantwortung nannte Minister Karner den Zweck der Inserate: „Rekrutierung".

Am 6. Oktober 2022 reichte es der grünen Abgeordneten Nina Tomaselli. Für die Fraktionsführerin im ÖVP-Untersuchungs-ausschuss lag im Interview im Ö1-Abendjournal am 8. Dezember 2022 „der Verdacht nahe, dass man wiederum verdeckt über In-serate Spenden für die ÖVP gesammelt hat".[192] Der ORF bezifferte die Geldflüsse vom Innenministerium an das ÖVP-Magazin für das Jahr 2022 mit 33.000 Euro.

Doch das Magazin von Karners Landespartei hat viel mehr vom BMI bekommen. Die Anfragebeantwortung wies für 2022 die genannten 32.922 Euro aus. Dazu kamen ein Jahr davor 10.128 Euro. Das meiste BMI-Geld erhielt das ÖVP-Magazin 2017 mit 55.566 Euro. Seit 2017 sind so fast 100.000 Euro vom Innen-ministerium ins politische Vorfeld der ÖVP Niederösterreich geflossen.

Bei der ersten und größten Überweisung war Wolfgang So-botka Innenminister, bei der zweiten war es Karl Nehammer. Die dritte und bisher letzte Finanzspritze geht auf das Konto von Gerhard Karner. Alle drei haben dieselbe politische Heimat: die ÖVP Niederösterreich.

Bei seiner Prüfung der ÖVP-Finanzen stieß der Rechnungshof auf eine Spur und hielt fest: „Die ÖVP Niederösterreich erhielt laut Rechenschaftsbericht 2019 einen Betrag von 3.030.431,51 Euro aus ‚Zahlungen von nahestehenden Organisationen'. Laut dem

Rechnungshof vorliegenden Informationen dürfte darunter der Niederösterreichische Gemeindebund sein."[193] Bis heute ist nicht bekannt, wie viel Geld der Gemeindebund an Johanna Mikl-Leitners Parteizentrale weiterüberwiesen hat.

Eine Nachfrage nach vergleichbaren BMI-Inseraten bei den anderen Landtagsparteien in St. Pölten ergibt eine Leermeldung. „Bei uns gibt es das nicht. Das scheint wieder nur an die ÖVP geflossen zu sein", stellte der ehemalige niederösterreichische SPÖ-Chef Franz Schnabl fest. Auch bei NEOS, Grünen und FPÖ fand sich kein Inserat, mit dem der Innenminister Nachwuchs für die Polizei suchte.

Sucht das Innenministerium in Niederösterreich Polizistennachwuchs nur in der ÖVP? Sind die Regierungsinserate in den ÖVP-Magazinen nicht Nachwuchssuche für die Polizei, sondern Parteibuchwirtschaft für die ÖVP?

Ein hoher Beamter des Innenministeriums, der lange in Sobotkas Umfeld gearbeitet hat und anonym bleiben wollte, sagte zu *ZackZack:* „Wir haben uns hier gewundert, warum wir gerade im Gemeindebund inserieren müssen. Es kommt ja niemand auf die Idee, dass gerade ÖVP-Gemeinderäte Polizeischüler werden wollen."

Brisant wurde es bei der Beantwortung der nächsten Tomaselli-Frage. Karner antwortete: „Zwischen dem publizierenden Verlag und dem Bundesministerium für Inneres besteht seit mehr als zehn Jahren nahezu durchgehend eine Zusammenarbeit. Die erstmalige Vertragsbeziehung fand daher weit vor meiner Amtszeit als Bundesminister statt."

Dabei vergaß der Innenminister auf einen wichtigen Hinweis: Er selbst war vom 25. Juni 2020 bis zum 29. Juni 2021 Bezirksobmann des niederösterreichischen Gemeindebundes im Bezirk Melk. Seine wichtigere Funktion übernahm er ebenfalls am 25. Juni 2020: Mitglied der Geschäftsleitung des niederösterreichischen Gemeindebunds. In dieser Zeit flossen 10.128 Euro aus dem Innenministerium an das Gemeindebund-Magazin.

Der Seniorenbund-Trick

Verdeckte Parteienfinanzierung ist in der ÖVP keine Frage des Alters. Man lernt es in der „Jungen ÖVP" und zeigt noch im hohen Alter, dass man nichts verlernt hat. So ist es auch nur auf den ersten Blick verwunderlich, dass eine Wohnbaugenossenschaft im Seniorenbund-Magazin inseriert, dessen Leserinnen aufgrund ihres Alters nur einen winzigen Teil der Interessenten für Genossenschaftswohnungen ausmachen, wenn man weiß, dass der stellvertretende Aufsichtsratspräsident ebenjener Genossenschaft, Herbert Nowohradsky, gleichzeitig Obmann des Seniorenbunds ist.

Es begann in Wolkersdorf. Am 14. Dezember 2018 fällte der „Unabhängige Parteien-Transparenzsenat – UPTS" im Bundeskanzleramt einen Beschluss: „Selbst wenn der Vertrag mit dem Verein und nicht mit der örtlichen ÖVP-Teilorganisation ‚Seniorenbund Wolkersdorf' zustande gekommen wäre, ist die im Vertrag vorgesehene Zuwendung aus der Sicht der Spendenregelungen des Parteiengesetzes der Teilorganisation Seniorenbund zuzurechnen, zumal der von der ÖVP in ihrer Stellungnahme vom 6. Dezember 2018 dargestellte Sachverhalt die Einheit zwischen den beiden Organisationen bestätigt."

Das klingt kompliziert, ist aber ganz einfach. Im niederösterreichischen Wolkersdorf hat sich der Seniorenbund bei der Miete für sein Lokal im Schloss Wolkersdorf von der ÖVP-Bürgermeisterin unter die Arme greifen lassen.

Der Trick gehört in der ÖVP zum normalen Parteileben: Bei der öffentlichen Förderung kassiert der Seniorenbund als gemeinnütziger Verein. Dann zieht er sich um und ist wieder ÖVP-Teilorganisation. Aber im Dezember 2018 funktionierte der Trick zum ersten Mal nicht mehr. Der Rechnungshof war der ÖVP beim Rechenschaftsbericht 2016 auf die Schliche gekommen und hatte den Seniorenbund-Trick dem UPTS gemeldet. Dessen Senat stellte fest:

1.   Der Seniorenbund hat gegen das Parteiengesetz verstoßen.

2. Die Strafe ist von der ÖVP und nicht vom Seniorenbund zu bezahlen. Die ÖVP wurde zu einer Geldbuße von 4.000 Euro verurteilt.

Der UPTS ließ noch einmal Milde walten. Die Strafe fiel nicht höher aus, weil „ein vergleichbarer Fall vom UPTS bisher noch nicht entschieden wurde". Am 18. Dezember 2018 war damit erstmals klar, dass der Seniorenbund-Trick illegal ist.

Das Urteil wurde dem Verantwortlichen zugestellt: „An Österreichische Volkspartei, z. H. Herrn Generalsekretär Abg.z.NR Karl Nehammer, MSc". Karl Nehammer war für die ÖVP verantwortlich – und wusste seit Dezember 2018, dass der Senioren-Trick illegal war.

Mit Nehammer wissen alle an den Spitzen der ÖVP, wie es geht. Einmal kommt das Geld als Inserat oder Förderung, ein anderes Mal als günstige Miete oder COVID-Hilfe. Fest stehen nur Zahler und Nehmer: Die Steuerzahler zahlen und die Partei nimmt.

Als Altmeister des Gegengeschäfts erklärte Wolfgang Sobotka dem amüsierten *Österreich*-Herausgeber Wolfgang Fellner die Regeln. Die WKStA hat das Video verschriftlicht[194]:

„Mag. SOBOTKA: Erstens einmal habe ich nie Spenden genommen, ich hätte sie genommen, weil sie rechtmäßig ...

FELLNER: Dann halt Inserate, oder wie immer Sie das bezeichnen.

Mag. SOBOTKA: Naja, Sie kennen das Gschäft, ja, fürs Inserat gibt's ein Gegengeschäft, oder?

FELLNER: Ja, natürlich.

Mag. SOBOTKA: Natürlich."

Die WKStA bemerkt dazu: „Generell stieg das Volumen von Regierungsinseraten stetig, bis es im Jahr 2020 geradezu explodierte".[195]

Über achtzig Jahre hat die ÖVP feinverzweigte Systeme entwickelt, in denen Steuergelder entweder bei der Partei oder bei gutwilligen Medien landeten. Nur Kenner des Geschäfts wie

Wolfgang Sobotka oder Karl Nehammer scheinen heute noch den Überblick über das gesamte „natürliche" System zu haben.

Bei der FPÖ ist alles einfacher.

Das Geld der FPÖ

Was das Geld betrifft, hatte es die FPÖ immer schwerer als ihre gutbürgerliche Schwester ÖVP. Die Sammlungspartei der Ehemaligen und Zukünftigen war nie Teil der Sozialpartnerschaft. In den Kammern konnte sie nur langsam Fuß fassen. Nur einzelne weit rechtsstehende Industrielle wie Herbert Turnauer füllten ab und zu einen Sack, den sie nach Wien in die Zentrale der FPÖ bringen ließen.

Millionen im Plastiksack

Im November 1996 hatte der Industrielle Herbert Turnauer dem späteren Landeshauptmann von Kärnten fünf Millionen Schilling in einen Plastiksack gesteckt und übergeben. Jörg Haider ließ den Geldsack von einem Chauffeur im Dienstwagen nach Wien ins Parlament transportieren. Ein Mitarbeiter des FPÖ-Parlamentsklubs wurde beauftragt, den Betrag in der Kanzlei des FPÖ-Anwalts Dieter Böhmdorfer abzuliefern.

Haiders Chauffeur W. schilderte: „Haider bat mich, diesen Sack für ihn aufzubewahren und am Montag in der Früh mit nach Wien zu nehmen. [...] Ich fuhr nach Hause und als ich den Sack aus dem Auto geholt habe, habe ich gesehen, dass sich viele Geldbündel in dem Sack befanden. Es waren genau 10 Päckchen zu je S 500.000,-. [...] Dr. Haider hat mich gebeten, das Geld an Herrn Dr. Moser, Klubdirektor im Parlament, zu übergeben."[196]

News und *Format* gingen den Spuren nach und stießen auf den damaligen FPÖ-Klubdirektor Josef Moser: Es „deutet somit vieles darauf hin, dass W.[197] und der Böhmdorfer-Mitarbeiter nicht ein und denselben, sondern zwei verschiedene Geldübergaben – in Summen wären das schon zehn Millionen – schildern:

- W. übergab an Moser nach eigenen Worten einen Plastiksack mit zehn Geldbündeln – und zwar an einem Montag Ende 1995.
- In der Kanzlei Böhmdorfer wurde Moser mit einem nicht verklebten braunen Kuvert vorstellig, in dem ‚zwei dicke Stöße Fünftausender-Scheine' lagen – und zwar an einem Freitagnachmittag Ende 1996."

Moser bestätigte seinen Botendienst, wollte den Inhalt des „Kuverts" allerdings nicht gekannt haben: „Es ist richtig, dass ich zum fraglichen Zeitpunkt ein Kuvert in der Kanzlei Böhmdorfer abgegeben habe. Mir wurde gesagt, es handle sich um Unterlagen, die der Doktor Böhmdorfer über das Wochenende prüfen soll. Was in dem Kuvert war, weiß ich bis heute nicht."[198] Der vormalige FPÖ-Justizminister Dieter Böhmdorfer verweigerte die Stellungnahme.

Später als Rechnungshofpräsident und Justizminister im Kabinett Kurz blieben Moser „Botendienste" erspart. Dafür waren in FPÖ und ÖVP längst andere zuständig.

Der Staatsanwalt, der das Verfahren einstellte, stand vor einem Rätsel. Glaubwürdige Zeugen hatten die Geldtransporte bestätigt, aber: „Niemand schreit, das Geld ist weg, keiner will es angenommen haben. Da war außer einer Einstellung nichts zu machen."[199]

Bis heute scheint sich an Haiders Methoden wenig geändert zu haben. Einmal war es eine Sporttasche, ein anderes Mal ein Rucksack, in denen Strache als Haiders Nachfolger an der Parteispitze Geld vom Büro des Parteianwalts Peter Fichtenbauer in den Parlamentsklub und zur Landespartei nach Kärnten transportierte.

Die ÖVP hatte Banken, Kammern und Interessenvertretungen. Die FPÖ hatte Plastiksäcke, Sporttaschen und Rucksäcke. Bis vor kurzem machte das einen der Hauptunterschiede zwischen den beiden Parteien der österreichischen Rechten aus.

Der zweite Unterschied liegt bis heute im Umgang mit den Geldern. Nach seinem Schwenk bei „Eurofighter" wunderte sich Haider im kleinen Kreis, warum nichts bei der Partei ankam.

Schon vor dreißig Jahren galt die Regel: Wenn ÖVP-Funktionäre in Kassen greifen, landet das Geld in der Partei; bei Freiheitlichen endet das Geld oft in der eigenen Tasche.

Das zeigt ein Fall besonders deutlich: der ukrainische Mandatskauf. 2013 war der „Kauf" eines Nationalratsmandats noch nicht strafbar. In der FPÖ wurde die Gesetzeslücke geschäftlich genützt. *ZackZack* fand Jahre später darüber einiges heraus.[200]

Straches Sporttasche

Am 28. Juni 2013 besuchte Heinz-Christian Strache den FPÖ-Anwalt Peter Fichtenbauer in dessen Kanzlei am Wiener Rathausplatz. Sein Fahrer erinnerte sich an eine Tasche: „Ich habe unten im Auto gewartet ... HC Strache ging allein ins Gebäude ... genau. Und hat die Sporttasche aus dem Kofferraum mitgenommen ... Seine braune Sporttasche."

Mit der Tasche im Kofferraum des FPÖ-SUV ließ sich Strache zuerst in den FPÖ-Parlamentsklub und dann nach Kärnten chauffieren. Dort in Pörtschach wurden an diesem Tag FPÖ und FPK, ein Kärntner Rest der alten FPÖ, wiedervereinigt. Der Chauffeur erinnerte sich: „Er war kurz in seinem Büro. Wir sind nach wenigen Minuten, sicher nicht mehr als 15 Minuten, endgültig abgefahren ... Ich glaube, dass er einen Teil da drinnen gelassen hat im Safe dort."

Bei einem Stopp sah sich der Fahrer den Inhalt der Tasche an – und fand bündelweise in Pakete eingeschweißte Euro-Geldscheine. „Es gibt logischerweise Fotos. Zwei hab ich gemacht. Es war auf alle Fälle eine Mischkulanz ..."

Die „Mischkulanz" war möglicherweise ein Teil von 10 Millionen Euro. Sie gehörten der FPÖ. Und sie hatten eine politische Geschichte.

10 Millionen für ein Mandat

Drei Monate zuvor hatten sich ein paar Herren in Fichtenbauers Kanzlei getroffen. Sie schlossen eine Vereinbarung: Ukrainische Oligarchen zahlen 10 Millionen Euro – und kaufen damit ein

Nationalratsmandat der FPÖ. Die Ukrainer kamen mit dem Geld und dem Namen ihres Wunschabgeordneten: Thomas Schellenbacher.

Am 2. Juli 2013 präsentierte Parteichef Strache den niederösterreichischen Geschäftsmann als Kandidaten für die Nationalratswahl im Herbst. Als nach dem Wahltag feststand, dass Schellenbacher den Einzug nicht geschafft hatte, traten drei FPÖ-Kandidaten zurück – und Schellenbacher rückte ins Parlament nach.

Die *ZackZack*-Recherche hatte Folgen. Das Verfahren rund um die Ukraine-Millionen wurde neu aufgerollt, und Justizministerin Alma Zadić versuchte, den „Mandatskauf" endlich auch in Österreich strafbar zu machen.

Die „Leistung" der FPÖ-Spitze ist gut dokumentiert. Nur eine Frage ist offen: Wo sind die Mandatskauf-Millionen? Bis heute hat niemand in der FPÖ darauf eine befriedigende Antwort geben können.

Rechtsblock unterm Giebelkreuz

In den Zeiten der alten Großen Koalition war es ganz einfach: Die SPÖ hatte BAWAG und die Wiener Zentralsparkasse. Die ÖVP kontrollierte den großen Rest. Nur die FPÖ hatte keine Bank und damit immer wieder zu wenig Geld.

„Rote" Banken gibt es längst nicht mehr. Einige der „schwarzen" Banken wie die Volksbanken haben an Bedeutung verloren oder sich wie die „Erste Group" zur normalen Geschäftsbank gewandelt.

Nur in einer Gruppe ist lange alles beim Alten geblieben. Unter dem Giebelkreuz hat Parteipolitik Tradition. Raiffeisen-Banker begnügen sich nicht mit Parteienfinanzierung. Sie machen selbst Politik.

Sie kaufen und finanzieren Medien wie *Kurier* und *Profil* und investieren damit in öffentliche Meinung. Aber wichtiger sind ihre direkten politischen Geschäfte. Raiffeisen-Banken schieben ihrer Partei über Inserate Raiffeisen-Geld zu.

Jahrzehntelang war Raiffeisen der Bank-Bund der ÖVP. Christian Konrad stand als mächtiger Generalanwalt noch für die alte Rolle des Giebelkreuz-Konzerns. Sein Ziel war eine starke ÖVP in einer Partnerschaft mit SPÖ und ÖGB.

2012 wurde Konrad von Walter Rothensteiner abgelöst. Konrads Nachfolger begleitete die Wende zur FPÖ, die Sebastian Kurz 2017 mit der ersten ÖVP/FPÖ-Koalition abschloss. 2022 übernahm mit Erwin Hameseder ein Block-Banker von Rothensteiner die Führung.

Die Geschichte der Bank des Rechtsblocks begann im Jahr 2013.

Aktion „Helios"

Im Juni 2013 wusste Manfred Haimbuchner als Chef der oberösterreichischen FPÖ, dass am 29. September Nationalratswahlen drohten. SPÖ und ÖVP schleppten sich als Regierungsparteien in eine Wahl, die sie kaum gewinnen konnten.

Für Straches FPÖ standen die Chancen gut. Doch die Bundespartei hatte wieder einmal kein Geld. 2013 gab es rechts außen keine Millionäre, die in ihre Taschen greifen wollten. In Wien hatten die Banken wenig Lust, auf Strache zu setzen. Alle hielten einen blauen Erfolg für wahrscheinlich, aber kaum jemand glaubte, dass es Strache in eine Regierung schaffen würde.

Die FPÖ brauchte einen Financier, und Haimbuchner fand ihn. Im Gegensatz zu Wien wusste man in Linz, dass die FPÖ vor der Regierungstür stand. Zwei Jahre später führte Haimbuchner als Landeshauptmann-Stellvertreter die FPÖ in die Koalition mit der ÖVP.

Jetzt, 2013, wusste Haimbuchner, dass die FPÖ von der Raiffeisen-Landesbank Oberösterreich einen Millionenkredit für den Bundeswahlkampf bekommen könnte. Bei seiner Einvernahme als Zeuge erinnerte Haimbuchner sich: „Es ging um ein 4,9 Mio. Darlehen, das an die Bundespartei weitergeleitet und zurückbezahlt wurde."[201] Doch Raiffeisen war 2013 nur zur verdeckten Finanzierung der FPÖ bereit.

Wenn es um Parteienfinanzierung geht, hat Raiffeisen ein Prinzip. Man gibt offiziell kein Geld an Parteien, die nicht „ÖVP" heißen. Als führender FPÖ-Mann konnte das Manfred Haim-buchner am 19. Jänner 2023 bezeugen. Bei seiner Einvernahme im Bundesamt zur Korruptionsprävention und Korruptionsbe-kämpfung (BAK) fragte der WKStA-Staatsanwalt den FPÖ-Mann: „Was wissen Sie über den Förderverein Helios?" Haimbuchner antwortete erstaunlich offen: „Es ging mit um die Abwicklung eines Kredites, da Raiffeisen keine Kredite an Parteien geben wollte."[202]

Zur gemeinsamen Umgehung dieses Raiffeisen-Prinzips wurde im März 2012 der „Förderverein Helios" in Altenberg bei Linz gegründet. Obmann des Vereins wurde Hubert Schreiner.

Im Juni 2013 ließ Schreiner ein Konto bei der Raiffeisen-Lan-desbank „RLB Oberösterreich" eröffnen – und bekam für den „Förderverein Helios" umgehend einen Kredit über 4,9 Millio-nen Euro. Eine Unterlage der RLB dokumentiert den Raiffeisen-„Abstattungskredit" für „Helios"[203] und die 4,9 Millionen Euro, die die RLB OÖ am 1. Juli 2013 an „Helios" auszahlte.

Die Raiffeisen-Millionen blieben nicht lange auf dem Konto des FPÖ-Tarnvereins. Am 30. Juli 2013 überwies „Helios" 4,84 Mil-lionen Euro an „Empfänger FPÖ". Haimbuchner bestätigt: „Die FPÖ Oberösterreich hatte kein Darlehen und auch von diesen Mitteln nichts gehabt."[204] Die Millionen waren immer für Strache und seine Wahl bestimmt.

Die „Helios"-Bilanz für 2013 dokumentiert, dass die Millionen direkt an die „FP Österreich" gingen. Damit war das Geld für den Strache-Wahlkampf gesichert.

Für den Millionenkredit verlangte die RLB OÖ „Sicherheiten".

Doch die FPÖ hatte nichts zu verpfänden. Haimbuchner erklärte der WKStA, wie das Problem gelöst wurde: „Die Per-sonen, die dafür gehaftet haben, waren Strache, Schock und Steinkellner."

2013 war Heinz-Christian Strache bereits acht Jahre Obmann der FPÖ. Zu dieser Zeit diente Eduard Schock seiner Partei in Wien als „nicht amtsführender Stadtrat" und „Finanzsprecher". Am 11. Juli 2019 wurde Eduard Schock für seine Kompetenz in

Finanzfragen belohnt – mit einem Direktorposten der Oester-
reichischen Nationalbank.

Günther Steinkellner ist das Bindeglied zur FPÖ Oberösterreich. Seit 2015 sitzt er für die oberösterreichische FPÖ in der
Landesregierung. Im Juni 2013, als er den FPÖ-Millionenkredit
bei der RLB Oberösterreich besicherte, war er FPÖ-Klubobmann
im oberösterreichischen Landtag.

Weder Strache noch Schock oder Steinkellner verfügten über
das persönliche Vermögen, um für 4,9 Millionen geradezustehen.
Aber bei Raiffeisen ging es offensichtlich nicht um Sicherheiten,
sondern um Verschleierung. Mit „Helios" konnte jahrelang erfolgreich verheimlicht werden, dass Raiffeisen-Banken nicht nur
die ÖVP finanziell am Leben hielten.

Wichtiger als Obmann Schreiner scheint der Helios-Kassier
gewesen zu sein. Steuerberater Josef Walch war eines der Binde-
glieder zwischen FPÖ und organisiertem Geld.

In seiner Einvernahme schildert Walch die Geldbeschaffung
für die Bundespartei: „2019 wurde ich erstmals durch die Landes-
partei OÖ als Rechnungsprüfer zur Gebarungsprüfung der FPÖ
Bundespartei nominiert." Walch beschreibt seinen Beitrag zur
Finanzierung des Nationalratswahlkampfs 2013: „Mein einziger
sonstiger Bezug zur Bundespartei ergab sich indirekt durch die
Aufnahme eines Kredits von EUR 5 Mio. durch den Förderverein
Helios bei der RLB OÖ im Jahre 2013."

Die Raiffeisen-Millionen für Strache wurden über die Landespartei beschafft: „Die Aufnahme dieses Kredits erfolgte allerdings auf Ersuchen der Landespartei OÖ. Gemeinsam mit dem
Obmann unterzeichnete ich als Organ (Kassier) des Förder-
vereins den Kreditvertrag."[205]

Am 22. Jänner 2021 versuchte Walch, die „Helios"-Unterlagen
vor der WKStA zu schützen. Die Ermittler hatten Spuren gefunden und die Funde in einer Liste durchnummeriert. Das
Walch-Verlangen war einfach: Die WKStA solle „die Dokumente
aus dem Akt ausscheiden und mir ausfolgen".[206] Walch schien

empört, dass ihm die Staatsanwälte auf den dubiosen Klienten gekommen waren.

Zu dieser Zeit wussten Strache, Walch und Herbert Kickl noch nicht, dass in Zukunft nicht einzelne Rechnungen, sondern die gesamte Buchhaltung der FPÖ zum Problem werden würde. Aber auch dafür fand sich eine Lösung. Sie fiel bereits in die Amtszeit von Straches Nachfolger Herbert Kickl.

TEIL 7: IM VISIER

„Wer unsere Regeln nicht akzeptiert, bekommt die
volle Härte des Gesetzes zu spüren!"[207]
Karl Nehammer

Im Ostblock gilt von Moskau bis Budapest eine Regel: Rechtsstaat oder Regime. Von Netanjahus Likud-Partei und Erdoğans AKP bis zu Orbáns Fidesz und Putins „Einiges Russland" gedeiht die Politik der autoritären Rechten in einem Umfeld organisierter Korruption. Die Führer aller vier Parteien haben entscheidende Auseinandersetzungen mit dem Rechtsstaat gewonnen.

Wo Regimes der Rechten an der Macht sind, werden Gerichte umgebaut und Staatsanwaltschaften an die Leine genommen.

In Österreich ist es noch nicht so weit. In ÖVP und FPÖ weiß man bis heute nicht mit Sicherheit, welche Strafverfahren bis zur Anklage geführt werden und welche rechtzeitig „daschlogn" werden können.

Eurofighter, BUWOG, Telekom, Hypo Alpe Adria[a], BVT, Regierungsinserate, CASAG, Ibiza, Steuergeschenke für Oligarchen wie Benko und Wolf – das sind die großen Fälle aus der langen Liste der Regierungskorruption. Auf den ersten Blick ist es nicht einfach, die Fälle einzelnen Parteien zuzuordnen. Von Bestechlichkeit, Untreue, Amtsmissbrauch und Verletzung des Amtsgeheimnisses bis zu illegaler Parteienfinanzierung sind die Delikte meist dieselben. Trotzdem unterscheiden sich die korrupten Systeme von ÖVP und FPÖ wie Abend und Mitternacht.

Die einen sind die Gelegenheitstäter, die jede Gelegenheit nützen. Die anderen sind die Profis. Bevor die WKStA die ersten großen Fälle wie BUWOG übernahm, glaubte kaum jemand in Österreich, dass den Profis etwas passieren kann.

Mit zwei großen Verfahren ist das anders geworden: mit dem Komplex „Ibiza" und mit „Eurofighter". In beiden Verfahren scheinen nach „Nebensträngen" die großen Anklagen in Reichweite. Die parteinahen Spitzen der Justiz, die so wie früher alles im letzten Moment „daschlogn" könnten, kontrollieren nur noch Teile der Justiz. Jetzt haben ÖVP und FPÖ nur noch eine Chance,

---

a   Unter Landeshauptmann Jörg Haider ging die Kärntner Bank Hypo Alpe Adria durch Spekulationen und dubiose Geschäfte pleite. Den Schaden von rund 19 Milliarden Euro konnte das Land Kärnten nicht finanzieren. Durch eine Notverstaatlichung wurden die Verluste auf die Allgemeinheit übergewälzt.

fast ungeschoren davonzukommen: in einer gemeinsamen Regierung die WKStA selbst zu „daschlogn".

Die Galerie der ÖVP

In der ÖVP gilt seit vielen Jahren die „Sitzregel": Wer nicht sitzt, kann sitzen bleiben. Solange man auf freiem Fuß ist, gilt man in der ÖVP als amtstauglich. Unschuldsvermutungen reichen aus, um höchste Ämter der Republik bekleiden zu können.

Früher verliefen die Grenzen zwischen Politik und Strafrecht woanders. Egal ob Minister oder Abgeordnete – sobald die Strafjustiz Ermittlungen gegen einen Politiker aufnahm, konnte er nicht im Amt bleiben. Diese klare Regel schützte das Amt, weil man zu Recht annahm, dass Politiker ihre Ämter mit Staatsanwälten auf den Fersen und Hausdurchsuchungen in ihren Büros nicht uneingeschränkt ausüben konnten. Die Gefahr, dass sich Staatsanwälte mit mutwillig vom Zaun gebrochenen Verfahren am gezielten Sturz von Ministern oder Abgeordneten beteiligen könnten, nahm man in Kauf, aus einem einfachen Grund: Das Vertrauen in die Justiz war immer noch aufrecht.

Neue Kriminalität

Klassische politische Kriminalität kennt zwei Zonen: in Partei und Verwaltung; und im Beschaffungswesen. Nur wenige Kanäle und Methoden von Parteibuchwirtschaft und verdeckter Finanzierung sind neu. Politiker in ÖVP, FPÖ und SPÖ haben in den letzten Jahrzehnten weiterentwickelt, was ihre Vorgänger bereits erfolgreich praktiziert haben.

Im öffentlichen Beschaffungswesen waren zwei Bereiche besonders anfällig: Bauwirtschaft und Rüstung. Beides hat einen gemeinsamen Grund, weil überall dort, wo wenige große Bieterkonzerne einem einzigen öffentlichen Käufer gegenüberstehen, ideale Voraussetzungen für Korruption herrschen. Wenn wenige das Geschäft machen, kann das für einige zu einem besonders guten Geschäft werden.

Baukartelle, Eurofighter – die großen Korruptionsaffären der Vergangenheit finden sich so auch fast ausschließlich dort, wo es um Straßen, Panzer, U-Bahnen und Kampfflugzeuge gegangen ist.

Mehr privat, weniger Staat

Mit Karl Heinz-Grasser ist inzwischen das erste blau-schwarze Großtalent im BUWOG-Verfahren zu acht Jahren unbedingter Freiheitsstrafe nicht rechtskräftig verurteilt.

Grasser blieb lange ein Einzelfall. Mit den „Ibiza"-Verfahren änderte sich das nachhaltig.

Am Anfang fanden sich auf der Liste der „Offizialdelikte mit bekannten Tätern" im WKStA-Strafakt[208] fast ausschließlich Freiheitliche. Strache war Nummer 1, der Ibiza-Skandal war einfärbig blau.

Das Bundeskriminalamt führte bis zu seinem Hinauswurf durch die WKStA die Ibiza-Ermittlungen an der ÖVP vorbei. Doch das verschaffte der Partei nur kurz Luft.

Ein ÖVP-Minister nach dem anderen geriet gemeinsam mit den Köpfen des „Ballhausplatz"-Teams ins Visier. Ex-Familienministerin Sophie Karmasin landete in Untersuchungshaft. Zum Schluss erwischte es Sebastian Kurz.

Als Nr. 68 auf der Liste der Beschuldigten steht die ÖVP Bundespartei selbst im Mittelpunkt der WKStA-Ermittlungen. Die Delikte, die die WKStA ihr vorwirft, reichen von „Untreue" bis „Bestechlichkeit". Zum ersten Mal regiert eine Kanzlerpartei als Beschuldigte der Korruptionsstaatsanwaltschaft.

„Nachdem die Ermittlungen der Staatsanwaltschaft zahlreichen hohen Amtsträgern der Partei Verstrickungen in Korruptionsfälle nachgewiesen hatten, geriet die Partei in eine schwere Krise." Der Satz stammt aus Wikipedia und betrifft das Jahr 1992. Die Partei war die Demokrazia Cristiana, die italienische Schwesterpartei der ÖVP. Zwei Jahre danach verlor die DC ihre letzte Wahl und zerfiel. Mehr als dreißig Jahre später scheint die Frage berechtigt: Droht der ÖVP heute dasselbe Schicksal? Eine mögliche Antwort findet sich im österreichischen Strafgesetzbuch.

Kriminelle Vereinigung

„Wer eine kriminelle Vereinigung gründet oder sich an einer solchen als Mitglied beteiligt, ist mit Freiheitsstrafe bis zu drei Jahren zu bestrafen."

Das steht im § 278 des StGB. Drei Jahre ins Gefängnis – das riskieren viele nur, wenn es sich auszahlt oder wenn man sich sicher ist, dass man nicht erwischt wird. Aber war die ÖVP unter Sebastian Kurz eine „kriminelle Vereinigung"? Dazu könnte Ziffer 2 des § 278 genauere Hinweise geben.

„Eine kriminelle Vereinigung ist ein auf längere Zeit angelegter Zusammenschluss von mehr als zwei Personen, der darauf ausgerichtet ist, dass von einem oder mehreren Mitgliedern der Vereinigung ein oder mehrere Verbrechen, andere erhebliche Gewalttaten gegen Leib und Leben, nicht nur geringfügige Sachbeschädigungen, Diebstähle oder Betrügereien, Vergehen nach den §§ 177b, 233 bis 239, 241a bis 241c, 241e, 241f, 283, 304 oder 307, in § 278d Abs. 1 genannte andere Vergehen oder Vergehen nach den §§ 114 Abs. 1 oder 116 des Fremdenpolizeigesetzes ausgeführt werden."

Das klingt verwirrender als es ist. Also:

Die ÖVP ist „ein auf längere Zeit angelegter Zusammenschluss von mehr als zwei Personen". Das wird nicht einmal von Wolfgang Sobotka bestritten.

Die Vereinigung muss darauf ausgerichtet sein, Verbrechen zu begehen, also Straftaten, die mit mehr als drei Jahren Freiheitsstrafe bedroht sind. Das klingt nicht gut für die ÖVP: Unter den Verbrechen finden sich Untreue, Amtsmissbrauch, der Verrat von Amtsgeheimnissen und die Anstiftung dazu.

Zu den Verbrechen kommen die „Vergehen", also die Straftaten, bei denen es um weniger als drei Jahre geht. Da würde es auf den ersten Blick für die ÖVP besser aussehen. § 233? Fehlanzeige. „Weitergabe oder Besitz nachgemachten oder gefälschten Geldes" wird der ÖVP bisher nicht vorgeworfen. Auch Verhetzung nach § 283 oder Terrorismusfinanzierung nach § 278d wird niemand Nehammer, Sobotka & Co. vorwerfen.

Aber da finden sich zwei weitere Paragrafen: 304 und 307, die Bestechlichkeit und die Bestechung. Das sind neben dem Amtsmissbrauch und dem Verrat von Amtsgeheimnissen die Straftaten, die sich von Sebastian Kurz bis Thomas Schmid am häufigsten auf dem Aktendeckel finden.

Es geht längst nicht mehr nur um Einzelpersonen. Im CASAG-Verfahren ist die ÖVP als Partei nach dem Verbandsverantwortlichkeitsgesetz Beschuldigte: als Anstifterin zur Untreue und zur Bestechlichkeit. Karl Nehammer war ab Jänner 2018 Generalsekretär der beschuldigten Partei.

Wenn für die ÖVP vor den Gerichten alles schiefgeht, drohen möglicherweise italienische Verhältnisse. Auch dort machten Staatsanwälte ernst. Als die Dämme von Korruption und Vertuschung brachen, war es für eine ruhige rechtsstaatliche Aufarbeitung zu spät. „Mani Pulite"[a], die „sauberen Hände", brachten nicht nur alles ans Licht, sie gaben den Regierungsparteien DC und PS auch den letzten Stoß.

„Warum" und „seit wann"?

Wenn derart viele Merkmale eines Tatbestands auf eine Partei passen, stellt man sich zwei Fragen: „warum?" und „seit wann?" Niemand wird annehmen, dass die ÖVP als auf „längere Zeit angelegte unternehmensähnliche Verbindung" gegründet wurde. Die Gründung ist lange her, und die Gründer hatten anderes im Sinn. Auch die Abgeordneten, die im Justizausschuss des Nationalrats den Mafia-Paragrafen beraten haben, werden sich wohl eher ihre Köpfe über russische oder süditalienische Geschäftsleute und nicht über führende Politiker einer österreichischen Partei zerbrochen haben.

Aber spätestens als türkise Familie scheint die ÖVP genau dazu geworden zu sein: zu einem „Unternehmen" besonderer Art. Mit dem Sturz von ÖVP-Chef Mitterlehner durch seinen Nachfolger

---

a „Mani pulite" (italienisch für „saubere Hände", sinngemäß „Weiße Weste") war der Name für umfangreiche Korruptionsermittlungen durch Mailänder Staatsanwälte, die in den 1990er Jahren den Zusammenbruch des politischen Nachkriegssystems in Italien zur Folge hatten.

wurde der bislang letzte Versuch, die ÖVP unter penibler Beachtung aller Gesetze und Regeln zu führen, beendet.

Wer die ÖVP mit § 278 des Strafgesetzbuches konfrontiert, erntet routinierte Empörung. „Infame Unterstellung. Unter der Gürtellinie!" Und irgendwie haben die Betroffenen von der Mafia bis zur ÖVP ja recht. Die Volkspartei in Wien unterscheidet viel von der Mafia in Moskau und Palermo:

1. Die ÖVP ist eine politische Partei. Ihr Ziel ist vor allem die Macht. Dass sie dazu immer mehr Geld braucht, hängt mit Art und Umfang ihrer Wahlkämpfe und ihrer Medienkooperationen zusammen.

2. Von Russland bis Sizilien gilt das Gegenteil. Für die Mafia ist politische Macht Mittel zum kriminellen Zweck: den illegalen Geschäften der organisierten Kriminalität.

3. Als Partei, die seit 35 Jahren fast ununterbrochen Österreich regiert, hat die ÖVP die Möglichkeit, direkt Verfassungsschutz, Polizei und Justiz zu kontrollieren und passende Gesetze durch den Nationalrat beschließen zu lassen. Mafiaartige Organisationen verfügen über keine vergleichbare Macht. Dafür suchen sie die Nähe anfälliger Parteien.

4. In Sizilien riskierten Staatsanwälte und Richter bei der Verteidigung des Rechtsstaats lange Zeit ihr Leben. Unter der ÖVP riskieren sie ihr Amt, nicht mehr.

5. Beim Versuch, als stärkste Partei in Österreich ein Regime nach Orbáns Art zu errichten, sind die Hemmungen, zu kriminellen Methoden zu greifen, in der ÖVP offensichtlich drastisch gesunken.

6. Die Delikte reichen dabei von Verstößen gegen die Bestimmungen zur Finanzierung von Parteien und Wahlkämpfen, Amtsmissbrauch und Verrat von Amtsgeheimnissen bis zu Bestechung und Bestechlichkeit. Das sind nicht die typischen Mafia-Delikte.

7. Kriminelle Organisationen wie die Mafia ziehen bestimmte Politiker und Parteien an. Autoritär-korrupte Parteien wie die türkise ÖVP sind für bestimmte „Unternehmer" attraktiv.

Sie erwarten sich Vorteile und Schutz. Dafür sind sie bereit, die Partei zu unterstützen.

8. Nichts deutet auf enge Beziehungen zwischen der ÖVP und kriminellen Organisationen in Italien hin. Untersuchenswert sind allerdings Beziehungen, die tief nach Russland und in die Ukraine führen.

9. Im Gegensatz zu denen der Mafia sind die Probleme der ÖVP regional. Sie ist traditionell auf einen Raum beschränkt: auf Österreich. Ein Blick in die Geschichte der Zweiten Republik zeigt: Die ÖVP ist die Traditionspartei der politischen Korruption. Dort sitzen die Profis, die gelernt haben, alles für die Partei zu tun. Bei der FPÖ ist das völlig anders.

Die Galerie der FPÖ

So konnte man es am 19. September 2023 in der Steiermark lesen: „Wie die *Kleine Zeitung* erfuhr, war der Feldbacher Landtagsabgeordnete Herbert Kober Anfang September in einen Verkehrsunfall mit Sachschaden auf der B 66, der Feldbacher Umfahrungsstraße, verwickelt. Anschließend beging der Unfalllenker Fahrerflucht. Er wurde rasch ausgeforscht und von der Polizei zum Alkomattest aufgefordert, dabei sollen die Beamten eine erhebliche Alkoholisierung festgestellt haben.“[209]

Der Unfall am 2. September 2023 war nichts Außergewöhnliches. An betrunkene Freiheitliche am Steuer hat man sich ebenso gewöhnt wie an FPÖ-Politiker, die in die Taschen von Amt und Partei greifen. Kobers Anwalt „betont, dass der Vorfall in keinem Zusammenhang mit der politischen Tätigkeit seines Mandanten stehe“.[210]

Giftschrank „Ballhausplatz"

Im „Projekt Ballhausplatz" findet sich ein Giftschrank. Dort hatten die ÖVP-Strategen unter „FPÖ im Visier der Justiz" schon 2016 alles notiert, was sie bis dahin über Straftäter in hohen freiheitlichen Funktionen gesammelt hatten.[211] Niemand kann der ÖVP unter Sebastian Kurz und Karl Nehammer vorwerfen, dass sie nicht genau wussten, mit wem sie sich einließen.

19 Namen wurden aus dem ÖVP-Giftschrank in die Liste übernommen. Harald Vilimsky fand sich ebenso darauf wie eine Reihe von Parteigrößen, die die FPÖ von Wien bis Klagenfurt geprägt hatten. Einen suchte man vergeblich: Heinz-Christian Strache. Mit ihm hatte die ÖVP 2016 Besseres vor.

Wer tiefer gräbt, findet mehr. Das SPÖ-nahe Online-Magazin *Kontrast* versuchte einen Überblick über Straftäter aus dem FPÖ-Bereich und listete Delikte auf, die sonst nicht für die Politik typisch sind:[212]

- Spielautomaten-Betrug
- Beschäftigung einer Schwarzarbeiterin
- Besitz und Weitergabe von kinderpornografischem Material
- Körperverletzung
- illegaler Waffenhandel und versuchte Nötigung
- sexueller Missbrauch von Unmündigen
- schwerer Diebstahl
- Suchtgifthandel
- pornografische Darstellung Minderjähriger
- betrunken am Steuer, Unfall mit Fahrerflucht
- und in einem Fall Mord.

Die ÖVP-Profis tun es für die Partei und manchmal für sich selbst. Die FPÖ-Amateure tun es für sich selbst und manchmal für die Partei. Das größere Stück des Kuchens gehört den Profis, die größeren Brösel machen die Amateure.

ÖVP und FPÖ scheinen sich auf Pendelverkehr zwischen Regierungsbank und Anklagebank eingestellt zu haben. Laufende Ermittlungen und schwere Beschuldigungen durch die Strafjustiz sind für beschuldigte Politiker beider Parteien längst kein Grund mehr, zur Seite zu treten und ein Amt aufzugeben.

Früher war es undenkbar, dass Beschuldigte in Strafverfahren ihre Parteien als Spitzenkandidaten bei EU-Wahlen, Landtagswahlen und Nationalratswahlen anführen. 2024 scheint das zumindest bei der FPÖ zur Regel zu werden.

Sechs Profis

Einige in ÖVP und FPÖ heben sich auch bei ihren Affären deutlich von der Masse ihrer Parteifunktionäre ab.

Profi 1: Wolfgang Sobotka

Am 30. März 2022 teilte die WKStA mit, „dass wir aufgrund von Anzeigen und damit übermittelten Beweismitteln vor kurzem ein Ermittlungsverfahren gegen Mag. Wolfgang SOBOTKA wegen des Verdachts auf Missbrauch der Amtsgewalt in seiner früheren Funktion als Bundesminister für Inneres im Zusammenhang mit der Besetzung eines Leitungspostens bei der Landespolizeidirektion Wien eingeleitet haben.“[213]

Der entscheidende Hinweis stammte aus den „BMI-Chats“, die von *ZackZack* veröffentlicht worden waren.[214] Es ging um die Bestellung eines neuen Polizei-Vizepräsidenten in Wien. Mit Andrea Jelinek verfügte eine Bewerberin über hervorragende Qualifikationen. Seit Jänner 2014 war sie Leiterin der Datenschutzbehörde. Ihr Konkurrent Franz Eigner hatte eine andere Qualifikation: Er war der Favorit der ÖVP.

Am 16. März 2017 wandte sich der Salzburger Landespolizeidirektor Franz Ruf an BMI-Kabinettschef Michael Kloibmüller und berichtete ihm, dass er den Wiener Polizeipräsidenten Gerhard Pürstl dazu bewogen habe, Jelinek zum „Zurückziehen“ ihrer Bewerbung zu bewegen: „michael, zur info: ich habe gerhard pürstl bestärkt, dass er andrea jelinek zum zurückziehen bewegen möge u die dbzgl argumente hervorgestrichen, er ist sich ziemlich sicher, dass er es schaffen wird. lg franz“

Am 28. März 2016 teilte BM Sobotka seinem Kabinettschef mit, dass Jelinek seiner Ansicht nach „sehr sehr kompetent“ sei. Er empfahl KC Kloibmüller, sich Jelinek vom Wiener Bürgermeister Michael Häupl „abverhandeln“ zu lassen.

Kloibmüller machte Sobotka schnell klar, dass es hier um ein höheres Gut ging: um die Parteilinie. Der Kabinettschef drohte für den Fall einer Jelinek-Entscheidung: „Fraktion dreht durch.“ Kloibmüller hatte schon alles im Sinne der Partei vorbereitet: „Kommission steht und eigentlich ist alles eingehängt.“

Damit war auch Sobotka auf Linie: „Ok". Kloibmüller war zufrieden, auch weil man es den „Sozen" gezeigt hatte: „A zeit lang hab ich auch an einen Deal gedacht. Aber wie ich gesehen habe wir bringen unseren Mann durch dachte ich den Sozen zu zeigen, wo der Hammer hängt."

Im Mai 2017 war es geschafft. Die Landespolizeidirektion Wien hatte ihren neuen Vizepräsidenten: Franz Eigner, den Parteikandidaten der ÖVP.

Im BVT-Untersuchungsausschuss stellt die BMI-Beamtin Isabella Fischer als Auskunftsperson öffentlich fest: „Da kann man sich ja auch eigentlich einmal fragen, warum es passieren kann, dass ein Landespolizeidirektorstellvertreter in Wien – diese Position ist ja nicht unerheblich –ausgeschrieben wird und sich ein Hochkaräter wie eine Frau Dr. Jelinek dafür bewirbt, dann aber aus dem Ministerium der Herr Franz Eigner genommen wird, ohne dass es ein Hearing gibt. Wie kann so etwas sein?"[215]

„in der FCG recht fleißig"

Jelinek war kein Einzelfall. Am 31. Mai 2016 schickte Innenminister Sobotka seinem Kabinettschef Michael Kloibmüller kurz nach Mitternacht eine Signal-Mitteilung: „Wurde gebeten ein gutes Wort für ihn einzulegen. Da er in der FCG recht fleißig ist mach ich das gerne. Günther F., Bewerbung als Stellvertreter des Kommandanten der PI (Polizeiinspektion) Wieselburg". Der Intervention lagen Dienstnummer und Personalnummer bei.

Unter Sobotka wurde besonderer Fleiß in der FCG, der Fraktion christlicher Gewerkschafter, belohnt. Um 8.57 Uhr meldete Kloibmüller seinem Minister den Vollzug: „Vorschlag wird auf F. kommen. Frist gerade aus. Bestellung 1.7. möglich. LG m".

F. bekam den Posten. Zwei Jahre später wurde der fleißige Parteipolizist Kommandant.

So einfach ging das im Sobotka-Regelfall: Die Partei wünscht, der Minister befiehlt, und der Kabinettschef exekutiert.

„Schwarze ins Leo"

Manchmal musste sich Sobotka als Minister ärgern. Am 6. November 2016 sah alles noch nach einer normalen Intervention aus. „Lieber Wolfgang! A. ist in Amstetten und H. kommt nicht nach Waidhofen weil ihn der rote Bezirkskommandant von Mödling nicht nach Waidhofen lässt, so die Aussage von der LPI Luif. Bitte um deine letztmalige Unterstützung in dieser Angelegenheit. GLG IGNAZ." Sobotka gab die Bitte von Parteifreund „Ignaz" gleich an seinen Kabinettschef weiter: „Sei so gut und schau dir die Sache nochmals an und gib mir eine Info, GglG Wolfgang."

Fünf Tage später meldete sich „Ignaz" schwer verärgert: „Lieber Wolfgang! Ich bin voll sauer! S. vom LPI hat H. angerufen, nach St Peter oder Valentin kann er versetzt werden aber nicht nach WY entgegen aller Vereinbarungen. Trotz aller Ersuchen bekomme ich für einen ÖVPLER keine Unterstützung, auch von dir nicht ich hätte mir wenigstens von dir eine Nachricht erwartet warum es nicht möglich ist."

Sobotka gab seinem Kabinettschef einen klaren Auftrag: „Ich brauch da eine Nachricht, vor allem bevor sie draußen ist, und vor allem Sachverhalt, Roten zu versprechen und Schwarze ins Leo laufen lassen ist nicht gerade so akzeptierbar, Stopp den Vorgang bis ich Klarheit habe, GglG Wolfgang".

Mit „Ok" signalisierte Kloibmüller, dass der „Vorgang" gestoppt wird. In „WY", Sobotkas Heimatstadt Waidhofen an der Ybbs, läuft kein Schwarzer „ins Leo".

Die Interventionsliste

Im Herbst 2016 befürchtete der Innenminister, den Interventions-Überblick zu verlieren. Am 8. September 2016 wandte sich Kabinettsmitarbeiterin Eva G. besorgt an ihren Kabinettschef: „Du, nur eine Frage ... Ist es (=> Aktenvorlage) gescheit, wenn bei uns am KBM-Server unter „HBM Sobotka" eine Liste liegt, die Interventionen heißt und noch dazu alle Interventionen mit Stand anführt ...? Ich weiß, er will das – nur ... LG Eva". Kloibmüller erkannte die Gefahr, die durch die Interventions-

Ordnungsliebe seines Ministers drohte, sofort: „Na ist es net da muss i reden".

Eingestellt

Dutzende Beweise für Parteibuchwirtschaft der ÖVP waren da. Sobotkas Immunität war aufgehoben. Trotzdem stellte die WKStA im Dezember 2023 das „BMI-Chats"-Verfahren gegen den Nationalratspräsidenten ein. Wie *Der Standard* berichtete, zog Sobotka daraus einen bemerkenswerten Schluss: „Er verzichtet auf einen Rücktritt, damit Vertrauen in die Politik bleibt".[216]

Das war nicht die einzige Einstellung. Fünf weitere Verfahren hat Sobotka in den letzten Jahren ohne Anklage überstanden. Er selbst sah das „sportlich": „Dieses Match ist 6:0 für mich ausgegangen."[217]

2024 ist ein einziges Verfahren offen. Ex-Finanzministeriums-Generalsekretär Thomas Schmid hatte Sobotka bezichtigt, die Erwin-Pröll-Privatstiftung begünstigt zu haben. Die WKStA informierte Präsident Sobotka über das Auslieferungsverfahren gegen ihn selbst: „Gegenstand des Ersuchens an den Nationalrat ist der Vorwurf, der Genannte hätte beim damaligen Generalsekretär des BMF interveniert und ihn dadurch zur missbräuchlichen Erwirkung der Abstandnahme bzw. zur unsachlichen Beeinflussung der Steuerprüfung einer Privatstiftung veranlasst."[218]

Für Wolfgang Sobotka gilt in allen Fällen die Unschuldsvermutung.

Profi 2: Harald Vilimsky

Am 29. Juni 2023 wies das Wiener Landesgericht für Strafsachen einen Einspruch des FPÖ-EU-Abgeordneten Harald Vilimsky ab. Die Richterin stellte fest: „Die Staatsanwaltschaft Wien führt ein Ermittlungsverfahren gegen Harald Vilimsky wegen § 153 Abs 1 und 3 erster Fall und anderer Delikte".[219]

Damit war auch der Führer der freiheitlichen EU-Fraktion ins Fadenkreuz der Ermittler geraten. Auch gegen ihn lautete der Vorwurf auf „Untreue". Die Staatsanwaltschaft verdächtigte

Vilimsky, als Finanzreferent des FPÖ-Parlamentsklubs Gelder für private Zwecke veruntreut zu haben. Nutznießer soll neben Strache auch Vilimsky selbst gewesen sein.[220]

Außerdem soll Vilimsky Aufwendungen, die nichts mit seiner parteipolitischen Arbeit zu tun hatten, bei der Spesenabrechnung Straches „mitverbucht‘" haben, wie der *Spiegel* berichtete.[221]

Dazu kam noch der behauptete Griff in die Handkassa der Wiener FPÖ, zu dem er eine Mitarbeiterin „bestimmt" haben soll, „indem er sie anwies, Gelder aus der von ihr für die FPÖ-Landesgruppe Wien geführten Handkassa, die zur Verwendung im Interesse der Partei bestimmt war, für parteifremde Zwecke einzusetzen". Einer der „parteifremden Zwecke" soll Vilimsky mit „eigenen Auslagen wie Warenbestellungen im Internet, etwa Mobiltelefone samt Zubehör oder Restaurantkonsumation" selbst gewesen sein.

Für Harald Vilimsky gilt in allen Fällen die Unschuldsvermutung.

Profi 3: Sebastian Kurz

Kaum jemand hat das Bild der ÖVP als Mutterpartei der politischen Korruption so geprägt wie Sebastian Kurz. Die Liste der Delikte, die ihm die WKStA in den beiden wichtigsten Verfahren vorhält, ist dementsprechend lang.

Im CASAG-Hauptverfahren „WKStA 17 St 5/19d" ist Kurz Beschuldigter Nummer 11.

11. BS	Sebastian Kurz 50. VT Suppan/Spiegl/Zeller Rechtsanwalts OG	§ 304 (1) StGB;§ 302 (1) StGB; § 153 (1 u 3) 2. Fall teils iVm § 12 2. Fall StGB § 12 3. Fall StGB; § 288 (1 u 3) StGB; § 12 2. Fall StGB §§ 153 (1 u 3), 304 (1 u 2) 2. Fall StGB; § 12 2. Fall StGB §§ 302 (1) in eventu, 153 StGB

Im Verfahren „WKStA 17 St 18/23x" trägt er die Nummer 2.

2. BS	Sebastian Kurz 2. VT Suppan/Spiegl/Zeller Rechts-anwalts OG	§ 304 (1) StGB;§§ 302 (1), 302 (2) in eventu § 153 StGB StGB;§ 153 (1 u 3) 2. Fall iVm StGB § 12 2. Fall StGB; §§ 153 (1 u 3), 304 (1) 2. Fall StGB§ 12 2. Fall StGB

Im „kleinen" Verfahren wegen falscher Zeugenaussage vor dem Untersuchungsausschuss wurde Kurz am 23. Februar 2024 – nicht rechtskräftig – verurteilt. Im anderen Verfahren um die sogenannte Inseratenaffäre, bei der auch Wolfgang Fellner und Sophie Karmasin wichtige Rollen spielen, wurde noch keine Anklage erhoben.

Für Sebastian Kurz gilt in allen Fällen die Unschuldsvermutung.

Profi 4: Mario Kunasek

Der Architekt war ein Parteifreund. Steiermarks dritter Landtagspräsident Gerald Deutschmann hatte neben der neuen FPÖ-Zentrale einen zweiten Bau vorbereitet: für ein Einfamilienhaus für seinen Chef Mario Kunasek.

Am 1. März 2023 war eine umfangreiche Anzeige bei der WKStA in Graz eingegangen: Bei der Abrechnung des Neubaus der FPÖ-Zentrale sollte es Ungereimtheiten gegeben haben. Danach ging es Schlag auf Schlag.

Als Beschuldigter Nummer 7 warf die Staatsanwaltschaft Mario Kunasek Unterdrückung von Beweismitteln und falsche Zeugenaussage vor.[222] Aber dabei blieb es nicht.

Begonnen hatte alles mit dem Finanzskandal der FPÖ Graz. 1,8 Millionen Euro an Klubgeldern, so lautete der Verdacht, sollten veruntreut worden sein. Blaue Stadtpolitiker sollten das getan haben, was in der FPÖ nicht unüblich schien: in die Taschen der eigenen Partei gegriffen.

Im April 2023 wurde Kunaseks Immunität als Landtagsabgeordneter aufgehoben.

Hatte die FPÖ ohne Wissen der Parteigremien das Privathaus ihres Ex-Verteidigungsministers und steirischen Spitzenkandidaten mitfinanziert? Hatte Bauherr Kunasek in die Parteikasse gegriffen? Deutschmanns Anwalt wies alles zurück: „Zwischen den beiden Projekten gibt es keinerlei wirtschaftlichen Zusammenhang. Die diesbezüglichen Behauptungen und Zahlen sind frei erfunden und dienen ausschließlich dazu, Mario Kunasek und meinem Mandanten übel nachzureden."

Nichts davon schien Herbert Kickl zu irritieren: „Ich weiß, dass Mario Kunasek ausgezeichnet ankommt".

Parteiausschluss

Die wenigen, die in der steirischen FPÖ den Kampf gegen Korruption ernst genommen hatten, waren zu diesem Zeitpunkt längst freiwillig oder unfreiwillig gegangen. „Kunasek und Bundes-FPÖ-Chef Herbert Kickl schlossen 2022 einige aus der Partei aus, die eine genauere Untersuchung der Geldflüsse und jahrelangen Prüfer forderten", berichtete *Der Standard* im Mai 2023.[223] Einer von ihnen, ein Grazer Bezirksvorsteher-Stellvertreter, beschrieb das Gefühl, mit dem er die FPÖ verließ: „Fassungslosigkeit über das Vorgehen des FPÖ Steiermark-Landesparteivorstandes unter der Führung von Mario Kunasek und von Bundesparteiobmann Herbert Kickl".[224]

Niemand kann Kunasek absprechen, dass er weiß, was in vergleichbaren Fällen zu tun ist. Als Strache im Herbst 2019 nach seinem Rücktritt mit Vorwürfen wegen möglicher falscher Spesenabrechnungen in der Wiener FPÖ konfrontiert wurde, sprach sich der steirische FPÖ-Chef Mario Kunasek als einer der Ersten für den Parteiausschluss Straches aus: „Wenn das stimmt, sehe ich keine andere Möglichkeit. So leid es mir tut."[225]

Für Mario Kunasek gilt in allen Fällen die Unschuldsvermutung.

Profi 5: Dominik Nepp

„Dominik Nepp hat alles, was es braucht, um Wiener Bürgermeister zu werden!"[226] Als Herbert Kickl das am 6. April 2024 am Landesparteitag der Wiener FPÖ erklärte, wusste er genau, was er damit sagte. Zumindest in einem Punkt kann man Kickl schwer widersprechen: In puncto „Affären" kann Dominik Nepp mit fast allen Freiheitlichen mithalten.

Hans-Jörg Jenewein war schon als FPÖ-Abgeordneter eine der rechten Hände von Herbert Kickl. In einem Telefonat, das er selbst aufzeichnete, fragte Jenewein nach, wer eigentlich in die Vereine, die im Vorfeld der FPÖ von Unternehmen Gelder kassierten, eingeweiht war. Sein Parteifreund, der Ex-Abgeordnete und Rechtsanwalt Markus Tschank, nannte neben Strache und Kickl den „Dominik als Landesfinanzreferent".[227]

Nepp wusste über vieles Bescheid. Auch in der Spesenaffäre, in der Strache der falschen Rechnungslegung gegenüber der FPÖ Wien beschuldigt wurde, gab es Hinweise auf Nepp. Der *Kurier* zitiert aus einer Einvernahme von Straches Ex-Bodyguard Oliver R.: „Auf Nachfrage, ob ich ihm dezidiert gesagt habe, dass hier auch falsche Rechnungen vorgelegt werden, gebe ich (der Ex-Bodyguard, Anm.) an, dass ich ihm sicher gesagt habe, dass wir Rechnungen umwandeln."[228] Nepp bestreitet das.

Kurz darauf meldete *Die Presse*, dass Dominik Nepp aufgrund der Aussage von Oliver R. einer von elf neuen Beschuldigten sei. Nepp wies alle Vorwürfe zurück.[229]

Chatgruppe mit Nepp

Am 12. Juli 2019 schrieb Dominik Nepp in die Chatgruppe, in der er sich mit Johann Gudenus, Harald Vilimsky und FPÖ-Parteivorstand Maximilian Krauss über die Affäre „Grubmüller", in der es um behauptete Schmiergelder im Privatklinik-Bereich ging, austauschte: „Dürfte mehr Geld als die offiziellen 10k geflossen sein"[230]. „10k" sind auch in der FPÖ 10.000 Euro. Krauss versuchte zu beruhigen: „Das wäre also sowieso rausgekommen. Auch ohne Ibi", wie „Ibiza" parteiintern abgekürzt wurde. Nepp reagierte verärgert: „Ja. Weil die direkt 10 an die FPÖ gespendet haben. Blöder geht´s doch echt nimmer." Eine Minute später hatte Nepp eine Idee: „Interessant wären Zahlungen dahinter". Krauss sah das genauso: „Klar".

„Zahlungen dahinter" – das war nicht nur in der Affäre „Grubmüller"[231] ein Dauerthema in der FPÖ. Aber manchmal ging es nicht um Bargeld, sondern um dauerhafteren Stoff.

Nepp und die Goldbarren

Am 12. August 2019 hatten die Ermittlungen der WKStA gegen Strache, Gudenus und die Novomatic-Spitzen gerade begonnen. Drei Beamte standen mit einer Aufforderung zur „freiwilligen Nachschau" vor dem „Freiheitlichen Bildungsinstitut" im Osttiroler St. Jakob in Defereggen.

In Osttirol erhofften sie sich erste Beweise: „Aufgrund des bisherigen Ermittlungsstandes war davon auszugehen, dass sich in den Tresoren Gegenstände (Datenträger udgl.) befinden, welche für das gegenständliche Ermittlungsverfahren von Bedeutung sein könnten".[232]

Um 5 Uhr Früh begannen die Beamten, das Bildungsinstitut „zu beobachten". Um 9 Uhr wurde ihnen ein Raum geöffnet. Sie traten ein und standen vor zwei baugleichen Tresoren. Ein Rückruf in Wien ergab, dass nur wenige Personen die Zahlenkombinationen kannten und damit die Tresore öffnen könnten. Einer von ihnen war Dominik Nepp.

Um 17:05 Uhr traf Nepp in Begleitung eines Wirtschaftstreuhänders und eines Rechtsanwalts in St. Jakob ein. Beide Tresore wurden geöffnet. Jetzt standen die Beamten vor drei Metallkassetten. Der Schlüssel, so erfuhren die Ermittler, lag bei einem Wiener Notar, nur: Der Notar war bereits verstorben.

Dominik Nepp war der Einzige, der am 20. August 2019 vor den Kassetten stand und ihren Inhalt kannte. Am 30. September 2015 protokollierte ein Wiener Notar „über den in der Landesgeschäftsstelle der Freiheitlichen Partei, Landesgruppe Wien erfolgten tatsächlichen Vorgang":[233]

„Die erschienenen Herren Andreas Guggenberger, Dominik Nepp und Rudolf Stark nehmen drei verschließbare schwarze quaderförmige Metallbehälter aus dem Safe in den Räumlichkeiten in 1080 Wien, Rathausplatz 8, auf denen jeweils das Siegel des öffentlichen Notars Harald Stefan angebracht ist. Die Siegel werden aufgebrochen und die Behälter geöffnet."

Dann sah Nepp, was die drei FPÖ-Kassetten verbargen: „In den drei Metallbehältern befinden sich jeweils Goldbarren mit der Beschriftung ‚Münze Österreich, 500 g Feingold 999,9‘." Zwei Kassetten wurden von „den Erschienenen im Eigentum des Klubs der Wiener Freiheitlichen – Landtagsabgeordneten stehend angegeben", eine stand laut Angaben von Nepp und seinen Begleitern „im Eigentum der Freiheitlichen Partei Österreichs – Landesgruppe Wien".

Einer der Nepp-Barren ist 2024 am Markt rund 34.000 Euro wert. Die „Münze Österreichs", die die Barren prägt und vertreibt, wirbt mit „Anlegen mit hohem Wiederverkaufswert" und „weltweiter Akzeptanz".[234]

Doch in Osttirol interessieren sich die Kriminalbeamten im August 2019 nicht für die Nepp-Barren. Am Ende vermerkten die Beamten resignierend: „Im Rahmen der freiwilligen Nachschau in den beiden oa. Tresoren konnten keine Gegenstände bzw. Unterlagen vorgefunden werden; sohin erfolgte keine Sicherstellung."[235] Der Goldschatz der Wiener FPÖ blieb unangetastet.

Bis heute weiß niemand, zu welchem Zweck die Wiener FPÖ Gold hortet – und woher es stammt.

Buchhaltung
Nepps folgenreichste innerparteiliche Tat betrifft die Buchhaltung der FPÖ. Aber dazu mehr im Kapitel „Kickls Putztrupp".

Profi 6: Herbert Kickl
In der FPÖ kennt man seit geraumer Zeit Kickls Talente. Ex-FPÖ-Abgeordneter und Rechtsanwalt Markus Tschank wusste nicht, dass sein Telefonat von seinem Parteifreund Hans-Jörg Jenewein aufgenommen wurde, als er beschrieb, wie gut es Herbert Kickl kann: „Du weiß ja, der Herbert ist geschickt, und er weiß auch, wie man was kommunizieren muss, dass nichts übrigbleibt, wenige Spuren."[236]

Das Telefonat fand sich als Audiodatei auf dem Handy, das von der AG Fama bei Jenewein sichergestellt wurde. Die Abschrift der Tonaufnahme wurde am 14. Juni 2022 zum Akt genommen. Seitdem ist Kickls Geschicklichkeit polizeibekannt.

Wenn Herbert Kickl zum Kampf gegen Korruption aufruft, wissen viele in FPÖ und Staatsanwaltschaften, dass er das mit hoher Kompetenz tut. Herbert Kickl weiß seit zwanzig Jahren, wie es geht. Kaum jemand an der Spitze der FPÖ war mit so vielen Korruptionsaffären konfrontiert wie Herbert Kickl. Der amtierende FPÖ-Saubermann hat erstaunlich viel Dreck am Stecken.

Als es 2005 zur Abspaltung von Jörg Haiders BZÖ kam, wusste Kickl sofort, wo sein Platz war. Er verließ Haider und wechselte als Generalsekretär zu Heinz-Christian Strache, der ihn als Strategen und später als Klubchef in den Nationalrat holte, während die bisherige Parteispitze ins BZÖ wechselte.

In der FPÖ mussten sich alle entscheiden. Nur einer setzte auf beide Seiten.

Kickls Strohmannschmiede

Am 31. März 2005 unterschrieben Thomas Sila und Herbert Kickl in einer Grazer Notariatskanzlei einen Treuhandvertrag. Jörg Haider stand als Kärntner Landeshauptmann wenige Tage vor der Gründung seines BZÖ, und Kickl wusste, wie man bei bestimmten Geschäften versteckt blieb.

Die geheime Chefsache hieß „Ideenschmiede". Zehn Jahre, viele Akten, ein paar Hausdurchsuchungen und einen *Falter*-Cover später wurde klar, was die FPÖ hier jahrelang versteckt hatte: ein Netz von Agenturen zur Plünderung der Republik.

„Bei Aufträgen von FPÖ-Landesregierungsbüros sowie ihnen angegliederten oder zuzurechnenden Gesellschaften etc.) bekommt die FPÖ 20 % des Auftragsvolumens von der Agentur gutgeschrieben." Das ist der Schlüsselsatz des Vertrags zwischen FPÖ Kärnten und „Ideenschmiede". Die FPÖ hatte – so der Verdacht – in einem Vertrag mit einer Agentur Untreue und illegale Parteienfinanzierung vereinbart. Das war die Idee, die in Klagenfurt geschmiedet wurde.

Aber wem gehörte die „Ideenschmiede"?

Im Vordergrund stand als Alleingesellschafter Thomas Sila, ein Profi. Aber hinter ihm versteckte sich im März 2005 einer, der offensichtlich nicht bekannt werden wollte: Herbert Kickl. Sila hielt als Strohmann Kickls 50 Prozent.

„Herbert Kickl, so lautete das Agreement, gehört die Hälfte der Ideenschmiede, aber er will damit nicht im Firmenbuch aufscheinen. Der blaue Saubermann hielt offenbar nicht viel von Transparenz. Und so schob er seinen Freund Tommi Sila vor. Sila war ab nun Kickls Strohmann", fasste Florian Klenk im *Falter* zusammen.[237]

Klenk berichtete weiter: „Sila verpflichtet sich als Treuhänder, über Kickls Geschäftsanteil „nicht ohne ausdrückliche Zustimmung (Kickls) zu verfügen." Er verspricht, Kickl „von allen ihm zur Kenntnis gelangenden Ereignissen zu unterrichten, die geeignet sind, die Interessen der Gesellschafter zu beeinflussen". Sila sollte seine Funktion auch nur „nach den Anweisungen und unter Wahrung der Interessen" seines Partners Kickl ausüben. Noch ein Detail ist wichtig: Kickl kann seinen Anteil an der Werbefirma jederzeit von Sila zurückfordern, ohne noch etwas bezahlen zu müssen."[238]

Am 20. März 2014 bekam der WKStA-Staatsanwalt seinen Akt mit einer Weisung zurück. Justizminister Wolfgang Brandstetter verbot über Sektionschef Christian Pilnacek, Kickl als Beschuldigten zu führen. Seltsam war, dass der Verdacht gegen Strohmann Sila ausreichend, derselbe Verdacht gegen Kickl aber nur „denkbar", aber nicht „begründet" war.

Später, als der Staatsanwalt ermittelte, behaupte Kickl, er sei eingestiegen und sofort wieder ausgestiegen. Augenzeugen widersprachen ihm.

2007 gründete Sila mit „Texstasy" eine weitere Agentur. „Ideenschmiede" kümmerte sich um den Haider-Teil der Freiheitlichen, Texstasy arbeitete für die andere Partie. Wieder versteckte sich ein Hälfteeigentümer. Wieder deutete vieles auf Kickl hin.

2010 kaufte Sila die Liegenschaft in der Villacherstraße 111. Wie 2005 unterschrieb der versteckte Hälfteeigentümer seinen Treuhandvertrag. Wieder war es Herbert Kickl.

Im 2. Stock der Villacherstraße 111 residierten zwei Agenturen: Ideenschmiede und Textstasy. Der Kreis hatte sich geschlossen.

Am 14. August 2015 berichtete der *Kurier*: „Der grüne Aufdecker Peter Pilz präsentiert nun Unterlagen aus dem Ermittlungsakt, die Kickls Engagement in der Firma belegen sollen. Denn auf mehreren, dem KURIER vorliegenden Kontoblättern, ist vermerkt, dass die Ideenschmiede für Kickl ein eigenes Spesen-Abrechnungskonto geführt hat. Der knappe Vermerk neben dem Konto mit der Nummer 73501: ‚Reisen Inland (Kickl)‘. Laut Abrechnung beglich die Ideenschmiede sowohl in den Jahren 2005/'06 wie 2008/'09 Nächtigungskosten für den FPÖ-Manager und -Mandatar.“[239]

Herbert Kickl reagierte freiheitlich und ortete „Amtsmissbrauch“ wegen der Aktenweitergabe. Der geschäftstüchtige FPÖ-Abgeordnete forderte „die zuständige Staatsanwaltschaft auf, umgehend mögliche Beitragstäterschaft dazu zu ermitteln.“[240]

Verurteilt wurde in der Causa „Ideenschmiede“ der damalige Kärtner FPÖ-Chef Uwe Scheuch. Kickl kam ungeschoren davon.

Drei Jahre, nachdem das „Ideenschmiede“-Verfahren gegen ihn „daschlogn“ worden war, wurde Herbert Kickl Innenminister.

Geld in Motion

Am 17. März 2021 saß Herbert Kickl als Auskunftsperson im Ibiza-U-Ausschuss. Verfahrensanwalt Wolfgang Pöschl hatte ihm gerade die Frage nach dem FPÖ-nahen Spendenverein „Austria in Motion“ gestellt. Kickls Antwort war klar und eindeutig: „Ich war damals bei einem Gespräch dabei, als es um die Idee dieses Vereines gegangen ist. Ob der Verein dann tatsächlich auch gegründet wurde und welche Aktivitäten der Verein entwickelt hat, das entzieht sich meiner Kenntnis. [...] Ansonsten habe ich mit dem Verein seit diesem Erstgespräch überhaupt nichts mehr zu tun gehabt.“

Dann wurde Kickl noch deutlicher: „Ich habe überhaupt keine Wahrnehmungen über die Aktivitäten dieses Vereines. Ich habe das erst später erfahren, dass der tatsächlich gegründet wurde und auch irgendwo eine Aktivität entwickelt hat. Ich hatte darüber keinerlei Informationen und habe auch keine Wahrnehmung dazu." Und: „Ich war ja bei dieser Unterredung dabei. Ich habe dann von dem Verein nie mehr etwas gehört."[241]

Das ist Kickls Erklärung, die er unter Wahrheitspflicht abgegeben hat. Am 17. März 2021 konnte Kickl nicht wissen, dass ein Mitschnitt eines Gesprächs auf dem Handy seines politischen Vertrauten, des Ex-FPÖ-Abgeordneten Hans-Jörg Jenewein auftauchen würde. Dort unterhielten sich im Frühsommer 2020 zwei Freiheitliche über „Austria in Motion": Jenewein und FPÖ-Anwalt und Ex-Abgeordneter Markus Tschank.

Mit Kickl im Bundesbüro

Tschank berichtete Jenewein über einen Strache-Befehl: „Die Genesis dieser Vereinsgründung war ja die, [...] im Jahr 2015, gab's einen Auftrag vom Büro Strache, dass ma sozusagen uns zusammensetzen und quasi so einen Verein einmal gründen." Jenewein bestätigt: „Ja".[242]

Tschank wusste, wo Strache-Befehle strategisch umgesetzt wurden: „Und das war damals der Verein ,Austria in Motion'. Und wir haben uns damals mit dem Herbert Kickl im Bundesbüro zusammengesetzt und haben das besprochen und haben gesagt, schau: Wenn man einen externen Verein gründet und der Verein hat einen eigenen Vereinszweck, das was nicht passieren darf ist, dass das Geld, wenn es dort einen Vereinsspender gibt, dass das Geld dann verwendet wird für Parteizwecke."

Tschank erinnerte sich genau: „Und dann hat der Herbert auch den Namen ,Austria in Motion', soweit ich mich erinnern kann, konzipiert." Die Kickl-Schöpfung war laut Tschank erfolgreich: „Austria in Motion ist der prominenteste Verein, weil dort am meisten Geld eingetroffen ist. Du hast dort an Spendengeldern rund eine halbe Million Euro lukriert."

Gesamtstrategie 2017

Jenewein fragte nach, wer eigentlich in die Vereine involviert war. Tschank antwortete: „Schau – die „Austria in Motion" hat gewusst der Strache, der Teufel, der Kickl, [...] der Dominik[a] als Landesfinanzreferent – die Bundesgeschäftsstelle hat es gewusst komplett – also das war Teil einer Gesamtstrategie, auch im Wahlkampf 17 schon."

Schon 2017 hörte die FPÖ auf einen Strategen: auf Herbert Kickl, ihren Generalsekretär. Strache war der Lautsprecher, Kickl der Kopf der Partei. Strache gab den Auftrag, Kickl nahm die Sache in die Hand.

Tschank schilderte, wie die „Austria in Motion"-Strategie umgesetzt wurde: „Wir haben zwei quasi gleichlautende Provisionsverträge für diese Agentur, für diese externe Fundraisingagentur, einmal auf die Partei, wenn die Agentur eine Parteispende bringt, dann kriegt sie 20 % und einmal für den Verein. Und von der Partei beauftragt, das aufzusetzen."

„Die Partei" – das waren an der Spitze der Parteichef und sein Generalsekretär.

Das Geld begann zu sprudeln. Tschank berichtete Jenewein: „Da war dort der Auftrag damals, ich soll bitte an Vertrag machen. Juni 17, zwischen der Agentur und der Partei, und der Agentur und dem Verein einen Vermittlungs- und Provisionsvertrag für Fundraising. Jede Spende, die die Agentur bringt, gibt's 20 %. Und dann ist das losgegangen. Und dann sind da so riesige, also dann sind da Summen eingegangen. Ganz, ganz regelmäßig. Auch vü kleine Summen."

Später stellte Tschank fest: „Als ich mich dann zurückgezogen habe aus dem Verein, 2017, hatte der Verein einen Kontostand von € 20.000."

Die Zähne ausbeißen

Zum Schluss erörterten Jenewein und Tschank noch ein Problem: mögliche Spuren, die Ermittler der WKStA finden könnten.

---

a Dominik Nepp, heute Landesparteiobmann der FPÖ Wien

Tschank war sich sicher: „Da werden sie sich die Zähne ausbeißen. Bei uns werden sie halt keine Chatprotokolle finden ... keine Korrespondenzen." Nur Jenewein hatte Befürchtungen: „Hoffentlich finden's nicht irgendwelche, also beim ‚ISP' nicht, aber bei ‚Austria in Motion'." Auf die Idee, dass gerade dieses Gespräch auf Jeneweins Handy gefunden werden würde, kamen beide nicht.

Im Mai 2024 sollten Herbert Kickl und „Ideenschmiede"-Frontmann Thomas Sila im Untersuchungsausschuss zum „Rotblauen Machtmissbrauch" aussagen. Kickl zog eine Bergtour der Befragung zu „Ideenschmiede" und „Kickl Back"-Konstruktionen der FPÖ vor. Auch als FPÖ-Chef steht man am Berg nicht unter Wahrheitspflicht.

Spuren türkis: Pilnaceks Computer

Wer sich an den Futtertrögen umsieht, findet Spuren. Einige führen wie Trampelpfade zur FPÖ. Andere sind weit schwerer zu verfolgen. Die leichten Fußabdrücke verraten Routine. Viele von ihnen sind verwischt. Das sind die Spuren der Profis aus der ÖVP. Aber manchmal passiert etwas, mit dem niemand in der Partei gerechnet hatte.

Als einer der Ersten erfuhr Bundespolizeidirektor Michael Takacs am Morgen des 20. Oktober 2023, dass Christian Pilnacek abgängig war. Kurz darauf wurde der Justiz-Sektionschef leblos an einem Altarm der Donau in der Wachau aufgefunden. Noch aus seiner Zeit in dessen Kabinett als Innenminister war Takacs ein enger Vertrauensmann von Wolfgang Sobotka. Nach den ersten Rückmeldungen der Kriminalpolizei war klar: Pilnacek war tot, und heikle Datenträger waren nicht aufzufinden.

Mehr als ein Jahrzehnt war Christian Pilnacek der mächtigste Mann der österreichischen Justiz. Als Chef einer Doppelsektion hielt er von Strafverfahren und Staatsanwaltschaften bis zur Legistik und der Zusammenarbeit mit dem Parlament alle politisch wichtigen Fäden des Justizministeriums in seiner Hand.

Als Generalsekretär teilte er sich einen Bürozugang mit der Justizministerin. Wer nicht rechts zur Ressortchefin, sondern links zu ihm abbog, wusste, was in Pilnaceks Macht lag.

Pilnaceks Ruf gründete sich auf eine außerordentliche Kenntnis des Strafrechts und der Regeln seiner Prozesse. Seine Macht verdankt er aber zwei völlig anderen Bereichen: der Politik und den Medien.

Mit beiden war Pilnacek so vertraut, dass er wie ein Schattenjustizminister öffentliche Meinungen und politische Entscheidungen prägte. Von Benko bis „Eurofighter" verließen sich viele darauf, dass Pilnacek als letzter Retter an der Spitze der Weisungskette der Staatsanwaltschaften Verfahren „daschlogn" könnte.

Von der Zentrale im Ministerium und von der Oberstaatsanwaltschaft Wien bis Linz, Innsbruck und Eisenstadt hatte Pilnacek ein dichtes Netz von Vertrauten gesponnen. Wer sich auf Pilnacek verlassen konnte, hatte lange Zeit nichts zu befürchten.

Damit wusste der Sektionschef vieles, was in der Grauzone zwischen ÖVP und Strafjustiz am Gesetz vorbei passierte. Sein Wissen war sein wertvollstes Kapital. Es war auf vier Datenträgern abgespeichert: auf seinem Laptop im Justizministerium, der von der WKStA ausgewertet wird; auf dem Handy, das von Beamten des Landeskriminalamts Niederösterreich in einer illegalen Aktion Pilnaceks Lebensgefährtin abgenommen wurde; auf dem privaten Laptop und auf einem silbernen USB-Stick mit schwarzer Kappe. Bis ins Jahr 2024 suchte ein Putztrupp ÖVP-naher Kriminalpolizisten ebenso ungesetzlich wie vergeblich nach Laptop und Stick.

Treffen im Keller

Wenn er nicht in seinem Büro war, saß Christian Pilnacek oft in einem Wiener Innenstadtlokal. Pilnacek legte Wert auf Stil und gute Gesellschaft. Der großgewachsene Sektionschef im Justizministerium hatte mit Strafverfahren und Suspendierung eine schwere Zeit hinter sich. Im „Cavalluccio" gleich beim Graben traf er regelmäßig seine „Partie" – Freundeskreise von ÖVP und FPÖ, die dort meist unter sich sind.

Oben im Restaurant mit den großen Fensterfronten zur Göttweihergasse wurde gegessen und bis spät in die Nacht getrunken. Unten im Keller fanden vertrauliche Besprechungen statt. Pilnacek ging immer wieder in den Keller. Der Rat des Spitzenjuristen war gefragt.

Wann immer der deutsch-kanadische Industrielle Wolfgang Rauball im Cavalluccio war, saß Pilnacek an seinem Tisch. Andere wie *Kurier-* und *profil*-Chef Richard Grasl setzten sich gerne dazu.

Sobotka

Rauball hatte im Cavalluccio beobachtet, wie Pilnacek mehrmals mit Nationalratspräsident Wolfgang Sobotka in den Keller verschwunden war. „Das waren schon ab Sommer 2020, etliche Male, in der Zeit des Beginns des Ibiza-Untersuchungsausschusses. Seine engste Mitarbeiterin Anna G. war dabei. Später war auch Hanger mehrere Stunden mit ihnen im Keller." Im Ibiza-Untersuchungsausschuss führte Sobotka als Nationalratspräsident den Vorsitz und Andreas Hanger die ÖVP-Fraktion.

Rauball weiß von langen Besprechungen: „Es war draußen noch hell, wie sie hinuntergegangen sind, und dunkel beim Heraufkommen. Also immer ein paar Stunden. Da habe ich Pilnacek gefragt, wie das ist mit der Gewaltentrennung? Er: kein Problem."

Für Rauball schien klar, was im Keller geschehen war: „Pilnacek hat dort Leute juristisch beraten". Sobotka war nicht der Einzige, der mit Pilnacek in den Keller ging. Aber er war der Wichtigste.

Sollte Pilnacek über all das einmal öffentlich berichten, wäre es auch um Sobotka gegangen. Das belegt die Schlüsselpassage der inzwischen berühmten Tonaufnahme, die am 21. November 2023 von *ZackZack* in vollem Umfang veröffentlicht wurde. Während eines Gesprächs im Juli 2023 hatte Pilnaceks Gegenüber die Aufnahmetaste seines Handys gedrückt. Nach Pilnaceks Tod gelangte die Aufzeichnung an die Öffentlichkeit. An einem Tisch im „Cavalluccio" sprach Pilnacek über Intervention gleich nach einer Hausdurchsuchung bei der ÖVP: „Dann ist man zu mir gekommen und hat gesagt, warum drehe ich das nicht ab? Hab ich gesagt: Ich kann es nicht, ich mach es nicht, ich will es nicht." Pilnacek nannte den Namen des türkisen Hauptakteurs: „Und in jedem Gespräch sagt der Sobotka: Du hast ja selber versagt, du hast es nie odraht."[243]

Kurz

Der Zweite, der Pilnaceks Rat suchte und fand, war Sebastian Kurz. Dass er Sebastian Kurz mehrfach beraten habe, habe ihm Pilnacek erzählt, sagte Wolfgang Rauball gegenüber der *Kronen Zeitung*.[244]

Kurz wusste, dass Pilnacek hilft. Am 26. Februar 2021 wurde mit Gernot Blümel der engste Kurz-Vertraute durch die WKStA einvernommen. Zwei Tage davor meldete sich Pilnacek mit einer Signal-Nachricht bei Blümels Kabinettschef, Clemens-Wolfgang Niedrist: „Wer vorbereitet Gernot auf seine Vernehmung?"

„Wer vorbereitet Sebastian auf seinen Prozess?" War das die Frage, die Kurz und Pilnacek kurz vor dem Tod des Sektionschefs am Telefon erörtern? Oder war die Frage längst geklärt, und Pilnacek besprach mit Kurz die Prozessstrategie? Derartiges ist Beamten der Justiz verboten.

„Ich habe Pilnacek selten so wütend gesehen", erinnerte sich Wolfgang Rauball. „Ungefähr zwei bis drei Wochen vor seinem Tod hat mir Pilnacek im Cava berichtet, dass er gerade von Kurz kommt. Pilnacek hat Kurz geraten, beim kommenden Prozess so schnell wie möglich Aussagenotstand geltend zu machen. Aber Kurz sei völlig beratungsresistent. Pilnacek war sich sicher, dass Kurz so geradewegs in seinen Untergang gehen würde."

Ghostwriter für Stocker und Hanger

Doch was hatten Pilnacek, Sobotka und Hanger gemeinsam im Cavalluccio-Keller zu tun? Eine Antwort findet sich in Dokumenten auf dem privaten Laptop des verstorbenen Sektionschefs.

Am 1. Februar 2023 brachten die „Abgeordneten Wolfgang Gerstl, Kolleginnen und Kollegen" eine Anfrage an Justizministerin Alma Zadić ein. In 46 Fragen verlangten die ÖVP-Abgeordneten eine „Bilanz der zentralen Staatsanwaltschaft zur Verfolgung von Wirtschaftsstrafsachen und Korruption".[245]

Am selben Tag unterschrieben auch die „Abgeordneten Andreas Hanger, Kolleginnen und Kollegen" eine Anfrage an Zadić. Ihnen ging es um „Ermittlungen im Zusammenhang mit dem sogenannten Ibiza-Komplex".[246]

Eine dritte Anfrage zu „Thomas Schmid" kam am selben Tag von der ÖVP-Abgeordneten Corinna Scharzenberger. Im Betreff heißt es lakonisch: „Pressemitteilung der WKStA vom 18. Oktober 2022".[247]

Als die Anfragen einen Tag später bei der Ministerin einlangten, wusste diese nicht, dass neben den Abgeordneten Wolfgang Gerstl, Christian Stocker, Corinna Scharzenberger und Andreas Hanger eine ungenannte Person an der Erstellung der Anfragen mitgewirkt hatte: Christian Pilnacek, der suspendierte Sektionschef im Justizministerium.

Die Anfrageentwürfe aus dem ÖVP-Klub landeten auf Pilnaceks privatem Laptop und wurden dort bearbeitet. In den ÖVP-Entwürfen auf dem Laptop finden sich kleine gelbe Kästchen. Klickt man sie an, poppen neue Textfelder vor gelbem Hintergrund auf. Darin stehen die Fragen, die Pilnacek der ÖVP gegen seine Ministerin geliefert hatte.

Eine der heikelsten Fragen schrieb Pilnacek für die Gerstl-Anfrage in ein gelbes Kästchen:[248]

> **Existiert eine Chatgruppe, in welcher sich die Mitarbeiter der WKStA über Verfahrensabläufe bzw einzelne Ermittlungsmaßnahmen austauschen und wird diese Kommunikation zu Akt genommen?**

Pilnacek war tief in seinen Kampf mit der WKStA verstrickt und wollte sich mithilfe der ÖVP Zugang zur internen Kommunikation der Staatsanwälte verschaffen. „Hanger, Kolleginnen und Kollegen" nahmen den Pilnacek-Baustein und machten daraus „Frage 22".[249]

22. Existiert eine Chatgruppe, in der sich die Mitarbeiterinnen und Mitarbeiter der WKStA über Verfahrensabläufe bzw. einzelne Ermittlungsverfahren und -maßnahmen austauschen?

    a. Wenn ja, wird diese Kommunikation zum Akt genommen?

    b. Wenn nein, warum wird diese Kommunikation nicht zum Akt genommen?

(STOCKER)

(Hanger)

(GERST...)

(SCHARZENBERGER)

(SACHS)

Bei der ersten und zweiten Anfrage fanden sich je zwölf, bei der dritten zwei gelbe Kästchen. Christian Pilnacek legte Wert auf gute Arbeit.

Dann war wieder der ÖVP-Klub am Zug. Im nächsten Schritt wurde der Text aus dem Kästchen kopiert und im Copy-paste-Verfahren in die Anfragen einpasst. Zum ersten Mal in der Geschichte des Parlaments war ein Sektionschef Ghostwriter für Abgeordnete, die seine Ministerin und deren WKStA mit Anfragen in Verlegenheit bringen wollten.

Durch Pilnaceks Zuarbeit wuchs die „WKStA-Bilanz"-Anfrage von 36 auf 46 Fragen an. Bei der „Ibiza"-Anfrage vermehrten sich die Fragen von 16 auf 22. Zu den 23 Fragen der „Thomas Schmid"-Anfrage kamen zwei Pilnacek-Fragen dazu.

Christian Pilnacek wusste, was er alles für die ÖVP getan hatte. Im Oktober 2023 bestand die Gefahr, dass er sein Wissen mit den Falschen teilte.

Termin mit Kickl

FPÖ-Generalsekretär Christian Hafenecker erinnerte sich, dass er Pilnacek beim Empfang in der ungarischen Botschaft am

19. Oktober 2023 getroffen hatte.[250] Gut für alle sichtbar unterhielten sich Pilnacek und Hafenecker am Rande des Buffets. Der Sektionschef wollte möglichst schnell einen Termin mit Kickl. „Ich habe den Rahmen für einige in der Politik gestaltet." Darüber wollte er mit dem FPÖ-Chef reden. Pilnacek wirkte laut Hafenecker „gut drauf".

In der Nähe, erinnerte sich Hafenecker, standen zwei bekannte Politiker der ÖVP. Erfuhr die ÖVP noch am selben Tag, dass von Pilnacek Gefahr drohte? Aus welchem Grund rief Sebastian Kurz den Sektionschef kurze Zeit vor dessen Tod an? Nicht nur in der ÖVP weiß man, dass viele dieser Fragen nur über die Auswertung des privaten Handys von Christian Pilnacek beantwortet werden können. Doch dieses Handy ist im Oktober 2023 in die falschen Hände geraten.

Die Jagd nach Laptop und Stick

Kurz nach Pilnaceks Tod am 20. Oktober 2023 läutete es um 10 Uhr an der Rossatzer Haustür von Pilnaceks Lebensgefährtin Karin Wurm. Zwei männliche Kriminalbeamte standen vor dem Eingang. Sie wiesen sich nicht aus und hatten keine Anordnung zur Sicherstellung von Gegenständen aus dem Pilnacek-Besitz bei sich.

„Wir wollen Handy, Schlüssel, Geldbörse und Computer." Karin Wurm ließ sie nicht ins Haus. Doch das Auftreten der Polizisten war so bestimmt, dass Wurm Pilnaceks privates Handy, die Schlüssel zu seiner Wiener Wohnung, die Autoschlüssel und seine Geldbörse in einen Plastiksack packte und alles den Beamten übergab. Nur Pilnaceks schwarze Aktentasche, seinen privaten Laptop und den USB-Stick suchten die Beamten vergeblich.

Karin Wurm erhielt weder eine Begründung für die Sicherstellung noch eine Bestätigung für die Übergabe.

Das Handy konnte nach der illegalen Sicherstellung bei Pilnaceks Witwe Caroline List, der Präsidentin des Grazer Straflandesgerichts, in Sicherheit gebracht werden. Immer wieder meldete sich Chefinspektor Hannes Fellner bei Pilnaceks Lebensgefährtin mit immer denselben Fragen: Wo ist die Tasche?

Wo ist der Laptop? Lange nachdem die Ermittlungen der Staatsanwaltschaft Krems zum Todesfall „Pilnacek" abgeschlossen waren, suchten Fellner und seine Beamten immer noch.

Am 27. Dezember 2023 rief Fellner um 18:03 Uhr ein letztes Mal bei Karin Wurm an. Neun Minuten lang versuchte er alles. Der Chefinspektor hatte mit der Suche nach den gefährlichen Datenträgern Kopf und Kragen riskiert, aber immer noch nichts gefunden.

ZackZack fragte nach und erhielt postwendend eine Antwort vom Landeskriminalamt St. Pölten: „Das Ermittlungsverfahren der Polizei Niederösterreich ist abgeschlossen und wurde der Staatsanwaltschaft Krems den Vorschriften entsprechend berichtet."

Schon ein paar Stunden später war das widerlegt. Franz Hütter teilte als stellvertretender Leiter der Staatsanwaltschaft Krems mit: „Die Staatsanwaltschaft hat keine Sicherstellung von Gegenständen angeordnet. Seitens der Kriminalpolizei wurde auch nicht über eine Sicherstellung von Gegenständen berichtet."[251]

Als *ZackZack* begann, die Affäre in einer Serie „Polizeifall Pilnacek" öffentlich zu machen,[252] versuchte die niederösterreichische Kriminalpolizei noch, sich auf das Sicherheitspolizeigesetz auszureden. Auch diese Rechtfertigung brach schnell zusammen. Martin Kreutner erstattete als Vorsitzender der Kommission, die die Justizministerin zur Aufklärung der Affäre „Pilnacek" eingesetzt hatte, Strafanzeige bei der WKStA. Kurz darauf nahmen zwei Staatsanwälte Ermittlungen gegen den Chefinspektor und „unbekannte Täter" auf. Aus der Affäre um den Tod des Sektionschefs war die „Polizeiaffäre Pilnacek" geworden.

Noch einmal Sobotka

Pilnaceks Lebensgefährtin hatte in ihrem Haus eine Mitbewohnerin: Anna P., Referentin für „zivilgesellschaftliche Angelegenheiten" im Büro von Nationalratspräsident Wolfgang Sobotka. Als der Druck durch den Polizei-Putztrupp weiter anwuchs, nahm sich Karin Wurm einen Anwalt und verlangte bei der Staatsanwaltschaft Krems Akteneinsicht.

Die Reaktion kam prompt. Am 14. März 2024 überbrachte Sobotka-Referentin Anna P. Karin Wurm mit einer Nachricht ein Angebot zum Pilnacek-Akt der Staatsanwaltschaft Krems: „MT hat ihn. Er schickt mir Termin für nächste oder übernächste Woche und können in alles reinschauen. Müssen zu ihm ins Büro reinkommen." Das Büro war im Innenministerium, „MT" stand laut Wurm für „Michael Takacs", den Bundespolizeidirektor.

Was war Sobotkas Rolle – oder besser: Was waren die Rollen des Ex-Innenministers und Nationalratspräsidenten? Antworten darauf könnten sich auf Pilnaceks Datenträgern finden. Sein privates Handy ist „sichergestellt". Der schwarze USB-Stick ist unauffindbar. Nur beim privaten Laptop sieht es besser aus: Am 30. April 2024 wurden die Daten des Laptops von *ZackZack* auf einem USB-Stick Martin Kreutner, dem Vorsitzenden der „Pilnacek-Kommission" der Justizministerin, übergeben.[253]

Im Fall „Pilnacek" führten die Spuren zur ÖVP. Zu dieser Zeit hatte Herbert Kickls FPÖ längst andere Probleme.

Spuren blau: Kickls Putztrupp

Am 18. Mai 2019 war Heinz-Christian Strache als Vizekanzler zurückgetreten. Genau vier Monate später leitete die WKStA gegen Strache Ermittlungen wegen Untreue, Veruntreuung und „Finanzstrafdelikten" ein.[254]

Bald danach hatte Herbert Kickl am 27. Mai 2019 als geschäftsführender Klubobmann der FPÖ in der neuen Machtzentrale alle Zügel in die Hand genommen. Die Partei war nicht mehr in der Regierung. Alle Macht ging in der FPÖ wieder vom Parlamentsklub aus.

Mit Kickl an der Spitze ging für Strache alles ganz schnell. Kaum hatte er seinen ersten Sessel geräumt, stürzte er in der eigenen Partei in Ungnade. „In dem Moment, wo ich weg war und Leute auf mich draufgestiegen sind, hat sich niemand mehr mit mir fotografieren lassen – es hat geheißen, wer sich mit mir fotografieren lässt, der wird ausgeschlossen."

Kickls neue Führung stand vor einem Problem: Die WKStA hatte ihre Ermittlungen begonnen. An der Spitze der Beschuldigtenliste standen mit Strache als Beschuldigtem Nummer 1, Ex-Staatssekretär Hubert Fuchs als Nummer 2 und dem gestürzten Klubobmann Johann Gudenus als Nummer 5 drei Spitzenpolitiker der FPÖ unter den ersten fünf der Beschuldigtenliste der WKStA. Platz 3 und 4 gingen an Novomatic.

Doch die Ermittler verfolgten nicht nur die „CASAG"-Hauptspur. In immer mehr Verfahren rund um „Spendenvereine" und Spesenkonten führten Spuren in die FPÖ-Bundespartei und die Landesparteien in Oberösterreich, der Steiermark und Wien.

Die WKStA hatte den Akt mit der Staatsanwaltschaft Wien aufgeteilt. Ein Team ermittelte im zentralen Bereich rund um den Glücksspielkonzern „CASAG". Ein weiteres Team nahm „Vereine" unter die Lupe. Ein drittes Team nahm sich die Spesen der Parteispitzen vor.

Neujahrsputz

Im Jänner 2022 drohte Kickls FPÖ damit auf mehreren Ebenen Gefahr. Der Führung der Partei musste klar sein: Die Buchhaltung der Partei in Wien und im Bund enthielt möglicherweise Belege, die die Staatsanwaltschaft als Beweise brauchte. An diesem Punkt begann der große Neujahrsputz.

In den Buchhaltungen der FPÖ wurde aufgeräumt. FPÖ-Finanzreferentin Ulrike Nittmann leistete ganze Arbeit. „Nach Nittmanns Aussagen wurden bereits Anfang 2022 wesentliche Teile der Rechenschaftsberichte aus den Jahren vor 2019 entsorgt – angeblich aus Platzgründen. Steuerberater und Wirtschaftsprüfer hätten das Material zuvor durchgesehen, so Nittmann, es sei „nicht mehr relevant für uns" gewesen", berichtete der *Spiegel*.[255]

Heinz-Christian Strache erinnerte sich, wer den Auftrag zum Aufräumen gegeben hat: „Auf Auftrag Nepp. Nepp hat als Finanzreferent übergeben an die Nittmann, die war dann Finanzreferentin, und dann dürften sie gesagt haben, jetzt tun wir die Strache zuzuordnenden Rechnungen raus und ans Bundeskriminalamt schicken, und den Rest lassen wir verschwinden. – Alles weg, aus Platzgründen, das war die Argumentation. Da bin ich angerufen worden von einigen, die sagen, das ist ein Wahnsinn, die lassen da jetzt die Kisten verschwinden. Die sind offensichtlich nach Kärnten gebracht worden, und die Frage ist, sind sie dort vernichtet worden oder nicht. Die Bundesgeschichten und die Wiener Geschichten, die sind alle nach Kärnten. Und dort in eine Kanzlei."

Der *Spiegel* berichtete über die Aussage der Finanzreferentin, die Straches Erklärung bestätigt: „Die Aktenvernichtung will sie zuvor mit FPÖ-Funktionären besprochen haben, darunter der Wiener Landesparteichef Dominik Nepp und der EU-Angeordnete Harald Vilimsky. Beide Spitzenkader gelten inzwischen ebenfalls als Beschuldigte in dem Finanzskandal."

Hatten Nepp, Vilimsky und andere zu diesem Zeitpunkt von den Ermittlungen gegen sie gewusst? Hatten hier Beschuldigte an der Spitze der FPÖ Beweismittel vernichtet? Und: Geschah das alles mit Wissen und Duldung durch Parteichef Herbert Kickl?

„Wirklich schirch"

Ein Telefonat zwischen den beiden ehemaligen FPÖ-Abgeordneten Hans-Jörg Jenewein und Markus Tschank bestätigt die Vorgänge. Die „AG Fama", die im Bundeskriminalamt von den „BMI-Chats" bis zum Fall „Egisto Ott" ermittelte, hatte auf Jeneweins Handy eine Audio-Datei gefunden. Den Beamten war schnell klar, dass die Tonaufnahme für die Ermittlungen von Bedeutung war und übersandte der WKStA die Abschrift des Telefonats am 14. Juni 2022.

Drei Stunden, 16 Minuten und 48 Sekunden unterhielten sich hier Hans-Jörg Jenewein, Markus Tschank und Wirecard-Chef Markus Braun über einiges, was nicht für die Öffentlichkeit bestimmt war.

Jenewein machte sich Sorgen: „Die Frage ist nur, und das sollte man im Vorfeld klären: Können da noch irgendwelche Dinge auf uns zukommen, die jetzt noch nicht bekannt sind, die wirklich schirch san? Da geht's jetzt zum Beispiel um die Frage, wer zum Beispiel war Rechnungsprüfer? San des prominente Namen?"[256]

Tschank beruhigte ihn: „Na, san keine prominenten Namen." Jenewein: „Ja, die Frage wird kommen." Tschank: „Wer Rechnungsprüfer war?" Jenewein: „Ja, sicher." Tschank versuchte zu beruhigen: „Naja, wir haben zwar welche bestellt gehabt, nur schau, als dieses Ibiza damals über uns hereingebrochen ist, haben wir in der Kanzlei auch eine Revision gemacht. Und haben bestimmte Unterlagen ... hm ... quasi ... äh ... sichergestellt, ja?"

„Hm ... quasi ... äh ..." – nichts bringt das Verhältnis der FPÖ zu ihrem Rechnungswesen so auf den Punkt wie diese drei Verlegenheitslaute. Niemand kann mehr sagen, was schneller verschwindet – Buchhaltungen der FPÖ oder das Vertrauen der Wählerinnen und Wähler. Immer mehr Affären bringen immer mehr Menschen dazu, sich von der Politik abzuwenden. Von Israel bis Österreich profitieren von dieser Entwicklung besonders die Parteien, deren Spitzen für die meisten Affären gesorgt haben.

„Alles Gauner"

Wie geht das, dass zwei Parteien, die sich von einer Korruptionsaffäre zur anderen schleppen, sogar mit Beschuldigten an der Spitze von Kandidatenlisten zu Landtagswahlen, Nationalratswahlen und EU-Wahlen antreten – und am Ende mit gemeinsamen Regierungen belohnt werden? Wie kann man mit Kandidaten antreten, bei denen niemand weiß, ob sie bald nach der Wahl auf Regierungsbänken oder Anklagebänken sitzen werden? Warum werden Parteien gewählt, die nicht nur ihren guten Ruf längst verspielt haben?

Auch in Israel fragen sich viele, wie es möglich war, dass ein Großkrimineller wie Benjamin Netanjahu trotz laufender Strafverfahren wieder an die Spitze der Regierung gewählt werden konnte. Beobachter, die Israel schlecht kennen, schreiben das der wachsenden Dummheit der Menschen zu. Sie wüssten nicht, was sie täten, so wie die Menschen in Italien, die eine politische Mussolini-Erbin wählten, oder die in Ungarn, die einen Scharfmacher als Führer an die Macht gewählt haben.

Das Beunruhigende ist: Von Tel Aviv bis Budapest und von Rom bis Wien scheinen die meisten Menschen zu wissen, was sie tun. Auch in Österreich halten nicht viele die FPÖ für eine anständige Partei. Wahrscheinlich ist auch die Zahl der Menschen, die Sebastian Kurz für integer halten, auf eine Handvoll geschrumpft. Aber im Gegensatz zu früher sind Mehrheiten bereit, Gauner zu wählen.

Deregulierung

Das liegt nicht nur an der verführerischen Wirkung talentierter Gauner und der Medien, die ihnen für Millioneninserate zu Füßen liegen. Das liegt vor allem an einer Änderung des Systems, die mit „Deregulierungen" in der Wirtschaft begonnen hat und mit der Deregulierung der Politik alle Hindernisse für Machtübernahmen korrupter Rechtsparteien beseitigen soll.

„Deregulierung" ist nichts anderes als die Abschaffung störender Regeln. In der Wirtschaft „stören" Mindestlöhne, Kollektivverträge, Miet- und Preisobergrenzen, Spekulationsverbote. In der Politik stören Rechtsstaat, Pressefreiheit, parlamentarische Demokratie und mit ihnen die klassischen Regeln des politischen Anstands, die über viele Jahrzehnte auch in Österreich Geltung hatten.

„Unvorstellbar"

Damals, vor einem halben Jahrhundert, regierte Bruno Kreisky. Der „politische Gauner" war die große Ausnahme. Viele können sich noch gut an die Aufregung, die jeder einzelne Skandal hervorrief, erinnern. „Unvorstellbar" war das Wort, mit dem die Überraschung, dass schon wieder etwas „passiert" sei, zum Ausdruck gebracht wurde.

In den achtziger Jahren begann sich das zu ändern. Die Affäre „Lucona"[a] ging in den „Noricum"-Skandal[b] über, und von da an verging kein Jahr mehr ohne einen Skandal, der immer dasselbe zutage brachte: Politiker, die man kaufen konnte.

Nach 1986, als die Grünen schon im Nationalrat saßen, hörten ihre Abgeordneten es immer öfter in der Wiener Straßenbahn und zu Hause in den Bundesländern: „Alles Gauner". Und dann der tröstliche Zusatz: „Ihr nicht. Aber die anderen!"

Unter der fast altmodisch politischen Führung von Christian Kern und Reinhold Mitterlehner hat Österreich noch einmal Luft geschöpft. Aber nach Kurz ist die letzte Luft draußen.

„Wenn, dann Profis"

Wahlen wurden früher über Erwartungen entschieden. Aber jetzt erwartet sich kaum jemand mehr etwas. Wenn aber alle gleich sind, wenn sich nur Personal bietet, das ausschließlich auf der „Flaschen/Gauner-Skala" bewertet werden kann, dann entscheiden sich Menschen mit Hausverstand für die, die etwas können: für die Profis.

Ungarn, Polen und Israel sind bereits in den Händen der Profis. Italien hat gerade den Punkt erreicht. Österreich hat rund um den Kurz-Sturz innegehalten. 2024 scheint es weiterzugehen, zu Kickl, zu Nehammer oder zu beiden.

---

a Der Frachter Lucona wurde im Zuge eines versuchten Versicherungsbetrugs 1977 versenkt, wobei zwölf Besatzungsmitglieder ums Leben kamen. Zur Klärung wurde 1988 ein parlamentarischer Untersuchungsausschuss eingesetzt, der sich mit der Unterstützung des Haupttäters Udo Proksch durch Mitglieder von Bundesregierung und Höchstgerichten beschäftigte.
b Anfang der 1980er Jahre lieferte das VÖEST-Tochterunternehmen illegal Artillerie an die kriegführenden Staaten Irak und Iran.

TEIL 8:
DAS
SCHWARZE
LOCH

Österreich ist ein kleines, friedliches Land, das ganz Europa bedroht. Vom Ersten Weltkrieg bis zur Zerstörung der Demokratie auf dem Weg in den nächsten großen Krieg hat alles in der Region, die man „Mitteleuropa" nennt, begonnen. Jetzt braut sich ein drittes Mal etwas Gefährliches im Dreieck zwischen Belgrad, Budapest und Wien zusammen. Mitteleuropa droht wieder, das schwarze Loch des „gefährlichen Kontinents" zu werden.

Es ist nicht „die nationale Rechte", die Europa mit seinen Fundamenten aus Rechtsstaat, Pressefreiheit und Demokratie bedroht. Giorgia Meloni hat vor nicht allzu langer Zeit ähnlich wie ihr Parteienfreund Heinz-Christian Strache geklungen. Inzwischen trennt Melonis „Fratelli d'Italia" und Kickls FPÖ ein tiefer Graben. Seine Baumeister heißen Viktor Orbán und Wladimir Putin.

Meloni hat sich für den Westen, die USA und ihre NATO entschieden. Sie will ihren nationalen Rechtskurs als Teil der Bündnisse westlicher Demokratien verfolgen. Dazu will sie die EU schwächen, aber nicht völlig zerstören. Ihr Ziel ist ein „Europa der Vaterländer" mit Vätern, die am rechten Rand des Kontinents stehen.

Melonis Regierung hat öffentlich mit Putins Russland gebrochen. „Italien ist jetzt in der Lage, sogar ganz auf russisches Gas zu verzichten", stellte der italienische Energieminister Gilberto Pichetto Fratin am 26. April 2024 fest.[257]

Moskau statt Brüssel

Die FPÖ geht einen anderen Weg. Die Hauptstadt des Bündnisses, in dem die Partei ihre Zukunft sieht, heißt Moskau und nicht Brüssel. Kickl geht nach Osten. Gemeinsam mit der AfD und Orbáns Fidesz ist die FPÖ Putins dritte Brückenkopf-Partei in der EU. In der gemeinsamen Fraktion im EU-Parlament werden die Risse damit immer größer.

Kurz nachdem das geheime „Remigrations"-Treffen der AfD bekannt geworden war, machte Marine Le Pen der deutschen Schwesterpartei klar, dass damit für ihr „Rassemblement National" eine Grenze überschritten war: „Wir werden über so wichtige Meinungsverschiedenheiten wie diese diskutieren müssen und sehen, ob sie Konsequenzen für unsere Zusammenarbeit in der gleichen Fraktion [im EU-Parlament] haben werden."[258]

Für Le Pen ist mit den Plänen, französischen Staatsbürgern ihre Staatsbürgerschaft zu entziehen, eine Grenze überschritten. Sie kann nicht den freiheitlichen Weg gehen, weil sie nur Präsidentin werden kann, wenn sie in einer Stichwahl mehr als die Hälfte der Stimmen erreicht. Vom äußersten rechten Rand ist das nicht möglich. Daher rückt Le Pen taktisch ein kleines Stück Richtung „Mitte". AfD und FPÖ haben dieses Problem nicht. Sie leben davon, Parteien wie die ÖVP vor sich herzutreiben. Daher setzen sie genau auf Pläne wie die vom deutschen Remigrations-Geheimtreffen am 5. November 2023, das von *Correctiv* aufgedeckt wurde.[259]

Am 23. Mai 2024 war es dann so weit: Auf Antrag der Le Pen-Abgeordneten wurden alle neun AfD-Abgeordneten aus der Fraktion „Identität und Demokratie – ID" ausgeschlossen. „Lega (Italien), Rassemblement National (Frankreich), Vlaams Belang (Belgien) und Freiheit und direkte Demokratie (Tschechien) stimmten für einen entsprechenden Antrag des Fraktionschefs Marco Zanni (italienische Lega-Partei)", berichtete *Der Spiegel*[260]. Neben einer estnischen Rechtspartei hielt nur die FPÖ ihrer deutschen Schwester die Treue.

Damit ist die nationale Rechte dabei, sich europaweit in zwei Lager zu spalten. Die einen etablieren sich in NATO und G7, die anderen ziehen sich ins „schwarze Loch" zurück. Ihr Ziel heißt nicht „G7", sondern „neuer Ostblock".

Kickls FPÖ scheint wild entschlossen, diesen Weg mit Orbán und Putin weiterzugehen. Nur eine Frage scheint noch offen: Wie weit wird ihr die ÖVP auf dem Weg in den Ostblock folgen?

Wettbewerbsvorteil „Putin"

Raiffeisen und OMV sind einen „österreichischen" Weg nach Russland gegangen. Ihre Bereitschaft, von Geldwäsche bis Gasabhängigkeit vieles zu riskieren, was für die Konkurrenz aus anderen Staaten ein „No-Go" war, galt als Wettbewerbsvorteil. Wenig deutet bei Raiffeisen darauf hin, dass man gemeinsam mit Industriellenvereinigung und Wirtschaftskammer etwas gelernt hat. Die OMV leidet unter den Folgen jahrzehntelanger Russland-Treue ihrer ehemaligen Organe.

Ein Draht zu Putin gilt wahrscheinlich nur noch in Ungarn und Österreich als geheimer Trumpf.

Das wirtschaftliche Russland-Motiv der ÖVP scheint immer noch zum politischen Russland-Motiv der FPÖ zu passen. Nach Jahren der Annäherung passen ÖVP und FPÖ politisch wie die Ränder von Puzzlesteinen aneinander. Aber wie geht die gemeinsame Machtübernahme mit Herbert Kickl?

Problembär „Herbert"

Seit dem Jahr 2000 hat die ÖVP mit der FPÖ gute Erfahrungen gemacht. Freiheitliche Minister waren pflegeleicht. Wenn schwarze Kanzler ihre blauen Freunde fütterten, mussten sie nicht befürchten, dass sie ein Freiheitlicher in die Hand beißen würde. Mit Herbert Kickl wurde das anders. Herbert Kickl wollte aus dem Beifahrersitz ans Steuer, weil er woanders hinwollte als sein Vorgänger: weit nach außen an den rechten Rand, dorthin, wo nur noch das Strafrecht Grenzen zieht. Die Hände der ÖVP hat er inzwischen so oft gebissen wie kein Freiheitlicher vor ihm.

Kickl extrem

Am 15. Februar 2024 beschrieb die Putin-Plattform *Voice of Europe*, wie weit Herbert Kickl auf der Leitkultur-Route vorgedrungen war: „Österreich: Antiglobalistischer-FP-Chef Kickl hält ‚Remigration' für notwendig".[261]

Einen Monat später gab Identitären-Chef Martin Sellner am 14. März 2024 *Voice of Europe* als „Remigration"-Erfinder sichtlich stolz ein Interview. Sellner beschrieb Viktor Orbán als Beispiel für erfolgreiche identitäre Politik und lobte den gemeinsamen Schüler: „Politiker wie Herbert Kickl, der Vorsitzende der Freiheitlichen Partei Österreichs, haben gezeigt, dass sie ähnliche

Strategien in ihren jeweiligen Ländern anwenden können. Kickl beweist ein ausgeprägtes Verständnis für Metapolitik und wendet wirksame Strategien an."[262]

FPÖ-Generalsekretär Christian Hafenecker stellte sich im Identitären-Zentralorgan *Heimatkurier* im August 2023 vor die „Identitäre Bewegung": „Die FPÖ hat nicht den geringsten Grund, sich von völlig legitimen und aus unserer Sicht auch politisch unterstützenswerten Forderungen zu distanzieren – und damit auch nicht von jenen Personen und Gruppen, die diese Forderung unter Anwendung ihres Grundrechts auf Versammlungsfreiheit gewaltfrei in die Öffentlichkeit tragen."[263]

Am rechten Rand warnt man die FPÖ, weil versucht werde, „mit der Hetze gegen Herbert Kickl einen Keil in die Partei zu treiben".[264]

Dieser Keil war immer ein Instrument der ÖVP. Rund um Nehammer und Sobotka weiß man, dass es von St. Pölten bis Salzburg „vernünftige" Kräfte gibt, die den Futtertrog der Straße vorziehen. Der Oberösterreicher Manfred Haimbuchner und die Salzburgerin Marlene Svazek gelten in der ÖVP längst als ministrable Spitzen der FPÖ. Die Gesprächsbasis ist gut, beide wären der ÖVP weit lieber als der amtierende FPÖ-Chef. Aber wie wird man Herbert Kickl los?

Weisung aus der Oberstaatsanwaltschaft

Im Frühjahr 2024 prüfte die WKStA einen Anfangsverdacht gegen führende Politiker der FPÖ.[265] Heinz-Christian Strache, so lautete der Verdacht, habe mit „Mediengruppe Österreich"-Herausgeber Wolfgang Fellner einen Deal gemacht: Regierungsinserate für „wohlwollende" Berichterstattung. Strache habe seine Minister Norbert Hofer, Mario Kunasek, Beate Hartinger-Klein und Herbert Kickl beauftragt, genau diese Inserate über Verkehrsministerium, Verteidigungsministerium, Gesundheitsministerium und Innenministerium zu bezahlen. Es ging um Untreue, Bestechung und Bestechlichkeit.

Ausgangspunkt waren auch hier Chats. Vizekanzler Heinz Christian Strache und „Mediengruppe Österreich"-Eigentümer

Wolfgang Fellner hatten offen ihre Deals besprochen. Strache hatte darüber seinen engsten Vertrauten von Kickl und Hofer bis Vilimsky und Kunasek in einer Chatgruppe berichtet.

Im Jänner 2019 ärgerte sich Strache, dass *oe24* den abtrünnigen FPÖ-Mann Ewald Stadler eingeladen hatte: „Ein vorbestrafter FPÖ-Hasser diskutiert mit dem Silberstein-Akteur Fussi gegen uns!"[266] Der Streit zog sich dahin, bis Fellner versicherte: „Ich habe Ihnen auf Ihren Wunsch zugesagt, dass ich Stadler durch Mölzer ersetze." Und: „Von mir aus ist Fairness und Kooperation im Übermaß gegeben". Als Stadler im April 2019 noch einmal vor die „oe24"-Kamera durfte, wandte sich Strache empört an seine Gruppe: „Wir sollten die Inserate bei ihm einstellen". Vilimsky antwortete: „Sehr gut".

Vier Tage später war Fellner wieder mit Strache im Geschäft: „Bitte weiter bei Fellner schalten. Wir haben es geklärt. Er kommt uns entgegen!"[267]

Das „Entgegenkommen" fiel auch der WKStA auf. Ihr lag ein Dokument vor, das Kickl, Kunasek und die anderen FPÖ-Minister der Regierung „Kurz" belastete: der „Analysebericht Werbeausgaben FPÖ-geführter Ministerien 2018/2019".[268] Am 10. April 2024 war der „Fachexperte" Andreas E. zum entscheidenden Schluss gekommen: „Bei der Analyse von Quartalssummen ausgewählter FPÖ-Ministerien sieht man im Quartal 1/2019 bei drei Ministerien (HOFER, KICKL, STRACHE) einen merklichen Anstieg zum Vorquartal".

Um aus dem Verdacht einen Beweis für das „Entgegenkommen" im Austausch von Regierungsinseraten und redaktionellen Gefälligkeiten zu machen, brauchte der Experte Daten für jede einzelne Woche und nicht nur für vier Quartale.

Der WKStA erschien alles noch zu dünn. Daher plante sie, das Verfahren einzustellen. Bei prominenten Verdächtigen wie Strache und Kickl ist ein derartiges Vorhaben berichtspflichtig. Oberstaatsanwaltschaft und Justizministerium hätten die Einstellung genehmigen müssen.

Am 18. April 2024 überraschte die Oberstaatsanwaltschaft Wien mit einer Entscheidung. Die WKStA Graz erhielt die

Weisung, Ermittlungen gegen die FPÖ-Ex-Minister Strache, Kunasek, Hartinger-Klein, Hofer, und Kickl und gegen *Österreich*-Herausgeber Fellner einzuleiten. Rechts oben prangte in roten Buchstaben: „SEHR DRINGEND! Mögliche Verjährung!"[269] Einen Tag später erteilte die WKStA dem Bundesamt für Korruptionsbekämpfung den Auftrag, mit Ermittlungen zu beginnen. Seitdem ist Herbert Kickl Beschuldigter der WKStA.

Herbert Kickl erfuhr am 22. April 2024 über den Parlamentsklub der FPÖ von seinem Beschuldigtenstatus. Die WKStA teilte ihm mit, dass gegen ihn wegen „Untreue" ermittelt würde.

In der jüngeren Geschichte von Oberstaatsanwaltschaft und Justizministerium wurden Verfahren gegen Politiker immer wieder „daschlogn", aber nie erzwungen. Was bewog Oberstaatsanwaltschaft und Justizministerium, hier ein hohes politisches Risiko einzugehen? War die Suppe doch dicker? Oder hatte die Oberstaatsanwaltschaft politisch grünes Licht für eine Aktion gegen Kickl erhalten?

Niemand bestritt, dass die Weisung gegen Kickl der ÖVP im Mai 2024 gelegen kam. Eine bevorstehende Anklage hätte im entscheidenden Moment ein Mittel, Volkskanzlerpläne zu durchkreuzen, werden können.

Wenn der Versuch über die Oberstaatsanwaltschaft scheitert, ist trotzdem nichts verspielt – denn es gibt noch den anderen Kickl, mit dem man als ÖVP problemlos regieren könnte.

Der andere Kickl

> „Der einzige kleine Mann, für den die Freiheitlichen
> Politik machen, heißt Herbert Kickl."
> *Max Lercher, SPÖ-Abgeordneter*

„Bevor ich Teil dieses Systems werde, mich biegen, brechen und erpressen lasse, da gehe ich lieber unter und das mit erhobenem Haupt."[270] Als Kickl das im Linzer Bierzelt am 1. Mai 2024 verkündete, war er schon seit vielen Jahren Teil dieses

Systems. Unter Sebastian Kurz half er zwei Jahre, dass alles wie geschmiert lief.

„Obendrüber sozusagen gibt es die Parteichefs beziehungsweise halt mit Kickl und Hofer, und von meiner Seite waren es, wenn ich es richtig im Kopf habe, damals Steiner und Blümel, eine Sechserrunde."[271] Im Untersuchungsausschuss erinnerte sich Sebastian Kurz, wie gut es „obendrüber" gegangen war.

Das zeigte sich am 20. März 2019. Kurz nach acht Uhr abends versuchte Bundeskanzler Kurz, seinen Vizekanzler zu erreichen. Dazu schrieb er in die 6er-Chatgruppe: „HC hebt nicht ab. Norbert oder Herbert, ihr müsst den bitte anrufen, dass das rauskommt. Wollen wir jetzt Spekulationen, ob es geheime Absprachen gibt???"[272]

Kurz hatte Hofer und Kickl mitgeteilt, worum es ging: „Schmid schreibt in der Krone von einem Sideletter zum ORF. Ich halte das für eine wirkliche Grenzüberschreitung. Wer so etwas tut, bringt nicht nur die Koalition, sondern jeden einzelnen von uns in Gefahr." Hofer reagierte sofort: „Ich versuche sofort, die anderen zu erreichen." Zwei Minuten später gab Kurz Entwarnung: „Habe nochmal telefoniert. Ich denke, er nimmt es raus."

Am nächsten Tag meldete sich Strache mit einer vielsagenden Nachricht beim damaligen *Krone*-Redakteur Richard Schmitt: „Von mir hast du das nicht!!!!! Die VP tobt!"[273]

Was brachte im März 2019 Kurz, Strache, Blümel, Hofer, Steiner und Kickl „in Gefahr"? Die Antwort findet sich in fünf geheimen Sidelettern, die ÖVP und FPÖ im kleinsten Kreis 2017 vereinbart hatten. Herbert Kickl war neben Kurz und Strache einer der sechs, die dabei waren.

Der Sideletter bestand aus
· dem fünfseitigen Haupt-Sideletter, der in der Sechsergruppe ausgehandelt wurde;
· dem Neben-Sideletter zum ORF
· dem Neben-Sideletter zum Budget
· dem Neben-Sideletter zur Wirtschaftskammer
· dem Neben-Sideletter zur Postenverteilung in der ÖIAG.

In seiner U-Ausschuss-Befragung durch die grüne Abgeordnete Nina Tomaselli wand sich Herbert Kickl am 17. März 2021 nach allen Regeln der Kunst: „Ich würde das nicht als Sideletter bezeichnen, sondern ich würde das als notwendige Regelungen für den Betrieb einer Bundesregierung bezeichnen. Das sind dann zum Beispiel die Dinge – darüber ist eh schon diskutiert worden – Wie macht man das mit Aufsichtsräten?"[274]

Tomaselli bohrte weiter. Wie war das mit Personalien im ORF? Kickl versuchte durchzurudern: „Die einzige Personalie, wo ich mich erinnern kann, ist, wo wir über die Frage geredet haben: Wie machen wir das mit der Nominierung?" Herbert Kickl hatte offensichtlich Erinnerungslücken.

Auf Seite 2 des Haupt-Sideletter stand: „ORF: Es wird auf die Vereinbarung zwischen Norbert Steger und Thomas Zach verwiesen. Diese Vereinbarung liegt vor (siehe Anhang)". Der Journalist Michael Nikbakhsh zitierte aus dem geheimen ORF-Sideletter: „Geschäftsführung bei gesamter Neubestellung: 3:2 (GD + 2 VP, 2 FP)."[275] Dazu kamen detaillierte Vereinbarungen über die Chefposten in den wichtigsten Redaktionen.

Kurz und Strache hatten den Sideletter unterschrieben. Kickl lag er vor. Der Herbert Kickl, der das alles mitverhandelt, mittrug und mitverschwieg, ist der „andere Kickl" – der, mit dem alles geht. Eines steht jedenfalls fest: Der „andere Kickl" war nicht billig.

Kickl fürstlich

Bei den Spitzen der FPÖ überrascht immer eines: ihre hohen Lebenshaltungskosten. Zeit seines politischen Lebens durfte sich Herbert Kickl zuerst als Abgeordneter und FPÖ-Generalsekretär, dann als Minister und schließlich als Klubobmann und Parteivorsitzender über hohe Einkommen freuen.

2016 erinnerte die *Kleine Zeitung* Herbert Kickl, dass er als FPÖ-Abgeordneter etwas vergessen hatte.[276] Kickl versuchte schnell, seinen Fehler" zu korrigieren und meldete „Nebeneinkünfte" an den zuständigen Unvereinbarkeitsausschuss des Nationalrats.[277] Ab 2013 fügte er in das Formular des Parlaments immer dasselbe ein: „FPÖ-Wien; Werbung, PR, Marketing, Kommunikation, Strategie".

2013 meldete Kickl monatliche Nebeneinkünfte aus der Wiener FPÖ in der Höhe von 7.001 bis 10.000 Euro. Zwischen 2014 und 2016 stieg er in die höchste Kategorie 5: „über 10.000 Euro monatlich".

Am 21. Dezember 2020 wusste Herbert Kickl genau, über wen er im Plenum des Nationalrats schimpfte: „Das sind Abgeordnete zum Nationalrat mit einem Bruttomonatsgehalt von etwa 9 000 Euro, 14 mal pro Jahr, und viele von Ihnen haben ein fürstliches Nebeneinkommen von weit über 10 000 Euro im Monat hinaus!"[278]

Kickls Gehalt als Klubobmann beträgt 16.211 Euro.[279] Über sein Gehalt als Parteivorsitzender ist öffentlich nichts bekannt. Doch da gibt es noch etwas: das Spesenkonto der Partei. Laut Strache hatte Jörg Haider Jahr für Jahr rund 700.000 Euro in der Handkassa, die er sich von der Partei füllen ließ. Strache war stolz, die Spesen des Parteichefs auf die Hälfte zu kürzen. Mit knapp 30.000 Euro pro Monat konnte er immer noch ein Vielfaches des Monatseinkommens eines FPÖ-Wählers für Lokalrunden, Privatjets und Handtaschen ausgeben.

Als Strache-Mitflieger weiß Herbert Kickl, wie man es als FPÖ-Chef macht. Das Foto, das ihn tief in den hellen Ledersitz gelehnt gleich hinter dem Cockpit des Privatjets zeigt, stammt von Straches Handy.[280]

Im Bierzelt spielten sie „Volk", aber im normalen Parteileben zogen die Spitzen der FPÖ die Business-Klasse vor.

Der echte Kickl

Dutzende Nachrichten, Chats und Dokumente zeigen immer dasselbe: Was Parteibuchwirtschaft und verdeckte politische Geschäfte anging, war Kickl genauso wie alle anderen. Welcher Kickl ist jetzt der „echte" – der radikale, der gegen EU und Verfassung scharfmacht, oder der biegsame, der für Posten und Geld alles verrät?

Letztlich wiederholt sich auch hier die Geschichte: Wie Jörg Haider und Heinz-Christian Strache hat Herbert Kickl zwei Seiten: die Vorwahlseite und die Nachwahlseite. Vor der Wahl gibt es Plakate, nach der Wahl Sideletter. Am Ende des politischen Tages ist Herbert Kickl ein ganz gewöhnlicher Freiheitlicher, egal ob er nach Bierkrug oder Steuergeld greift.

Rechtsblock ohne Führer

Kickl unterschied von den meisten seiner Parteifreunde nur eines: Wenn er ein Ministerium bekam, wollte er sich dort vom Parteibuch bis zum Regierungsinserat wie ein ÖVP-Minister benehmen dürfen. Lange empfand die Volkspartei das als Zumutung. Aber ein paar Wahlniederlagen weiter könnte die türkise Welt noch blauer werden.

Nach dem Verlobungsgeplänkel droht 2024 der dritte Rechtsblock. Sachlich scheinen Regierungsverhandlungen zwischen ÖVP und FPÖ einfach wie nie zuvor. Nur eine Frage ist offen: die nach der Person an der Spitze.

Von Ankara bis Budapest lautet das Prinzip: In autoritären Systemen kann es nur einen Führer geben. Das Vorbild steht mit Viktor Orbán fest. Aber wer hat das Zeug zum Wiener Orbán? Viele trauen Kickl alles zu – nur nicht Kanzler. Hier scheint er Nehammer ebenbürtig.

Der fehlende Führer kann nach einem Wahlsieg zu einer der Hauptschwächen des Rechtsblocks werden. Für den Wahlsieg selbst könnten Kickl, seine ÖVP und ihr Boulevard reichen.

Die ganze Macht

Das Ziel der Rechtsblöcke ist die ganze Macht. Den letzten Versuch von Sebastian Kurz habe ich in meinem Buch „Kurz – ein Regime" beschrieben. 2021 hat der Rechtsstaat in Österreich noch einmal knapp gewonnen.

Jetzt geht es weiter. Dabei geht es immer öfter um „alles oder nichts". Wenn der österreichische Rechtsblock die Macht erobert, haben FPÖ und ÖVP mit dem Justizministerium auch die WKStA in der Hand. Dann werden nicht nur politisch gefährliche Verfahren, sondern mit ihnen Staatsanwaltschaften und Rechtsstaat „daschlogn".

Mit Österreich würde ein kritischer Staat fallen. Die Kettenreaktion der antieuropäischen Regimes hätte endgültig den deutschsprachigen Raum erreicht. Gegen Wien, Budapest, Bratislava, Rom und vielleicht bald auch Paris könnte in Brüssel immer schwerer regiert werden.

In Europa würden noch mehr Türen zurück in den Nationalismus aufgehen. Großungarische Karten könnten sich dann nicht mehr nur auf T-Shirts, sondern bereits in ersten Aufmarschplänen finden.

„Macht endlich Schluss!"

In Österreich hat der Stillstand vor dem letzten Sturm begonnen. Die Reform der Arbeitslosenversicherung ist abgesagt. Das Klimaschutzgesetz ist abgesagt. Das Paket zur Korruptionsbekämpfung ist abgelegt. Die Stimmung dreht sich weiter von „Alles Gauner" zu „Macht endlich Schluss!"

Im Hintergrund werden strategische Gespräche geführt. Braucht Raiffeisen vielleicht schon bald eine Regierung, die ihr aus bedrohlichen Problemen hilft? Was tun Benko, Wolf, Firtasch, Tojner, Pierer, Fellner, Eva Dichand & Co., damit für sie alles wieder sicher läuft? Wie bringen gefährdete Oligarchen und Herausgeber die ans Ruder, von denen sie nur das Beste zu befürchten haben? Wie macht man aus Beschuldigten wieder Unschuldslämmer und aus der WKStA ein Instrument der Regierung? Wie räumt man alles, was noch stört, zur Seite?

Die Verwahrlosung der Demokratie dient letztlich einem Ziel: ihrer Abschaffung. Der Weg führt über die Verwüstung ihrer zentralen Räume vom Rechtsstaat und den unabhängigen Medien bis zur Zerstörung ihres Fundaments: der allgemeinen Überzeugung, dass sie die beste Regierungsform sei.

In den Köpfen hat es längst begonnen. Jetzt drängt es auf die Straße. Als sich in Wien Systemfeinde aller Art als Impfgegner auf den Straßen zum Mob vermengten, empfahl man Jüdinnen und Juden, zu Hause zu bleiben. Die Wiener Polizei eskortierte, ihr Einsatzleiter plauderte mit dem Chef der Identitären an der Spitze des Zuges.[281]

Einige trugen Fahnen der Identitären, andere hielten ihre palästinensischen und russischen Fahnen in den neuen Wind. Sie spürten, dass sich etwas änderte und wollten dabei sein.

In Deutschland beginnen Angriffe auf Politikerinnen und Politiker der Linken. Die Täter, die einen sozialdemokratischen Spitzenkandidaten halbtot schlugen, trugen noch Masken. Sie wussten, dass die Straßen von Berlin bis Wien noch nicht ihnen gehörten.

Darum geht es

Die Rechte marschiert, auf den Straßen und im Boulevard, am Wiener Ring und in *Heute*. Die FPÖ marschiert mit, die ÖVP versucht, auf dem Weg in den Ostblock Schritt zu halten.

In Niederösterreich haben ÖVP und FPÖ als Landesregierung gemeinsam den ersten Fördertopf, mit dem der FPÖ-Landesrat „Systemgegner" fördern kann, eingerichtet.[282]

Mit ihrem Marsch an den Rand von Verfassung und Europa gewinnt die FPÖ von Brüssel bis Wien Wahlen. Bei der ÖVP sieht es anders aus. Überall dort, wo sie sich als „freiheitliche Staatspartei" versucht, verliert sie Stimmen und Wahlen. Nur in Tirol zeigt sie als „alte ÖVP", wie man Wahlen gewinnt und in der Mitte regiert.

Doch von St. Pölten bis Salzburg will niemand in der ÖVP mehr Wahlen so gewinnen, dass man wieder mit der SPÖ am Tisch sitzt. Auch wenn sie dabei Stimmen und Mandate verliert, bleibt die Partei auf dem neuen Kurs, auf den sie Sebastian Kurz geführt hat.

Es ist eine andere Partei. 90 Jahre nach der Zerstörung der österreichischen Demokratie durch ihre Vorläufer scheint sie auf einem Verfassungsfuß und einem Dollfuß einen neuen Stand zu suchen. Ihre Grenzen zieht sie nicht mehr zur extremen Rechten, sondern zur SPÖ.

Dem Marsch nach rechts stellt sich in der ÖVP niemand mehr öffentlich entgegen. Die liberalen Köpfe, die von Heinrich Neisser und Erhard Busek bis Reinhold Mitterlehner in der ÖVP große Rollen gespielt haben, sind eingezogen oder abgeschlagen. Nicht nur zum Fliegen fehlt der ÖVP ein ganzer Flügel.

Sebastian Kurz hat seine Partei 2017 in eine Einbahnstraße geführt. Seine Nachfolger sehen das blaue Schild mit dem Pfeil nach rechts und gehen einfach weiter in den neuen Ostblock, in dem schon Kickl und seine Parteifreunde auf sie warten. Was das für ein freies und friedliches Zusammenleben in Europa bedeutet, scheint ihnen nicht so wichtig.

Aber steht die ÖVP nicht an der Seite der Ukraine? Haben Nehammer und seine Parteifreunde nicht wiederholt Russland verurteilt? Auf dem Weg zu Putin erklärte Nehammer, er wolle „nicht moralisch neutral" sein, er werde die „Kriegsverbrechen" in der Ukraine ansprechen.[283] In den öffentlichen Erklärungen zu Putin unterscheidet sich die ÖVP immer noch deutlich von der FPÖ. Aber das scheint schon alles. Wirtschaftlich hat die ÖVP Österreich in die Putin-Falle geführt. Politisch gibt die FPÖ den Takt vor.

Von den USA bis Frankreich steht ein Staat nach dem anderen vor der großen Entscheidung: in eine Zukunft der großen ökologischen und sozialen Reformen oder nach rechts zu Orbán, Netanjahu, Erdoğan und Putin. Jetzt ist Österreich an der Reihe. Im Inland versperrt der Ostblock aus FPÖ und ÖVP den Weg in die großen ökologischen und sozialen Reformen, von denen unsere Zukunft abhängt. Im Ausland führt er Österreich ins europäische Abseits.

Vor allem aber gefährdet er unsere Freiheit. Darum geht es.

LETZTE WORTE

Mein Dank gilt Lucia M., die verlässlich und präzise wie immer lektoriert hat; Stefanie Jaksch, die dafür gesorgt hat, dass aus einem Text ein Buch wird; Johannes Zink, der als mein Anwalt weiß, was man vermeiden kann und was man riskieren muss; Gerhard Steiner, der *ZackZack* geholfen hat, zum Verlag zu werden; und meiner ersten Leserin, die auch meine genaueste ist, weil sie meine Fehler am besten kennt: meiner Frau Gudrun.

Schließlich gilt er den Erfindern, Herstellern und Betreibern von Handys, Mobilfunknetzen und Messengerdiensten dafür, dass sie niemandem in ÖVP und FPÖ gesagt haben, wie gefährlich ihre Produkte sind.

GLOSSAR

Namen

Bannon, Steve: Berater von Donald Trump, Chefstratege im Weißen Haus 2017, ehemaliger Herausgeber der rechtsradikalen Website Breitbart News Network

Benko, René: österreichischer Unternehmer und Investor, Unterstützer von Sebastian Kurz, Beschuldigter in mehreren Verfahren wegen des Verdachts auf schweren Betrug, Geldwäsche und Insolvenzdelikten

Böhmdorfer, Dieter: Rechtsanwalt, Justizminister (FPÖ) 2000–2004

Brandstetter, Wolfgang: Justizminister (ÖVP) 2013–2017, Beschuldigter der WKStA

Braun, Markus: Vorstandsvorsitzender der Wirecard AG 2002–2020, seit Juli 2020 in Untersuchungshaft, ehemaliges Mitglied der „Stabstelle Strategie, Analyse und Planung" (Think Austria) im Bundeskanzleramt

Busek, Erhard: Vizekanzler (ÖVP) 1991–1995

Fleischmann, Gerald: ehemaliger Kommunikationsleiter von Sebastian Kurz, seit 2022 Kommunikationsleiter der ÖVP, Beschuldigter der WKStA

Frischmann, Johannes: Pressesprecher von Sebastian Kurz 2017–2021, Beschuldigter der WKStA

Geißler, Sibylle: ehemalige Leiterin Extremismusreferat BVT

Goldgruber, Peter: BMI-Generalsekretär unter Innenminister Herbert Kickl 2017–2019

Grasl, Richard: stellvertretender Chefredakteur *Kurier*, Geschäftsführer *profil*

Grasser, Karl-Heinz: Finanzminister (FPÖ, später parteilos) 2000–2007, nicht rechtskräftig verurteilt wegen schweren Betrugs

Gridling, Peter: Direktor des BVT 2008–2020

Grozev, Christo: Investigativjournalist u.a. für *Bellingcat*, *Spiegel*, *The Insider;* nachdem ihm die Behörden seine Sicherheit in Österreich nicht mehr garantieren konnten, zog er in die USA

Gudenus, Johann: Nationalratsabgeordneter und Klubobmann (FPÖ) 2015–2017, Beschuldigter der WKStA

Haider, Jörg: Bundesparteiobmann FPÖ 1986–2000, Bundesparteiobmann BZÖ 2005, Landeshauptmann Kärnten 1989–1991 und 1999–2008

Haider, Roman: Mitglied des Europäischen Parlaments (FPÖ) seit 2019

Haimbuchner, Manfred: Landeshauptmann-Stellvertreter Oberösterreich seit 2015; Landesparteiobmann FPÖ Oberösterreich seit 2010

Hanger, Andreas: Nationalratsabgeordneter (ÖVP) seit 2013; ÖVP-Fraktionsführer in mehreren Untersuchungsausschüssen

Hartinger-Klein, Beate: Gesundheitsministerin (FPÖ) 2017–2019

Haslauer, Wilfried: Landeshauptmann Salzburg (ÖVP) seit 2013

Holzer, Andreas: Direktor des Bundeskriminalamts seit 2021

Israilow, Umar: tschetschenischer Menschenrechtsaktivist, 2009 in Wien auf offener Straße erschossen

Jenewein, Hans Jörg: Nationalratsabgeordneter (FPÖ) 2017–2019, Beschuldigter der StA Wien

Kadyrow, Ramsan: Präsident von Tschetschenien seit 2007

Kardeis, Michaela: Generaldirektorin für die öffentliche Sicherheit 2017–2019

Karmasin, Sophie: Familienministerin (ÖVP) 2013–2017; Beschuldigte der WKStA

Karner, Gerhard: Innenminister (ÖVP) seit 2021

Kern, Christian: Bundeskanzler (SPÖ) 2016–2017

Khol, Andreas: Nationalratspräsident (ÖVP) 2000–2006, bereitete im Jahr 2000 die Koalition mit der FPÖ vor

Kickl, Herbert: Innenminister (FPÖ) 2017–2019, seit 2021 Bundesparteivorsitzender FPÖ, Beschuldigter der WKStA

Klenk, Florian: Chefredakteur *Falter*

Kloibmüller, Michael: langjähriger Sektionschef und Kabinettschef im Innenministerium (ÖVP)

Kogler, Werner: Vizekanzler (Grüne) seit 2019

Kunasek, Mario: Landesparteiobmann Steiermark (FPÖ); Verteidigungsminister 2017–2019, Beschuldigter der WKStA

Kurz, Sebastian: Bundeskanzler (ÖVP) 2017–2019 und 2019–2021; Beschuldigter der WKStA

Küssel, Gottfried: rechtsextremer Publizist, verurteilter Holocaustleugner und Neonazi

Landbauer, Udo: Landeshauptfrau-Stellvertreter Niederösterreich (FPÖ) seit 2023; FPÖ-Landesparteiobmann Niederösterreich seit 2018

Lansky, Gabriel: Rechtsanwalt, SPÖ-nahe

Le Pen, Marine: Vorsitzende des rechtsextremen Rassemblement National in Frankreich

Marsalek, Jan: Wirecard-Vorstandsmitglied und mutmaßlicher russischer Spion; seit 2020 auf der Flucht, wahrscheinlich in Russland untergetaucht

Maurer, Sigrid: Nationalratsabgeordnete, Klubobfrau der Grünen im Parlament seit 2019

Meloni, Giorgia: italienische Ministerpräsidentin seit 2022

Mikl-Leitner, Johanna: Landeshauptfrau Niederösterreich (ÖVP) seit 2017; Innenministerin (ÖVP) 2011–2016

Mitterlehner, Reinhold: Vizekanzler und Bundesparteivorsitzender ÖVP 2014–2017

Nehammer, Karl: Bundeskanzler (ÖVP) seit 2021; Innenminister 2019–2021; Generalsekretär ÖVP 2018–2020

Neisser, Heinrich: Zweiter Nationalratspräsident (ÖVP) 1994–1999; Präsident der Österreichischen Forschungsgemeinschaft 1989–2013

Netanjahu, Benjamin: israelischer Ministerpräsident, mehrfach beschuldigt wegen Korruption und Vorteilsnahme im Amt

Nepp, Dominik: Landesparteiobmann der FPÖ Wien seit 2019, Vizebürgermeister Wien 2018–2020, Beschuldigter der StA Wien

Nittmann, Ulrike: ehem. Finanzreferentin der FPÖ

Orbán, Viktor: ungarischer Ministerpräsident 1998–2002 und seit 2010

Ott, Egisto: Mitarbeiter zur Bekämpfung der Einsatzgruppe Terrorismus im BVT; im März 2024 wegen Spionageverdachts verhaftet

Pilnacek, Christian: Leiter der Strafrechtssektion des Justizministeriums 2010–2020, Generalsekretär im BMJ 2018–2019, im Oktober 2023 tot aufgefunden

Polli, Gert-René: erster Leiter des BVT 2002–2008 (FPÖ-nah)

Preiszler, Wolfgang: leitender Beamter im Landeskriminalamt Wien; Leiter der Polizeieinheit, die die Hausdurchsuchung im BVT durchgeführt hat; ehem. FPÖ-Gemeinderat in Guntramsdorf

Rauball, Wolfgang: deutsch-kanadischer Unternehmer, Freund von Christian Pilnacek

Riess-Passer, Susanne (seit 2022 Riess-Hahn): Vizekanzlerin (FPÖ) 2000–2003, Bundesparteiobfrau FPÖ 2000–2002

Schallenberg, Alexander: Außenminister (ÖVP) seit 2019

Schelling, Hans Jörg: Finanzminister (ÖVP) 2014–2017, Beschuldigter der WKStA

Schmid, Thomas: Alleinvorstand der ÖBAG 2019–2021, Generalsekretär im Finanzministerium 2015–2019, Beschuldigter der WKStA

Schmitt, Richard: Boulevard-Journalist, u.a. *Heute, Krone, oe24, Exxpress*

Schmudermayer, Ursula: frühere WKStA-Staatsanwältin, unterschrieb die Anordnung zur Hausdurchsuchung im BVT

Schneider, Bernd: Staatsanwalt, u.a. mit der Affäre „Ott" betraut

Schüssel, Wolfgang: Bundeskanzler (ÖVP) 2000-2007, Bundesparteiobmann ÖVP 1995 bis 2007

Seele, Rainer: Vorstandsvorsitzender OMV 2015-2021

Sellner, Martin: rechtsextremer Aktivist, Sprecher der Identitären Bewegung Österreich 2015-2023

Selmayr, Martin: Botschafter der Europäischen Kommission in Österreich 2019-2024

Sila, Thomas: Geschäftsführer der Werbeagentur Signs, früher Ideenschmiede

Sobotka, Wolfgang: Nationalratspräsident (ÖVP) seit 2017; Innenminister (ÖVP) 2016-2017

Soros, George: Investor, unterstützt Bürgerrechtsbewegungen, Bildungseinrichtungen NGOs für Menschenrechte; oft Zielscheibe von Verschwörungstheorien und antisemitischen Anfeindungen

Spindelegger, Michael: Vizekanzler (ÖVP) 2011-2013

Steiner, Stefan: Generalsekretär ÖVP 2017-2018, „Chefstratege" von Sebastian Kurz, Beschuldigter der WKStA

Stelzer, Thomas: Landeshauptmann Oberösterreich (ÖVP) seit 2017

Strache, Heinz-Christian: Vizekanzler (FPÖ) 2017-2019, Bundesparteivorsitzender FPÖ 2005-2019, Beschuldigter der WKStA

Strasser, Ernst: Innenminister (ÖVP) 2000-2004; Mitglied des Europäischen Parlaments 2009-2011; 2014 wegen Bestechlichkeit zu 3 Jahren Haftstrafe verurteilt

Svazek, Marlene: FPÖ-Landesparteiobfrau Salzburg seit 2016

Takacs, Michael: Bundespolizeidirektor seit 2022

Teufel, Reinhard: Abgeordneter zum niederösterreichischen Landtag seit 2018, Klubobmann seit 2023, davor Büroleiter von Herbert Kickl

Van der Bellen, Alexander: Bundespräsident seit 2017, davor Nationalrats- und Landtagsabgeordneter der Grünen

Vilimsky, Harald: Nationalratsabgeordneter (FPÖ) 2006-2014, Mitglied des Europäischen Parlaments seit 2014, Beschuldigter der StA Wien

von der Leyen, Ursula: EU-Kommissionspräsidentin seit 2019

Vučić, Aleksandar: serbischer Präsident seit 2017

Vrabl-Sanda, Ilse-Maria: Leiterin der WKStA seit 2012

Weiss, Martin: ehemaliger Abteilungsleiter im BVT, Vorgesetzter von Egisto Ott, mutmaßlicher Fluchthelfer von Jan Marsalek; weiteren Ermittlungen entzog er sich mit einer Ausreise nach Dubai

Wolf, Armin: Moderator der Nachrichtensendung „Zeit im Bild 2" (ZIB 2)

Wolf, Siegfried (Sigi): österreichischer Unternehmer, Unterstützer von Sebastian Kurz, Beschuldigter der WKStA

Wurm, Karin: Lebensgefährtin von Christian Pilnacek

Geheimdienste

Berner Club (Club de Berne, CdB): informeller Zusammenschluss aller Direktoren der Inlandsgeheimdienste der EU-Mitgliedstaaten sowie Norwegens und der Schweiz

ABW: polnischer Inlandsgeheimdienst

AbwA: Abwehramt – Inlandsgeheimdienst BMLV

AISE: italienischer Auslandsnachrichtendienst

AIVD: niederländischer Inlands- und Auslandsgeheimdienst

BfV: Bundesamt für Verfassungsschutz, deutscher Inlandsnachrichtendienst

BMLV: Bundesministerium für Landesverteidigung

BVT: Bundesamt für Verfassungsschutz und Terrorismusbekämpfung, österreichischer Nachrichtendienst; 2021 aufgelöst und in die DSN überführt

CIA: Auslandsgeheimdienst der USA

CNI: spanischer Geheimdienst

DGSI: französischer Inlandsgeheimdienst

DSN: Direktion Staatsschutz und Nachrichtendienst im BMI, Nachfolger des BVT

FSB: russischer Inlandsgeheimdienst

GRU: russischer Militärgeheimdienst

HNaA: Heeresnachrichtenamt – Auslandsnachrichtendienst des BMLV

MI5: britischer Inlandsgeheimdienst

MIT: türkischer Nachrichtendienst

PET: dänischer Inlandsnachrichtendienst

SANS: bulgarischer Geheimdienst

SRL: luxemburgischer Nachrichtendienst

SUPO: finnischer ziviler Nachrichtendienst

SWR: russischer ziviler Auslandsgeheimdienst

WSI: polnischer Militärgeheimdienst

ANMERKUNGEN

1   https://www.derstandard.at/story/3000000209997/journalist-gro-zev-ueber-nawalnys-freilassung-ein-deal-schien-in-griffweite

2   s. StA Wien 711 St 39/17d: Anordnung der Festnahme von Egisto Ott, 19.3.2024

3   WKStA 5 St 17/19d, ON 855, S 75

4   WKStA 5 St 17/19d, ON 855, S 75

5   WKStA 5 St 17/19d, ON 855

6   https://www.sueddeutsche.de/politik/oesterreich-herbert-kickl-viktor-orban-fpoe-1.5861279

7   https://www.heute.at/s/nehammer-vui-orban-haben-asyl-bremse-angezogen-100280469

8   https://orf.at/stories/3259360/

9   https://www.politico.eu/article/austria-russia-vladimir-putin-alpi-ne-fortress-ukraine/

10 https://kurier.at/politik/inland/nehammer-bei-putin-gasversor-gung-gesichert/401973464

11 https://www.oenb.at/isawebstat/stabfrage/createReport?lang=DE&report=9.3.31

12 https://www.bundesbank.de/resource/blob/804078/89c7b7a95fea7677a13b9e730cc3eb1d/mL/0-direktinvestitionen-data.pdf

13 file:///Users/PeterPilz/Downloads/Country%20Sheet%20Russia%20DE.pdf

14 https://www.reuters.com/markets/stocks/which-banks-europe-are-exposed-russia-2022-02-28/

15 https://euobserver.com/world/158200

16 S. https://www.derstandard.at/story/3000000210960/us-finanzmi-nisterium-droht-raiffeisenbank-international-mit-sanktionen

17 https://www.handelsblatt.com/politik/deutschland/sanktionen-bundesregierung-prueft-waghalsigen-russland-deal-um-stra-bag/100034517.html

18 https://www.reuters.com/business/finance/regulator-probes-mo-ney-laundering-controls-austrias-raiffeisen-2024-02-22/

19 Ebda.

20 https://www.ft.com/content/380a348d-aade-4079-89d0-65cc0ca96d99?utm_source=morgen.moment.at&utm_medium=newsletter&utm_campaign=morgenmoment

21 https://www.strabag.com/databases/internet/_public/content.nsf/
    web/F313DC338CE07FBCC1258B1700544771

22 https://ofac.treasury.gov/recent-actions/20240514

23 https://www.annualreports.com/HostedData/
    AnnualReportArchive/o/OTC_OMVKY_2015.pdf

24 https://kurier.at/wirtschaft/ueberraschender-wechsel-im-omv-
    vorstand/149.193.033

25 https://www.annualreports.com/HostedData/
    AnnualReportArchive/o/OTC_OMVKY_2015.pdf

26 https://www.omv.com/de/news/omv-und-gazprom-unterzeichnen-
    vertragsverl-ngerung-f-r-erdgaslieferungen-nach-sterreich

27 https://energynewsmagazine.at/2024/03/19/so-gelangt-russisches-
    gas-nach-europa/

28 https://www.derstandard.at/story/2000002107285/oeiag-kandidat-
    wolf-und-die-riot-maedels

29 https://zackzack.at/2021/04/12/so-wichtig-ist-oesterreich-fuer-putin

30 https://www.merkur.de/politik/panzer-ukraine-russland-krieg-
    wladimir-putin-gegenoffensive-verluste-awdiijwka-92705395.html
    https://www.forbes.com/sites/davidaxe/2023/06/20/the-russians-
    created-a-new-rocket-armed-fighting-vehicle-ten-days-later-the-
    ukrainians-blew-it-up/

31 https://www.diepresse.com/6149636/geheimdienst-warnte-vor-
    omv-chef-rainer-seele

32 https://zackzack.at/2020/10/16/geloeschte-schmid-sms-belasten-
    den-kanzler-kurz-scheisst-sich-voll-an

33 USA „Rot-blauer Machtmissbrauch": Chats von Heinz Christian
    Strache, S 43 von 188

34 https://orf.at/stories/3330376/

35 https://taz.de/Oesterreich-russische-Beziehungen/!5959246/

36 https://www.derstandard.at/story/2000127164856/petersburger-
    wirtschaftsforum-kurz-dankt-putin-fuer-sputnik-v-zu-corona

37 Botschafter der Russischen Föderation in Wien 2010 – 2015, dzt.
    Botschafter in Berlin

38 https://www.jstor.org/stable/27087691?read-now=1&seq=1#page_
    scan_tab_contents; eigene Übersetzung

39 https://www.dsn.gv.at/501/files/VSB/180_2024_VSB_2023_V20240517_
    BF.pdf

40 https://datum.at/stadt-der-russenschuesseln/

41 https://zackzack.at/2024/05/30/putins-spione-in-wien-schutzpat-ron-schallenberg

https://zackzack.at/2024/05/29/spionage-station-wiener-baupolizei-gegen-russencity

42 https://orf.at/stories/3306202/

43 https://grazer.at/story/de/kickl-mit-kampfansage-bei-fpoe-neu-jahrsempfang-in-JqsR93be/

44 https://www.merkur.de/politik/fpoe-putins-botschafter-warnt-oesterreich-russland-setzt-auf-92749521.html

45 https://kurier.at/politik/inland/fpoe-kooperationsvertrag-mit-kreml-partei-laeuft-erst-2026-aus/401933155

46 https://www.voiceofeurope.com/european-farmers-are-fighting-for-their-survival-interview-with-freedom-party-of-austria-fpo-mep-roman-haider/

47 https://www.spiegel.de/politik/deutschland/verdacht-auf-russi-sche-finanzierung-afd-politiker-bystron-soll-sich-ueber-stuecke-lung-der-geldscheine-beschwert-haben-a-286416d6-bb5f-4f8e-b62d-153de52503fc

48 https://www.economist.com/europe/2023/07/03/vladimir-putins-useful-idiots

49 https://www.handelsblatt.com/politik/international/analyse-wie-regierungschef-orban-ungarn-herunterwirtschaftet/29030902.html

50 https://www.spiegel.de/wirtschaft/soziales/viktor-orban-wirt-schaft-und-armut-in-ungarn-moderne-sklaverei-a-1159108.html

51 https://www.handelsblatt.com/politik/international/china-wie-xi-mit-seiner-europareise-die-eu-spalten-will/100035833.html

52 https://kurier.at/politik/inland/bvt-affaere-kickl-vorwuerfe-in-luft-aufgeloest/400151199

53 https://www.derstandard.at/story/3000000216410/brisante-neonazi-verbindungen-rund-um-razzia-im-verfassungsschutz-enthuellt

54 StA Wien, 711 St 39/17d

55 BVT-internes Mail von Franz K. an Michaela K. und Günter P. am 23.3.2018 um 13.37 Uhr

56 Ebda.

57 Peter Gridling: Überraschungsangriff. Die Ausschaltung des Bundesamtes für Verfassungsschutz und Terrorismusbekämpfung, Wien 2023, S 93

58 Ebda.

59 Ebda.

60 Peter Gridling: Überraschungsangriff. Die Ausschaltung des Bundesamtes für Verfassungsschutz und Terrorismusbekämpfung, Wien 2023, S 94

61 WKStA 6 St 2/18f, ON 081

62 WKStA 6 St 2/18f, Dienstbesprechung 30. Mai im BMVRDJ

63 WKStA 6 St 2/18f, ON 207

64 BVT-USA, Dok 1068, Seite 9ff

65 BVT-USA: Befragung Sibylle Geißler am 11.10.2018

66 BVT: internes Protokoll über die „Berner Club Heads of Service Tagung" in Helsinki, 16.–17.3.2018

67 Peter Gridling: Überraschungsangriff. Die Ausschaltung des Bundesamtes für Verfassungsschutz und Terrorismusbekämpfung, Wien 2023, S 94

68 https://www.ots.at/presseaussendung/OTS_20180529_OTS0263/nehammer-klarstellung-zu-aussagen-der-oevp-zum-bvt-vorgehen-war-abgestimmt

69 Deutscher Bundestag: Antwort der Bundesregierung, Drucksache 19/2777. 3.7.2018

70 Note von WKStA-Leiterin Vrabl-Sanda an BVT-Direktor Gridling, 26.6.2018

71 Kurzprotokoll NSR_7876 Seite 5

72 https://www.derstandard.at/jetzt/livebericht/2000087061405/live-bundeskanzler-sebastian-kurz-im-orf-sommergespraech

73 StA Wien 711 St

74 BVT-COMCENTER-Handbuch „CdB"

75 Ebda., S 7

76 https://www.falter.at/zeitung/20181106/except-bvt-vienna

77 Peter Gridling: Überraschungsangriff. Die Ausschaltung des Bundesamtes für Verfassungsschutz und Terrorismusbekämpfung, Wien 2023, S 96

78 Peter Gridling: Überraschungsangriff. Die Ausschaltung des Bundesamtes für Verfassungsschutz und Terrorismusbekämpfung, Wien 2023, S 96

79 Ebda.

80 711 St 39/17d, ON 009

81 https://www.oe24.at/oesterreich/politik/alarm-verfassungsschutz-bvt-steht-total-blamiert-da/405465583

82 Peter Gridling: Überraschungsangriff. Die Ausschaltung des Bundesamtes für Verfassungsschutz und Terrorismusbekämpfung, Wien 2023, S 103

83 https://www.welt.de/politik/deutschland/article193726799/Erhebliche-Risiken-Deutscher-Verfassungsschutz-spricht-Oesterreich-Misstrauen-aus.html

84 https://kurier.at/politik/inland/kanzler-nehammer-kickl-ist-ein-sicherheitsrisiko/402519268

85 https://www.ots.at/presseaussendung/OTS_20180529_OTS0263/nehammer-klarstellung-zu-aussagen-der-oevp-zum-bvt-vorgehen-war-abgestimmt

86 https://www.dievolkspartei.at/Der-groesste-Spionageskandal-der-Zweiten-Republik

87 ORF ZiB 2, 9.4.2022

88 https://www.falter.at/falter/radio/66169117a9dc1e0016870c7e/wiegefahrlich-war-egisto-ott-1127

89 https://www.dievolkspartei.at/Der-groesste-Spionageskandal-der-Zweiten-Republik

90 StA Wien 711 St 39/17d, ON 651

91 StA Wien 711 St 39/17d, Anordnung der Festnahme von Egisto Ott, 19.3.2024

92 https://zackzack.at/2022/01/17/die-bmi-chats-tausende-chats-verraten-das-schwarze-netzwerk-im-innenministerium

93 https://zackzack.at/2022/03/06/oevp-verliert-wettlauf-um-bmi-chats

94 StA Wien 711 St 39/17d, ON 448

95 https://zackzack.at/2022/04/21/der-staatsanwalt-fuer-besondere-faelle

96 StA Wien 711 St 39/17d, ON 573

97 StA Wien 711 St 39/17d, ON 826

98 ORF ZiB 2, 9.4.2022

99 https://www.ots.at/presseaussendung/OTS_20210911_OTS0035/fpoe-hafenecker-hausdurchsuchung-bei-jenewein-ist-einschuechterungsversuch-des-tiefen-schwarzen-staats

100 https://zackzack.at/2020/12/17/sobotkas-fluechtiger-sitznachbar-sobotka-wirecard-marsalek

101 https://www.politico.eu/article/vladimir-putin-austria-spy-service-bvt-government-intelligence-wirecard-jan-marsalek-freedom-party/

102 https://www.heute.at/s/kickl-provoziert-mit-hosenturl-sa-ger-54157109

103 https://www.derstandard.at/story/461308/champagnisieren

104 https://www.furche.at/politik/wolfgang-schuessel-wir-haben-die-kaefigtuere-aufgemacht-1268296

105 https://newsv2.orf.at/stories/2139380/2139352/

106 https://kaernten.orf.at/v2/news/stories/2829102/

107 Zur Machtübernahme durch Sebastian Kurz siehe: Peter Pilz: Kurz – ein Regime, Wien 2020

108 https://www.watson.ch/international/coronavirus/990734539-afd-hoecke-vergleicht-impfung-mit-nazi-menschenversuchen

109 https://www.trend.at/politik/stinkrnomal-nehammer

110 https://www.derstandard.at/story/2000130004333/oevp-klagt-ueber-geruechte-zu-razzien-und-versichert-es-ist

111 https://www.derstandard.at/story/2000130244273/kogler-der-ein-druck-ist-verheerend-wir-koennen-nicht-zur-tagesordnung

112 https://kurier.at/politik/inland/oevp-ermittlungen-oevp-regie-rungsmitglieder-bleiben-nur-mit-kurz/401762328

113 https://www.zeit.de/politik/ausland/2021-10/oesterreichischer-kanzler-sebastian-kurz-erklaert-ruecktritt

114 https://kurier.at/politik/inland/ruecktritt-sebastian-kurz-zieht-sich-aus-politik-zurueck/401826547

115 https://www.pressreader.com/austria/kronen-zeitung-9gf1/20191203/281762746121215

116 https://kurier.at/meinung/kurz-schluss-als-chance-fuer-neu-start/263.389.504

117 https://www.oe24.at/oesterreich/politik/wolfgangfellner/warum-kurz-auch-2018-nicht-zu-schlagen-ist/352117784

118 https://zackzack.at/2022/11/13/medienkorruption-immunabwehr-kaputt

119 https://www.derstandard.at/story/2000144716090/schwarz-blau-in-oberoesterreich-in-der-harmonie-dauerschleife

120 https://www.sn.at/politik/innenpolitik/mikl-leitner-schliesst-zusammenarbeit-mit-landbauer-aus-23475688

121 https://www.derstandard.at/story/2000144485945/neuer-landes-hauptfrau-stimmzettel-in-niederoesterreich-erleichtert-unguelti-ges-waehlen

122 https://www.meinbezirk.at/salzburg/c-politik/das-ist-das-oevp-fpoe-regierungsteam_a6068961

123 https://www.diepresse.com/18266289/wolfgang-schuessel-kickl-ist-kein-daemon

124 https://www.krone.at/2976357

125 https://www.profil.at/oesterreich/fpoe-generalsekretaer-herbert-kickl-straches-reime-schmied-367308

126 https://www.news.at/a/fakten-jetzt-straches-psycho-doc-11657813

127 WKStA 17 St 5/19d, ON 1304, S 22

128 WKStA 17 St 5/19d, ON 1304, S 23

129 WKStA 17 St 5/19d, ON 1304, S 23

130 WKStA 17 St 5/19d, ON 1955 009

131 WKStA 17 St 5/19d, ON 855

132 https://www.derstandard.at/story/3000000188176/f252r-den-klei-nen-mann-und-das-gro223e-kapital?ref=article

133 https://www2.deloitte.com/content/dam/Deloitte/at/Documents/human-capital/at-flexible-working-2019.pdf

134 https://www.derstandard.at/story/3000000216967/mehr-statt-weni-ger-arbeit-industrie-schlaegt-41-stunden-woche-vor

135 https://www.derstandard.at/story/3000000217188/41-stunden-wo-che-edtstadler-m252ssen-mehr-als-weniger-arbeiten

136 https://www.derstandard.at/story/1941641/eine-zwiespaeltige-bilanz

137 https://www.ots.at/presseaussendung/OTS_20230907_OTS0068/fpoe-kickl-spoe-plaene-fuer-neue-steuern-sind-anschlag-auf-familien-unternehmer-und-alle-leistungstraeger

138 https://www.moment.at/story/superreiche-besteuern/?utm_source=morgen.moment.at&utm_medium=newsletter&utm_campaign=morgenmoment

139 https://www.attac.at/news/details/attac-studie-oesterreichs-milli-ardaerinnen-verdoppeln-ihr-vermoegen-alle-7-jahre

140 Ebda.

141 https://www.moment.at/story/gabriel-zucman-im-interview-wir-fangen-gerade-erst-an-etwas-gegen-die-steuervermeidung-der-superreichen-zu-tun

142 https://news.momentum-institut.at/p/inflation-gaspreise-stiegen-nirgends-stark-wie-sterreich

143 https://www.derstandard.at/story/2000143151444/omv-steigerte-nettogewinn-2022-um-85-auf5-175-milliarden-euro

144 https://www.rechnungshof.gv.at/rh/home/home/Reform_SV_Trae-ger_41_42.pdf

145 https://orf.at/stories/3354099/

146 https://kurier.at/politik/inland/kassen-zusammenlegung-hartinger-klein-geht-von-aufloesung-der-auva-aus/400016290

147 https://www.arbeit-wirtschaft.at/kurz-bilanz-was-den-arbeitnehmerinnen-bleibt/

148 https://orf.at/stories/3306202/

149 https://www.derstandard.at/story/2000144369115/nehammer-sieht-keinen-beweis-fuer-untergangsapokalypse-und-will-ein-land

150 https://ooe.orf.at/stories/32002486/

151 https://migrant-integration.ec.europa.eu/news/oesterreich-abschiebung-von-zwoelfjaehrigen-maedchen-2021-war-rechtswidrig_de

152 https://www.tagesspiegel.de/gesellschaft/im-hinterland-5644555.html

153 https://www.reporter-ohne-grenzen.de/fileadmin/Redaktion/Downloads/Ranglisten/Rangliste_2015/Rangliste_der_Pressefreiheit_2015.pdf

154 https://zackzack.at/2023/04/04/eva-dichand-stifterin

155 WKStA 17 St 5/19d, ON 3047a

156 Ebda.

157 https://www.reporter-ohne-grenzen.de/fileadmin/Redaktion/Downloads/Ranglisten/Rangliste_2022/RSF_Rangliste_der_Pressefreiheit_2022.pdf

158 https://www.reporter-ohne-grenzen.de/fileadmin/Redaktion/Downloads/Ranglisten/Rangliste_2024/RSF_Rangliste_der_Pressefreiheit_2024.pdf

159 https://www.reporter-ohne-grenzen.de/oesterreich

160 https://www.profil.at/oesterreich/oevp-ministerin-karoline-edtstadler-medien-brauchen-grenzen/402655754

161 https://www.parlament.gv.at/dokument/XXVII/NRSITZ/117/A_-_15_00_59_00250435.html

162 https://www.deroesterreichplan.at/

163 https://www.spiegel.de/ausland/oesterreich-karl-nehammer-versucht-vergeblich-sich-von-der-fpoe-abzugrenzen-a-9773d3f5-2207-402f-bce2-40cef5319d69

164 https://www.sora.at/fileadmin/downloads/wahlen/ISA_SORA_Wahlanalyse_OOE_2021.pdf

165 https://www.sora.at/themen/wahlverhalten/wahlanalysen/waeh-lerstromanalysen/ltw-noe23.html

https://www.sora.at/fileadmin/downloads/wahlen/2023_03_LTW18_WSA_Kaernten_Gesamt_lt18-lt23.pdf

https://www.sora.at/fileadmin/downloads/wahlen/2023_04_23_SORA_ISA_Wahltagsbefragung_LTW_Salzburg.pdf

166 https://www.sora.at/fileadmin/downloads/wahlen/2022_09_SORA_Waehlerstromanalyse_LT18-LT22_Tirol.pdf

167 https://www.diepresse.com/17806917/innsbruck-anzengruber-aus-oevp-gemeinderatsklub-ausgeschlossen

168 https://orf.at/stories/3343392/

169 https://twitter.com/i/status/1042654196762390528

170 https://www.listennotes.com/podcasts/martin-sellner/wird-die-%C3%B6vp-identit%C3%A4r-CMhELzeWgc-/

171 https://www.listennotes.com/ru/podcasts/martin-sellner-audio-analysen-martinmsellner-EN04GfQuFHY/

172 https://zur-sache.at/news/leitkultur-debatte-eroeffnet/

173 https://www.heute.at/s/kanzler-nehammer-erklaert-jetzt-allen-was-normal-ist-100282847

174 https://www.ots.at/presseaussendung/OTS_20041125_OTS0055/stra-che-feiertag-fuer-muslime-in-oesterreich-kommt-nicht-in-frage

175 https://www.derstandard.at/story/2000046302618/hofer-plakatiert-so-wahr-mir-gott-helfe

176 https://www.kleinezeitung.at/politik/innenpolitik/5973959/Vor-10-Jahren_Kurz-im-ersten-Interview_Wie-stoppt-man

177 ÖVP: Der Österreichplan, Wien 2024, S 55, https://www.deroester-reichplan.at/Default

178 https://www.afd.de/kultur-medien/

179 https://www.derstandard.at/story/3000000181662/cash-in-die-ver-fassung-nehammer-startet-initiative-fuer-recht-auf-bargeld

180 ebda.

181 https://www.fpoe.at/artikel/oevp-spoe-gruene-und-neos-stimmen-gegen-aufnahme-von-bargeld-in-die-verfassung/

182 https://www.handelsblatt.com/politik/international/oester-reichs-kanzler-plant-vorstoss-recht-auf-bargeld-in-der-verfas-sung-/29300114.html

183 https://www.derstandard.at/story/3000000179986/gendersternver-bot-fuer-niederoesterreichische-landesverwaltung-liegt-vor

184 https://www.derstandard.at/story/3000000204236/nehammer-will-binnen-i-in-verwaltunverbannen

185 https://www.derstandard.at/story/3000000207849/gendern-kanzler-amt-r252hmt-sich-der-abschaffung-von-sonderzeichen

186 https://www.derstandard.at/story/3000000213774/die-volkspartei-propagiert-nun-offiziell-tradition-statt-multikulti

187 https://www.krone.at/3324025

188 https://www.derstandard.at/story/3000000201139/parteienfoerde-rung-erhoehte-sich-2023-auf-237-millionen-euro

189 https://lustaufsland.at/wo-sind-die-guten-puten/

190 https://zackzack.at/2023/10/21/oevp-in-linz-lust-aufs-geld

191 Ebda

192 https://orf.at/stories/3297153

193 https://www.rechnungshof.gv.at/rh/home/home_1/fragen-medien/Presseinformation_Rechenschaftsbericht_OeVP_2019.pdf

194 WKStA 17 St 5/19d, ON 1636

195 Ebda.

196 https://www.news.at/a/haider-sekretaer-millionenspende-13182

197 Haiders Chauffeur

198 https://www.ots.at/presseaussendung/OTS_20001104_OTS0018/format-fuenf-millionen-parteispende-an-fpoe-von-boehmdorfer-entgegengenommen

199 https://www.news.at/a/haider-sekretaer-millionenspende-13182

200 https://zackzack.at/2019/12/11/strache-tape-das-fpoe-taschen-geld

201 WKStA 17 St 5/19d, ON 3571

202 WKStA 17 St 5/19d, ON 3571

203 WKStA 17 St 5/19d, ON 3592 Beilagen, Teil 6, S 30

204 WKStA 17 St 5/19d, ON 3571

205 WKStA, 17 St 5/19d, ON 3908

206 WKStA 17 St 5/19d, ON 1160

207 Inserat auf „Twitter", Mai 2024

208 WKStA 5 St 17/19d, ON 000, Einlegeblatt 2

209 https://www.kleinezeitung.at/steiermark/6323322/Es-tut-ihm-leid_Steirischer-FPOePolitiker-baute-alkoholisiert-Unfall

210 https://steiermark.orf.at/stories/3224785/

211 WKStA 17 St 5/19d, ON 3178, S 57 ff

212 https://kontrast.at/fpoe-politiker/

213 https://zackzack.at/2022/03/30/ermittlungen-gegen-sobotka-wegen-bmi-chats

214 https://zackzack.at/category/bmi-chats

215 https://www.parlament.gv.at/PAKT/VHG/XXVI/KOMM/
KOMM_00177/imfname_759713.pdf

216 https://www.derstandard.at/story/3000000201970/-g-e-s-p-e-r-r-
t-bis-050124-1800-uhr-anzeigen-sobotka-sieht-gef228hrliche-ent-
wicklung-in-der-politik

217 https://kurier.at/politik/inland/vorwurf-amtsmissbrauchs-verfah-
ren-eingestellt-wolfgang-sobotka-oevp/402730900

218 https://www.profil.at/investigativ/aufhebung-der-immunitaet-
neue-vorwuerfe-gegen-nationalratspraesident-wolfgang-sobot-
ka/402706555

219 Landesgericht für Strafsachen Wien, 318 HR 305/19s

220 Beschluss des Landesgerichtes für Strafsachen Wien am 29.6.2023,
318 HR 305/19s

221 https://www.spiegel.de/ausland/fpoe-spesenaffaere-ermittler-wer-
fen-eu-politiker-vilimsky-veruntreuung-vor-a-e9f722a5-251b-4fd5-
b30e-9b039e18419f

222 https://www.derstandard.at/story/2000146312955/blaue-abrechnun-
gen-im-finanzskandal

223 Ebda.

224 https://www.derstandard.at/story/2000140305480/geheimes-gesp-
raechsprotokoll-droht-steirische-fpoe-ins-chaos-zu-stuerzen

225 https://orf.at/stories/3139352/

226 https://www.ots.at/presseaussendung/OTS_20240406_OTS0022/
fpoe-kickl-dominik-nepp-hat-alles-was-es-braucht-um-wiener-
buergermeister-zu-werden

227 WKStA 17 St 5/19d, ON 2815

228 https://kurier.at/politik/inland/straches-ex-bodyguard-belastet-
auch-fpoe-chef-nepp/401053471

229 https://www.diepresse.com/5886507/strache-spesen-elf-neue-be-
schuldigte)

230 WKStA 17 St 4/21k, ON 333

231 s. https://kontrast.at/privatklinik-spenden-fpoe-oevp/

232 WKStA 17 St 5/19d, ON 90

233 WKStA 17 St 5/19d, ON 90

234 https://www.muenzeoesterreich.at/produkte/500-gramm-goldbar-
ren-muenze-oesterreich-gussbarren

235 WKStA 17 St 5/19d, ON 90

236 WKStA 17 St 5/19d, ON 2815

237 https://www.falter.at/zeitung/20150714/einen-koffer-mit-70-000-aussibracht

238 Ebda.

239 https://kurier.at/politik/inland/ideenschmiede-kickl-hatte-eigenes-konto/147.003.241

240 https://kurier.at/politik/inland/causa-herbert-kickl-land-kaernten-will-millionen-von-fpoe-zurueck/141.636.150

241 https://www.parlament.gv.at/dokument/XXVII/KOMM/199/fname-orig_981145.html

242 WKStA 17 St 5/19d, ON 2815

243 https://zackzack.at/2023/11/21/pilnacek-tape-jetzt-online-sobotka-dreht-ab

244 https://www.krone.at/3177944

245 https://www.parlament.gv.at/dokument/XXVII/J/13975/imfname_1515769.pdf

246 https://www.parlament.gv.at/dokument/XXVII/J/13974/imfname_1515765.pdf

247 https://www.parlament.gv.at/dokument/XXVII/J/13977/imfname_1515775.pdf

248 Korrigierte Anfrageentwürfe des ÖVP-Klubs aus dem privaten Laptop von Christian Pilnacek, Part. „Documents"

249 https://www.parlament.gv.at/dokument/XXVII/J/13974/imfname_1515765.pdf

250 Interview mit dem Autor am 8.2.2024

251 https://zackzack.at/2024/03/26/staatsanwaltschafts-mail-bestaetigt-lka-aktion-pilnacek-war-illegal

252 https://zackzack.at/category/serien/polizeifall-pilnacek

253 https://zackzack.at/2024/05/04/pilnaceks-laptop-die-auswertung-beginnt

254 WKStA, 17 St 5/19d, ON 3592

255 https://www.spiegel.de/ausland/oesterreich-wiener-fpoe-vernichtete-finanzakten-zu-spesen-a-a05cf3f2-7eaf-44c1-ae2c-1639cab2bf30

256 WKStA 17 St 5/19d, ON 2815

257 https://www.politico.eu/article/italy-can-do-without-russian-gas-says-energy-minister/

258 https://www.euractiv.de/section/europa-kompakt/news/le-pen-droht-afd-mit-ende-der-gemeinsamen-eu-fraktion/

259 https://correctiv.org/aktuelles/neue-rechte/2024/01/10/geheimplan-remigration-vertreibung-afd-rechtsextreme-november-treffen/

260 https://www.spiegel.de/politik/europaparlament-rechtsaussen-fraktion-id-schliesst-alle-afd-abgeordneten-aus-a-c6b530e4-5121-4d47-94b9-e64983c9a403

261 https://www.voiceofeurope.com/austria-anti-globalist-freedom-party-chief-kickl-says-remigration-is-necessary/

262 https://www.voiceofeurope.com/sovereign-peoples-with-strong-identities-are-essential-in-opposing-globalism-interview-with-martin-sellner/

263 https://heimatkurier.at/rechte-akteure/christian-hafenecker-die-fpoe-hat-nicht-den-geringsten-grund-sich-zu-distanzieren/

264 Ebda.

265 WKStA 17 St 2/24w

266 WKStA 17 St 2/24w, ON 6

267 WKStA 17 St 2/24w, ON 5

268 WKStA 17 St 2/24w, ON 7

269 12 OStA 17/22k

270 https://www.nachrichten.at/politik/innenpolitik/die-fpoe-am-ur-fahranermarkt-was-kickl-in-seiner-rede-alles-sagte;art385,3944881

271 WKStA 17 St 5/19d, ON 3354

272 WKStA 17 St 5/19d, ON 2073

273 https://www.profil.at/oesterreich/postenschacher-und-orf-umbau-das-geheimpapier-von-tuerkis-blau/401887412

274 https://www.parlament.gv.at/dokument/XXVII/KOMM/199/fname-orig_981145.html

275 https://www.profil.at/oesterreich/postenschacher-und-orf-umbau-das-geheimpapier-von-tuerkis-blau/401887412

276 https://www.kleinezeitung.at/politik/4246248/FPOeGeneralsekreta-er-Kickl-gab-Nebenjobs-nicht-an

277 https://www.meineabgeordneten.at/Abgeordnete/Herbert.Kickl

278 https://www.parlament.gv.at/dokument/XXVII/NRSITZ/75/A_-_15_52_51_00233662.html

279 https://www.finanz.at/gehalt/politiker/

280 WKStA 17 St 5/19d, ON 855: „Dieses Foto zeigt den FPÖ Abgeordneten Herbert KICKL in einem Privat-Jet. Aufnahmedatum sowie Standort ist bei dieser Datei nicht hinterlegt. Es kann jedoch aufgrund des Interieurs des Flugzeuges angenommen werden, dass es sich um das selbe Flugzeug handelt wie bei Foto Nr. 2, welches am 9.1.2016 in der Nähe des Flughafens Mailand aufgenommen wurde."

281 Peter Pilz: Kurz – ein Regime, Wien 2021, S 217 ff.

282 https://www.profil.at/oesterreich/verein-von-impfgegner-rutter-
     erhaelt-foerderung-vom-land-niederoesterreich/402869105

283 https://www.faz.net/aktuell/politik/inland/nehammer-bei-putin-
     kanzler-oesterreichs-will-nicht-moralisch-neutral-sein-17951005.
     html

Schutzumschlaggestaltung unter Verwendung einer Originalgrafik von Othmar Wicke

Abbildung auf S. 178: Auszug aus https://www.parlament.gv.at/dokument/XXVII/J/13974/imfname_1515765.pdf

Druck und Bindung: Florjancic Tisk t.o.o., Maribor

www.zackzack.at

ISBN 978-3-9505563-0-8